本书出版受山西财经大学资源型经济转型协同创新中心专项建设经费和山西省高等学校哲学社会科学一般项目（2016238）资助

资源型经济转型研究文库
RESEARCH LIBRARY FOR TRANSITION OF RESOURCE-BASED ECONOMICS

中国城市公用事业公私合作机制与政府规制研究

付金存 ◎ 著

中国社会科学出版社

图书在版编目（CIP）数据

中国城市公用事业公私合作机制与政府规制研究/付金存著．—北京：中国社会科学出版社，2016.9
（资源型经济转型研究文库）
ISBN 978-7-5161-8603-9

Ⅰ.①中⋯ Ⅱ.①付⋯ Ⅲ.①城市—公用事业—经济体制改革—研究—中国 Ⅳ.①F299.241

中国版本图书馆 CIP 数据核字（2016）第 170181 号

出 版 人	赵剑英
责任编辑	卢小生
责任校对	周晓东
责任印制	王 超

出　　版	中国社会科学出版社
社　　址	北京鼓楼西大街甲 158 号
邮　　编	100720
网　　址	http://www.csspw.cn
发 行 部	010-84083685
门 市 部	010-84029450
经　　销	新华书店及其他书店
印　　刷	北京君升印刷有限公司
装　　订	廊坊市广阳区广增装订厂
版　　次	2016 年 9 月第 1 版
印　　次	2016 年 9 月第 1 次印刷
开　　本	710×1000　1/16
印　　张	15
插　　页	2
字　　数	216 千字
定　　价	60.00 元

凡购买中国社会科学出版社图书，如有质量问题请与本社营销中心联系调换
电话：010-84083683
版权所有　侵权必究

前　言

改革开放以来，中国政府实施了一系列"城市偏向"的发展政策，城市化率由1978年的17.9%快速增至2015年的56.1%，年均增长率超过1%。随着城市化进程的加快，中国城市基础设施及公用事业的建设资金缺口逐步扩大。为了有效支撑城市化发展，20世纪90年代以来，中国开始引入境外资本和民间资本来参与城市公用事业的建设、运营和管理，原有的由公共部门和国有企业掌握的权、责、利向私人部门转移。自党的十八届三中全会提出"允许社会资本通过特许经营等方式参与城市基础设施投资和运营"后，以国家发展改革委员会《关于开展政府和社会资本合作的指导意见》、《政府和社会资本合作项目通用合同指南（2014年版）》，财政部《政府和社会资本合作模式操作指南（试行）》为代表的操作指导性文件不断涌现，《中华人民共和国政府和社会资本合作法（征求意见稿）》也正式向社会公布并征求意见，公私合作制（Public – Private – Partnerships，PPP）迅速成为社会各界关注的焦点。

在公私合作制大规模推广的背景下，城市公用事业的技术经济特征并未根本改变。为达到社会公益和经营者私利的有效均衡，更需要设计合理的公私合作机制和规制政策，否则，就会因收益分配机制不合理、风险控制机制不完善、政府监管不到位等问题，造成公共利益受损、普遍服务难以保障、公共责任缺失甚至产生权力"寻租"与腐败等负面效应。基于中国城市公用事业公私合作制的历史和实践，本书首先基于经济主体承担任务的功能属性，对公私部门的主体性质进行分析，据此构建公私合作机制的分析框架；其次，以归责机制和契约安排为分析维度，深入剖析城市公用事业公私合作制的风险分担机制和收益分配机制；最后，从总体引导、关键问题和具体政策三个方面，构建城市公用事业的进入规制、价格规制和质量规制政策体系。本书的主要内容如下：

（1）城市公用事业公私合作的理论阐释。基于公私合作制的多重认知，总结公私合作制的主要特点，并对其内涵进行合理界定；围绕城市公用产品供给的制度安排，探讨公私合作制的逻辑起点和理论依据；以史为鉴，从政府推行公私合作的实施动机、核心属性和实施绩效三个方面，对城市公用事业公私合作的本质进行把握。

（2）中国城市公用事业公私合作制实施的若干关键问题。基于中国城市公用事业公私合作制实施的历史与实践，对公私合作中政府职责的界定、私方合作伙伴的选择、合作风险的应对、投资者回报的保障、政府承诺的维系、政府监管的有效实施等关键问题进行解析，从而为本书提供宏观思路。

（3）城市公用事业公私合作制的主体性质与机制框架。城市公用事业公私合作制建立的关键，在于明确公私部门权利、责任和义务，以建立约束与激励兼容的机制。通过中外公私属性认知差异的对比，结合公私合作制的治理属性，提出以经济主体承担任务的功能属性作为公私部门的划分标准，据此从城市公用事业建设、运营和管理的"两难困境"出发，推演得到城市公用事业公私合作机制的框架和具体内容。

（4）城市公用事业公私合作制的风险分担机制。构建合理有效的风险分担机制是公私合作制运行的关键所在。从实施程序看，风险分担机制包括风险识别、风险分析和风险配置三个步骤。围绕这三个关键问题，首先围绕典型案例建立公私合作制的风险清单，通过对典型案例风险起源的分析，构建风险分担的归责机制；其次对于归责不明确的风险，进一步引入针对转移风险估价的最终要约仲裁机制，以公私部门之间的博弈实现合作风险的有效配置。

（5）城市公用事业公私合作制的收益分配机制。市场主体参与合作的剩余超过各自保留要素的收益，是公私合作制组织存在的根本原因。通过引入内含投资、运营和收益分配的博弈模型，分析了完全契约和不完全契约下公私合作收益分配的内在机制。总体来看，政府资金约束越大，项目风险越高，最优收益分配机制决定的私人部门收益分配系数就越高；当契约不完全时，将PPP项目的收益权完全交由私人部门，将有助于提升其最优努力水平和项目效率。

（6）城市公用事业公私合作制的规制需求及政策框架。从理论角度看，无论是规制公益论还是规制私益论，甚至是物有所值，城市公用事业的公益属性没有改变，因此，始终需要政府规制保障社会公益；从现实角度看，维持有效竞争格局，维护社会分配效率，有效管理的外部性也彰显了政府规制的需求；基于上述分析以及政府规制目标和规制工具的对应关系，公私合作制下城市公用事业政府规制政策的框架包含进入规制、价格规制和质量规制三个方面。

（7）公私合作制下城市公用事业的市场准入规制政策设计。在公私合作制下，市场准入规制政策的总体导向是逐步消除城市公用事业各种进入壁垒，推动城市公用事业向竞争性市场转变；同时，通过合理规划城市公用事业公私合作中私人进入的数量和规模，强化私人部门的资质监审，科学设计私人部门进入的方式，明确政策设计的关键问题；最后设计公私合作制下城市公用事业市场准入规制的政策体系。

（8）公私合作制下城市公用事业的价格规制政策设计。城市公用产品或服务价格实质上是政府、私人部门和社会公众三方围绕促进社会分配效率、激励企业生产效率、保证稳定供给的目标相互进行博弈的结果。然而，现有价格监管模式存在价格规制模型难以兼顾三方目标，规制价格激励效应不足，规制价格的成本边界模糊等问题。为此，需要构建科学的价格规制模型，构建区域间经营者比较竞争机制，明确价格规制的成本边界，强化成本监审与公开机制，建立价格规制与财政支持互补机制。

（9）公私合作制下城市公用事业的质量规制政策设计。基于城市公用事业的技术经济特征，公私合作制下城市公用事业的质量规制应坚持整体规制与分类规制相结合、直接规制与间接规制相结合、标准治理与多元参与相结合的总体思路；同时，根据产品质量与服务质量规制相互交织、质量规制的非独立性和全阶段性等关键问题，重点要从完善城市公用产品质量监管的标准体系、强化城市公用产品的质量监控与考核机制、加强质量规制与进入规制、价格规制的协调、优化不同业务环节的质量规制政策、实施城市公用产品质量信息披露机制等方面，系统地设计公私合作制下城市公用事业的质量规制政策。

  本书在整体构架上可以分为四个部分。第一部分由第一章到第三章组成，从理论角度探讨了公私合作制的衍生机理与本质特征，并从历史与现实角度分析了中国城市公用事业公私合作制实施面临的关键问题，从整体上明确了本书研究的宏观思路。第二部分由第四章到第六章构成，基于第一部分的分析，首先从理论上构建中国城市公用事业公私合作机制的框架，并对公私合作制的风险分担机制和收益分配机制进行深入的分析。第三部分由第七章独立构成，从前后文关联上看，这一章既可以作为公私合作机制的重要组成部分，又可以视作第四部分，即公私合作制下中国城市公用事业政府规制政策体系的总领章节，因此，这一章整体上可以看作承上启下的过渡章节。第四部分由第八章到第十章构成，基于总体导向、关键问题和政策设计的一致思路，对公私合作制下中国城市公用事业的市场准入、价格和质量的规制政策体系进行系统设计。

  相比已有的研究成果，本书可能的创新之处主要体现在以下几个方面：

  （1）完善了城市公用事业公私合作机制的分析框架。本书将城市公用事业垄断性、基础性和公益性的技术经济特征与公私合作制的经济性目标和社会性目标相关联，构建了内含风险分担机制、收益分配机制和政府规制政策的公私合作机制，完善了城市公用事业公私合作机制的分析框架。

  （2）提出了公私部门划分的"功能属性"观。长期以来，中国城市公用事业领域公私部门以"所有制成分"为基本依据，这与公私合作制实践相悖。对此，本书提出，以经济主体承担任务的功能属性作为公私部门划分的依据，为新形势下公私合作制的开展奠定了基础。

（3）构建了风险归责与最终要约仲裁相结合的风险分担机制。本书通过对多个典型案例的风险还原，建立了风险归责机制。对于那些影响重大但归责不明确的风险，进一步引入针对风险报价的最终要约仲裁机制，完善了城市公用事业公私合作制的风险分担机制。

（4）建立了基于契约属性的公私合作收益分配机制。本书基于公私合作制的契约属性，通过构建博弈模型分析了政府资金约束、项目风险和制度不完善情况下城市公用事业公私合作制的最优收益分配机制。总体来看，政府资金约束越大，项目风险越高，私人部门收益分配系数就越高。

（5）设计出结构完整、思路清晰的城市公用事业公私合作制的规制政策体系。本书基于政府规制的现实需求与政策工具的对应关系，在总体上设计了以市场准入规制、价格规制、质量规制为核心的城市公用事业政府规制的政策体系，并从总体导向、关键问题和具体政策建议三个方面，系统地提出了市场准入规制、价格规制、质量规制政策的主要内容。

本书是在笔者的博士学位论文"城市公用事业公私合作机制与政府规制研究"的基础上扩展而成的。同时，本书还得到国家自然科学基金青年项目"城市公用事业特许经营权竞标机制分类设计与管制政策研究"（71303208）项目的支持。因此，本书也是该项目的阶段性研究成果。

无论从理论还是实践角度看，在中国大规模推行公私合作制还有大量的问题需要认真研究和探索，本书的内容只是"冰山一角"，有许多问题还有待后续研究和完善，尽管笔者已尽了最大的努力，仍难免存在不足之处，敬请专家学者批评指正。

Preface

The Chinese government has implemented a series of urban – bias policies since its reform and opening – up, raising its urbanization rate from 17.9% in 1978 to 56.1% in 2015, with an annual growth rate at over 1%. With the speeding up of the urbanization process, the construction fund gap of China's urban infrastructure and public utilities is gradually expanding. In order to effectively support the urbanization development, China began to introduce foreign and private capital into the construction, operation and management of urban public utilities since the 1990s. Since the admittance of social capital into urban infrastructure investment and operations by franchise and other ways during the third Plenary Session of the 18th Central Committee, the guidance documents are constantly emerging, such as "the guidance about carrying out the public – private partnerships (hereinafter referred to as PPP)", "the general contract guidance about carrying out the public – private partnerships" (2014 edition) proposed by National Development and Reform Commission, and "the operational guidelines for public – private partnerships" proposed by the Ministry of Finance. At the same time, China had also released its drafted law on PPP to the public to solicit their opinions, which makes it quickly become the focus of attention for all sectors of the community.

Although the power and interests which originally held by the public sector began to shift to the private sector, the technical and economic characteristics of urban public utilities had not been fundamentally changed. Under these circumstances, it will be necessary to build a reasonable public – private cooperative mechanism and regulation scheme so as to achieve the balance between the social public welfare and operator interests. Otherwise, the unreasonable profit distribution, incomplete risk – control and the lack of government regulation mechanisms will lead to a series of adverse effects, such as the excessive price hike of public goods, the unguaranteed universal services, or even the loss of state assets.

Based on history and practice of PPPs or urban public utilities in China, this book will firstly divide the public and private sectors from the perspective of function attributes, which will be conducive to build an analytical framework for public – private cooperative mechanism. Secondly, the risk sharing mechanism and benefit distribution mechanism of urban public utilities under the PPP will be studied from the viewpoint of imputation mechanism and contract arrangement respectively. Finally, from the dimensions of overall guidance, key problems and concrete policies, the policies of entry regulation, price regulation and quality regulation will be built. Specific to see, the core research contents of this book are as follows:

(1) The theoretical interpretation of PPPs for urban public utilities. Based on the understanding from different perspectives, this book will summarize the main characteristics of PPPs and define its connotation. Then the logical starting point and theoretical basis of public – private partnerships have been explored concern on the urban public products supply arrangement. Third, taking the history as a mirror, the essence of urban utilities PPPs has been explored from the perspectives of motivation, core property and performance.

(2) Several key issues on the implementation of PPPs for urban public utilities in China. Based on history and practice of PPPs for urban public utilities in China, this book will explore several key issues including the government responsibility, the selection of the private partners, risk sharing, the protection of the investors return, the carryout of government's

commitment so as to present the macroscopic idea for this book.

(3) The nature of public or private sector and the mechanism framework of PPP. The key to build PPP in urban public utilities is to clarify the rights, responsibilities and obligations to public and private sectors, so as to build a mechanism that can both encourage and constrain the behaviors of relevant parties. In this chapter, we will firstly divide the public and private sectors from the perspective of function attributes of economic agents based on the different conception of "public" and "private" between China and Western countries as well as analyzing governance attributes of PPP. Then, we obtain the framework and specific content of PPP by deducting the dilemma from the construction, operation and management of urban public utilities.

(4) The study on the risk sharing mechanism of PPP for urban public utilities. The risk sharing mechanism of PPP is composed of risk identification, risk analysis and risk attribution. This chapter firstly establishes a public – private cooperation risk list through analyzing the typical cases of PPP. Secondly, the attribution mechanism of risk sharing has been built by analyzing the origin of the risks. For the risk which is hard to impute, a final offer arbitration mechanism for risk – transfer appraisal has been introduced, which will achieve effective allocation of risk in a game between public and private sector.

(5) The study on the revenue distribution of PPP for urban public utilities. The fundamental reason for the existence of public – private cooperative organization is that the surplus for the various market players to participate in the cooperation will be more than gains for retaining their resources respectively. Based on the basic model of investment, operation and revenue distribution, we discussed the internal mechanism of income distribution for PPP under the framework of complete contracts and incomplete contracts, which shows that the greater the government funding constraint is, the higher for the risk of PPP and income distribution coefficient

of the private sectors that are determined by the optimal mechanism will be. Under the incomplete contract, it will be helpful to improve the optimal effort level and efficiency of the project if all the incomes go to the private sectors.

(6) The regulation demand and policy framework of PPPs for urban public utilities. From the theoretical point of view, the theory of regulation for public interest or private interest, and even the principle of value for money, which all admit the public welfare attribute of the urban public utilities, so the government regulation is necessary in order to safeguard the social public welfare. From the practical point of view, maintaining effective competition pattern and allocate efficiency, manage the externals effectively also manifest the government regulation. Based on the above analysis and the corresponding relation between the government regulation goal and regulation tools, the framework of government regulation policy for urban public utilities under the PPPs should contain market admittance regulation, price regulation and quality regulation.

(7) The policy design of urban public utilities market access regulation under the PPPs. Under the public – private partnerships, the overall orientation of market access regulation policy is to eliminate all sorts of urban public utilities entry barriers and turn it into a competitive market. At the same time, keeping the number and size of private partners under control rationally, strengthening the supervision of private partners' qualification and designing the ways of market access for private partners are also several key problems we should consider. Above on the this, it is feasible to design a urban public utilities market access regulation system under the PPPs.

(8) The policy design of urban public utilities price regulation under the PPPs. The price of urban public goods or services is essentially the result of gaming among government, private sector and the l public to promote social allocation efficiency, incentive enterprises production efficiency

and guarantee stable supply. However the existing price regulation model is hard to juggle their goals, insufficient on incentive effects and the boundaries of the regulating price is such a fuzzy. Therefore, it is necessary to build a scientific price regulation model, construct the regional competition mechanism by comparing operators, clear the cost boundary of price regulation, strengthen cost supervision and establish complementary mechanism between price regulation and fiscal support .

(9) The policy design of urban public utilities quality regulation under the PPPs. Based on the technical and economic characteristics of urban public utilities, the quality regulation of urban public utilities should adhere to principles of combination of between overall regulation and classification regulation, direct regulation and indirect regulation, standard management and multiple participation. At the same time, according to the issues product and service quality regulation are inter − weaved, quality regulation are independence and though the whole stage, the quality regulation system for of urban public goods with public − private partnerships which include establishing quality and service standard system separately, strengthening the urban public product goods monitoring and assessment evaluation mechanism, coordinating the relationship between the quality regulation and other regulation, optimizing the quality regulation policies among the different links, and implementing information disclosure mechanism of urban public goods can be built .

This book can be divided into four parts. The first three chapters discusses the mechanism on derivative of PPPs and its essential characteristics, and analyzes the key problems of PPPs for urban public utilities in China from the angle of history and reality, which are helpful for clarifying the macro thinking for studying the book. In the second part, chapter 4 to chapter 6, a framework for public − private partnerships has been constructed, and the risk sharing mechanism and income distribution mechanism for PPPs have been deeply analyzed. The third part, chapter 7 is not only an important part of PPPs from the contextual relevance, but the master section for the fourth part. The fourth part, chapter 8 to chapter 10 designs are regulation policy system of market access, price, quality for urban public utilities under the PPPs. Compared with the existing researching results, the main innovations of this book could be as follows:

(1) The framework for public – private cooperative mechanism of urban public utilities is improved. By correlating the technical and economic characteristics of commonweal, foundation and monopoly for urban public utilities to its economic and social goals, this book constructs a public – private cooperative mechanism that is consisted of risk sharing, interest distribution mechanism and government regulation policy, and improves the framework of public – private cooperative mechanism for urban public utilities.

(2) The demarcation of public and private sectors from the perspective of function attribute of economic agents. The traditional view that the public and private sectors should be divided by their ownership composition was against the practice of PPP. To this problem, this book puts forward that we should take the function attribute of economic agents as the principle for the division of public and private sectors, which lays a solid foundation in cognition for the development of PPP under the new situation.

(3) A risk – sharing mechanism which combines imputation with final offer arbitration is constructed. In this book, the risk imputation mechanism has been built by restoring the risk events in typical cases. For the risks that have significant impacts on PPP projects but hard to find the responsible parties, the final offer arbitration is introduced for the bidding of specific risks, so that we can build a risk sharing mechanism based on case study and model – analyzing.

(4) An interest allocation mechanism of PPP based on its contractual nature is established. Under the situation of government funding con-

straints, project risk and imperfect system, we discussed the optimal interest allocation mechanism respectively derived from the contractual nature of PPP. Overall, the greater for the government funding constraint and the risk of PPP are, the higher income distribution coefficient should be get by the private sectors.

(5) A regulation policy system with structural integrity and clear of urban public utilities on PPPs is designed . Based on the relation between realistic requirement of government regulation and policy tools, this book puts forward a market access regulation system which include market access regulation, price regulation and quality regulation. Then, the main content of market access regulation, price regulation and quality regulation policy were expanded from overall orientation, key problems and specific policy suggestions .

This book is an extension of my doctoral dissertation. Supported by the National Natural Science Funds for Young Scholar Projects: "The Classification Design for Franchise Bidding Mechanism Regulation Policy on Urban Public Utilities" (Registered Number: 71303208) project support. Therefore, this book is also the research results of this projects at this stage .

Whether from a theoretical or practical point of view, this book is only a tip of the iceberg, there are a lot of problems that need us to study and explore during the large – scale implementation of PPPs in China. Although I have tried my best, it is inevitable for some carelessness and mistakes, so your comments and corrections are sincerely welcomed.

目 录

第一章　导论 …………………………………………………………… 1

　第一节　选题背景与研究意义 …………………………………… 1
　　一　选题背景 ………………………………………………… 1
　　二　研究意义 ………………………………………………… 3
　第二节　研究方法、研究思路与研究内容 ……………………… 4
　　一　研究方法 ………………………………………………… 4
　　二　研究思路 ………………………………………………… 5
　　三　研究内容 ………………………………………………… 7
　第三节　可能的创新及改进之处 ………………………………… 9
　　一　可能的创新点 …………………………………………… 9
　　二　可改进之处 ……………………………………………… 10

第二章　城市公用事业公私合作制的理论阐释 ……………………… 11

　第一节　公私合作制的多重认识与内涵界定 …………………… 11
　　一　公私合作制的缘起与发展 ……………………………… 12
　　二　不同视角下公私合作制的多重认知 …………………… 13
　　三　公私合作制的主要特点与内涵 ………………………… 16
　第二节　城市公用产品公私合作制供给的理论演进 …………… 19
　　一　城市公用事业的行业分布与基本属性 ………………… 20
　　二　城市公用产品供给的制度安排及其分类 ……………… 26
　　三　城市公用产品政府垄断供给的理论依据 ……………… 30
　　四　城市公用产品公私合作供给的理论依据 ……………… 32

第三节　城市公用事业公私合作制的本质特征 ……… 40
　　一　政府推行PPP的动机：文字把戏还是治理工具 … 40
　　二　PPP的核心属性：融资模式还是制度创新 ……… 42
　　三　PPP的实施绩效：物超所值还是有效替代 ……… 42

第三章　中国城市公用事业公私合作制实施的若干关键问题 …… 45
第一节　公私合作制是否等同政府职责转移 ……………… 46
第二节　私方伙伴选择应基于何种标准 …………………… 47
第三节　公私合作制风险如何识别与分配 ………………… 48
第四节　投资者合理回报如何监管 ………………………… 51
第五节　政府承诺如何有效践行 …………………………… 53
第六节　现代监管体系如何配置监管权限 ………………… 55

第四章　城市公用事业公私合作制的主体性质与机制框架 …… 58
第一节　城市公用事业领域公私部门的主体性质 ………… 58
　　一　中西方文化对公私属性的认知差异 ……………… 58
　　二　私人部门边界拓展与中国城市公用事业发展 …… 61
　　三　跨界治理视域下公私合作制的内涵解析 ………… 64
　　四　经济活动的功能属性与公私部门划分 …………… 67
第二节　城市公用事业公私合作机制的逻辑框架 ………… 71
　　一　城市公用事业的"两难选择"及协调 …………… 71
　　二　公私合作机制的维系条件 ………………………… 73
　　三　公私合作机制的框架 ……………………………… 75
第三节　城市公用事业公私合作机制的关键问题 ………… 77
　　一　公私合作的风险分担机制 ………………………… 78
　　二　公私合作的收益分配机制 ………………………… 79
　　三　公私合作的规制机制 ……………………………… 80

第五章　城市公用事业公私合作制的风险分担机制 ……………… 82
第一节　城市公用事业公私合作制中的风险识别 ………… 82

一　风险识别的跨案例研究法 …………………………… 83
　　　二　案例选取与说明 …………………………………………… 84
　　　三　公私合作制的风险清单 …………………………………… 90
　第二节　城市公用事业公私合作制归责明确风险的
　　　　　分担机制 …………………………………………………… 102
　　　一　归责机制与风险起源 ……………………………………… 102
　　　二　不同层级风险的归责 ……………………………………… 106
　　　三　风险分担及其层级关联 …………………………………… 109
　第三节　城市公用事业公私合作制归责不明确风险的
　　　　　共担机制 …………………………………………………… 111
　　　一　归责不明确风险的主要特征 ……………………………… 111
　　　二　风险共担的最终要约仲裁机制 …………………………… 114
　　　三　归责不明确风险分担的博弈分析 ………………………… 115

第六章　城市公用事业公私合作制的收益分配机制 ………………… 119
　第一节　城市公用事业公私合作制的契约关系分析 ……… 119
　　　一　公私合作制的契约属性 …………………………………… 119
　　　二　公私合作制契约关系分类 ………………………………… 122
　　　三　公私合作制剩余及其分配 ………………………………… 125
　第二节　城市公用事业公私合作制的治理与合作困境 …… 126
　　　一　委托—代理与公私合作制治理 …………………………… 127
　　　二　公私部门的利益冲突及平衡 ……………………………… 128
　　　三　公私合作制博弈中的"两难选择" ……………………… 130
　第三节　城市公用事业公私合作制收益分配机制的
　　　　　博弈分析 …………………………………………………… 132
　　　一　公私合作制契约资金安排 ………………………………… 132
　　　二　收益可验证的分配机制 …………………………………… 135
　　　三　收益不可验证的分配机制 ………………………………… 139
　　　四　城市公用事业收益分配机制的现实例证 ………………… 143

第七章 城市公用事业公私合作制的规制需求及政策框架 …… 146

第一节 公私合作制下政府规制需求的理论依据 ………… 147
一 规制公益理论：保障社会公众利益 ………… 147
二 规制私益理论：对规制公益理论的质疑 ………… 148
三 物有所值：多元合作视角下政府规制的
新标准 ………………………………………… 149

第二节 公私合作制下政府规制的客观需求 ………… 151
一 维持有效竞争格局 ………………………… 152
二 维护社会分配效率 ………………………… 152
三 有效管理外部性 …………………………… 153

第三节 城市公用事业政府规制的政策框架 ………… 153

第八章 公私合作制下城市公用事业的市场准入规制政策设计 ………………………………………………… 157

第一节 公私合作制下市场准入规制的总体导向 ………… 157
一 塑造竞争性市场格局 ……………………… 158
二 消除市场进入壁垒 ………………………… 159
三 培育市场竞争力量 ………………………… 159
四 保障城市公用产品或服务的稳定供给 ………… 160

第二节 公私合作制下市场准入规制的关键问题 ………… 160
一 进入多少 …………………………………… 161
二 由谁进入 …………………………………… 161
三 如何进入 …………………………………… 162

第三节 公私合作制下市场准入规制的政策建议 ………… 163
一 对城市公用事业进行模块分割与重组 ………… 163
二 构建关键设施运营的资质标准与管理体系 ……… 165
三 对现有城市公用设施的产能进行分类整合 ……… 166
四 探索多元主体参与的私方合作者遴选机制 ……… 166
五 基于项目特征完善公私合作的匹配机制 ………… 167

  六 合理选择城市公用事业的市场准入形式 …………… 168

第九章 公私合作制下城市公用事业的价格规制政策设计 …… 169

 第一节 公私合作制下价格规制的目标体系 …………… 169
  一 促进社会分配效率 …………………………… 170
  二 激励企业生产效率 …………………………… 170
  三 维护企业发展潜力 …………………………… 171
 第二节 公私合作制下价格规制的关键问题 …………… 172
  一 现有模式难以兼顾多重目标 ………………… 172
  二 现行规制价格激励效应不足 ………………… 174
  三 规制价格的成本边界模糊 …………………… 174
 第三节 公私合作制下价格规制的政策建议 …………… 175
  一 构建科学的价格规制模型 …………………… 175
  二 构建区域间经营者比较竞争机制 …………… 178
  三 明确价格规制的成本边界 …………………… 180
  四 强化成本监审与公开机制 …………………… 182
  五 建立价格规制与财政支持互补机制 ………… 182

第十章 公私合作制下城市公用事业的质量规制政策设计 …… 184

 第一节 公私合作制下质量规制的总体思路 …………… 185
  一 整体规制与分类规制相结合 ………………… 185
  二 直接规制与间接规制相结合 ………………… 186
  三 标准治理与多元参与相结合 ………………… 186
 第二节 公私合作制下质量规制的关键问题 …………… 187
  一 产品质量与服务质量规制相互交织 ………… 187
  二 质量规制的非独立性 ………………………… 188
  三 质量规制的全阶段性 ………………………… 188
 第三节 公私合作制下质量规制的政策建议 …………… 189
  一 完善城市公用产品监管的标准体系 ………… 189
  二 强化城市公用产品质量监控与考核机制 …… 190

三　加强质量规制与进入规制、价格规制的协调 …… 191
　　四　优化不同业务环节的质量规制政策 …………… 191
　　五　实施城市公用产品质量信息披露机制 ………… 192

第十一章　结论与展望 …………………………………… 193

第一节　主要结论 ……………………………………… 193
　　一　提出了公私部门划分的"功能属性"观 ………… 193
　　二　不同层级的PPP风险具有关联特征 …………… 193
　　三　政府资金约束是影响PPP收益分配机制的
　　　　重要因素 ………………………………………… 194
　　四　PPP运行需要设计体系完整的规制政策 ……… 194

第二节　研究展望 ……………………………………… 194
　　一　政府行为对公私合作的影响机理需深入研究 …… 195
　　二　需进一步强化定量研究 ………………………… 195
　　三　具体的行业研究值得期待 ……………………… 195

参考文献 …………………………………………………… 196

后　　记 …………………………………………………… 216

第一章 导论

20世纪90年代以来，随着中国城市化进程的加快，中国城市公用事业建设的资金缺口逐步扩大，传统的政府垄断提供公共服务面临巨大的财政压力。为弥补城市基础设施和公共服务建设资金缺口，同时提高城市公用事业的运营效率，迫切需要政府公共部门让渡责、权、利以引入市场竞争机制。然而，城市公用事业的技术经济特性决定了政府必须承担公共服务的职责。为协调城市公用事业竞争性和公益性的矛盾，政府公共部门尝试与私人部门合作，共同负责城市公用事业的建设、运营和管理。这一形式虽然取得了一定的成效，但也存在诸多问题。在经济新常态形势下，如何挖掘私人资本的潜力，促使其参与城市公用事业的发展，将关系城市化战略的实施乃至中国经济的成功转型。在此背景下，对前一阶段实践进行批判性反思和规范性矫正，探讨新时期城市公用事业公私合作的内在机制及其政府规制政策，对支撑中国城市化健康、有序发展具有重要的作用。本章从选题背景与研究意义、研究方法、研究思路与研究内容、可能的创新及改进之处勾勒本书研究的整体框架。

第一节 选题背景与研究意义

一 选题背景

改革开放以来，中国政府通过户籍制度、工农产品价格差异等措施，实施了一系列推动资本、技术等要素向城市区域聚集的发展政策，学术界称之为"城市偏向"发展战略。在这一战略推动下，

1978年以来，中国的人口城市化水平以年均超过1%的速度迅速提高。显然，当前中国正处于城市化快速发展时期。从国际经验看，这一阶段需要投入大量的资金用于城市基础设施建设，以满足快速增长的公共服务需求（贾康、孙洁，2013）。据测算，到2020年，如果政府债务控制在60%以内，仅城市基础设施建设资金缺口就达20万亿元（梁倩，2013）。在这种背景下，仅靠财政支出支撑的政府公共供给模式已难以为继。

在理论与实践中，政府部门公共供给、市场供给和第三方供给代表三种不同的城市公共服务供给模式。政府部门公共供给模式虽然有利于集中经营，取得规模经济效益，但剩余索取权和剩余控制权的分离将导致生产和经营信息的不对称性。同时，以行政指令代替市场机制，极易导致供需脱节。市场供给模式可利用价格信号对供求变化的敏感性发挥竞争机制，保证公共服务供给的效率，但经营者的逐利本性和短视行为不仅会影响服务质量，而且在城市供水等需求弹性较小的公共服务领域，可能会形成新的市场垄断。由非营利性组织和团体等第三方提供公共服务，虽能在一定程度上缓解前两种供给模式的弊端，但第三方供给通常存在相当大的资金缺口。在城市化加速发展的背景下，如何有效整合城市公共服务供给的三种模式，弥补城市公用事业建设资金缺口，提高其运行效率，将成为中国未来城市化健康、持续发展的重要基础条件之一。

20世纪90年代以来，综合利用各种城市公共服务供给模式优点的公私合作制（Public – Private Partnerships，PPP）逐步在中国应用并推广开来。然而由于历史条件、自然环境、国土面积、人口结构、政治经济体制甚至是文化禀赋的差异，不同国家和地区公私合作制的适用模式、实践效果、监管体系等差别较大。随着公私合作制应用范围的逐步扩大，逐步引发现有研究对其主体性质不明、合作机制不清、监管政策难定等问题，这些问题反过来又制约了相关研究的进一步深入开展。鉴于上述现实和理论背景，本书以"中国城市公用事业公私合作机制和政府规制研究"为题，在总结国内外相关研究成果基础上，从城市公用事业的经济特性出发构建合理分析框架，对公私合作制的主体性质、合作机制和规制政策进行了系统研究，以期为相关研究和实践推进提供有益的参考。

二 研究意义

20世纪90年代以来，随着城市化进程的加快，中国城市基础设施及公用事业的建设资金缺口逐步扩大。为了有效支撑城市化发展，城市公用事业领域开始引入境外资本和民间资本参与城市公用事业的建设、运营和管理。这一时期可视为公私合作制的初步发展阶段，此阶段城市基础设施建设资金不足的局面得到了有效缓解，城市公用事业的运营效率也逐步得到了提升。与此同时，收益分配机制不合理、风险控制机制不完善、政府监管不到位等问题也日渐突出，制约了公私合作制的进一步发展。党的十八大以来，城市化战略被定义为一定时期内中国经济转型和发展的重要动力。在这一新形势下，总结前一阶段的经验和问题，系统提出保障城市公用事业公私合作制有效运行的机制与规制政策，无疑具有重要的理论和现实意义。

从理上看，20世纪70年代以来，随着新规制经济学、新公共管理理论、民营化理论等的发展，学术界围绕公私合作制形成了大量文献，也凝练了一些颇有价值的研究结论，然而，对于某些关键问题，学术界并未形成一致共识。基于这些研究不足，本书试图从以下几个方面对现有研究进行补充：

（1）对比中西方文化对公私属性的认知差异，结合公私合作制的治理属性，提出以经济主体承担任务的功能属性划分公私部门。

（2）以城市公用事业面临的"有限竞争"和"有效竞争"的"两难选择"为逻辑起点，分析这两个目标有效维系的条件，探索公私合作机制的合理内涵。

（3）在案例分析的基础上，将归责机制与仲裁机制相结合，构建相对完整的公私合作风险分担机制。

（4）围绕公私合作制的契约属性及合作困境，探析完全契约和不完全契约下公私合作制收益分配机制。

（5）分析城市公用事业的技术经济特性及其规制需求，构建城市公用事业政府规制的三维目标及其政策框架。

(6) 基于总体导向、关键问题和政策设计的具体思路，系统构建公私合作制下城市公用事业的市场准入规制、价格规制和质量规制的政策体系。

从实践角度看，虽然改革开放后，中国开始引入境外资本和民间资本参与城市公用事业的建设、运营和管理，但总体来看，公私合作制真正应用于城市公用事业是始于20世纪90年代，并一直延续至今。由于公私合作制在中国开展的时间较短，经验较为缺乏，引发了城市公用产品或服务上涨过快、社会公众利益受损甚至国有资产流失等弊端。究其根源，除固有的体制性原因外，公私合作制的风险分担失衡、收益分配不清、政府监管不到位也是重要原因。在此背景下，对城市公用事业公私合作机制进行系统研究，提出既具系统性又不失针对性的规制政策建议，对于推动城市公用事业发展，支撑城市化发展战略乃至经济成功转型都具有重要的指导性意义。

第二节 研究方法、研究思路与研究内容

一 研究方法

对城市公用事业公私合作机制及规制政策的研究，一方面需要涉及规制经济学、公共管理学、博弈论等多个学科和理论；另一方面也要结合公私合作制的实践，对部分典型案例进行剖析，因此研究这一问题的方法也较为广泛。总体而言，本书在研究中主要应用了以下几种研究方法：

（一）演绎和归纳推理法

由于中国城市公用事业公私合作制的开展历史有限，相关数据较为缺乏，难以借助计量分析手段进行分析，因此本书较多运用了演绎和归纳推理法。如在分析城市公用事业公私合作机制框架和政府规制政策框架等部分，主要采取演绎推理法；而对城市公用事业风险分担机制的分析，则主要运用基于案例的归纳法。

（二）博弈模型分析法

在城市公用事业公私合作制中，政府公共部门和私人部门由于自身定位和价值追求的差异，往往存在利益冲突和摩擦，因此，在一定条件下，公私双方都存在打破原有均衡的动机。这种情形恰好符合博弈分析的基本条件。本书据此构建了包括项目投资、运营和收益分配的博弈模型，对公私部门的收益分配机制进行了研究。

（三）跨案例分析法

案例分析法作为一项基于实践中典型案例分析的研究方法，能够对风险进行详尽描述和系统解释。而基于多个案例的跨案例分析法则能进一步剖析相同情境下风险的起源，从而对风险因素进行系统归类。这一分析方法将在本书第五章"城市公用事业公私合作制的风险分担机制"中体现。

二　研究思路

城市公用事业垄断性、基础性和公益性的技术经济特征，是国有企业垄断经营城市公用产品、政府对其进行规制的理论依据所在。然而在传统供给模式下，城市公用事业剩余索取权和控制权的分离极易产生"激励性扭曲"，导致运营效率低下。同时，随着中国城市化的快速发展，由公共财政支撑的城市公用事业建设和发展模式也难以为继，必然要弥补城市公用事业发展的资金缺口，提高运营效率。在公私合作制之下，原有由公共部门和国有企业掌握的部分权、责、利向私人部门转移，但城市公用事业的技术经济特征并未根本改变。这一特性决定了城市公用事业公私合作制需要维持有效竞争、社会公益和经营者私利的均衡格局。

基于上述分析，本书遵循"总—分—总"的研究思路（见图1-1）。首先，从城市公用事业的技术经济特征和公私合作制的属性出发，用演绎推理的方法构建公私合作机制的研究框架；其次，根据研究框架包含的主要内容，对公私合作制下城市公用事业的风险分担机制和收益分配机制进行研究；最后，围绕城市公用事业公私合作的特性，分析公私合作制下城市公用事业政府规制的需求，构建城市公用事业的进入规制、价格规制和质量规制政策体系。

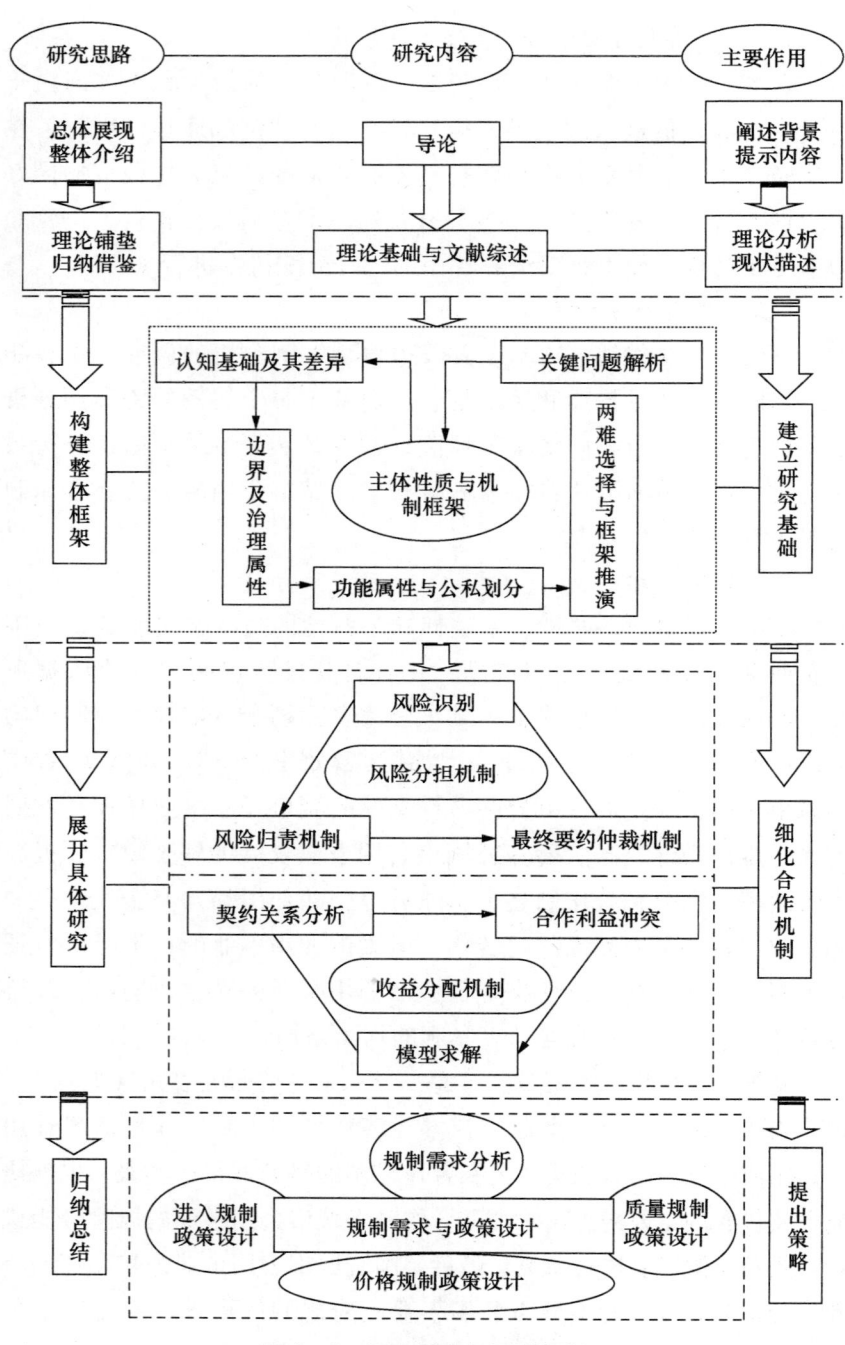

图1-1 研究思路与逻辑框架

三 研究内容

由城市公用事业的技术经济特征所决定，公私合作制的应用和推广既要着眼于其经济性目标，建立合理的风险分担机制和收益分配机制，同时为保障公私合作制的运行和社会公众利益，也要以政府规制政策来维护其社会性目标。根据这一总体思路，除导论和结论与展望外，本书主要研究内容如下：

第二章系统地论述了公私合作制的多重认知，基于其特点探索公私合作制的内涵，并从城市公用事业的行业分布与基本属性出发，论述了城市公用事业公私合作制的理论演进，最终从政府动机、核心属性和实施绩效三个方面，界定了城市公用事业公私合作制的本质特征。

第三章主要对中国城市公用事业公私合作中政府职责的界定、私方合作伙伴的选择、合作风险的应对、投资者回报的保障、政府承诺的维系及有效监管的实施等关键问题进行了解析，以便为后文研究提供宏观思路。

第四章通过对比中外公私属性的认知差异，结合公私合作制的治理属性，提出以经济主体承担任务的功能属性作为划分公私部门的标准，并从城市公用事业公私合作的"两难选择"出发，推演得到城市公用事业公私合作机制的框架和具体内容。

第五章通过对典型案例的风险还原，建立公私合作制的风险清单，在此基础上分析风险起源，构建风险分担的归责机制。对于归责不明确的风险，引入针对转移风险估价的最终要约仲裁机制，以公私部门围绕报价的博弈实现合作风险的有效配置。

第六章建立内含投资、运营和收益分配的基本模型，论证完全契约下和不完全契约下公私合作制收益分配的内在机制。总体来看，政府资金约束越大，项目风险越高，最优收益分配机制所决定的私人部门收益分配系数就越高。然而，政府对PPP项目利益的侵占不仅降低了其努力水平，还会减少甚至终止私人部门的投资。

第七章从理论角度看，无论是规制公益理论还是规制私益理论，甚至是物有所值，城市公用事业的公益属性没有改变，因此始终需要政府规制来保障社会公益；从现实来看，维持有效竞争格局，维护社会分配效率，有效管理的外部性也彰显了政府规制的需求。基于上述分析以及政府规制目标和规制工具的对应关系，公私合作制下城市公用事业政府规制政策的框架包含进入规制、价格规制和质量规制三个方面。

第八章研究在公私合作制下，市场准入规制政策的总体导向是逐步消除城市公用事业各种进入壁垒，推动城市公用事业向竞争性市场转变；同时，通过合理规划城市公用事业公私合作中私人进入的数量和规模，强化私人部门的资质监审，科学设计私人部门进入的方式，明确政策设计的关键问题。由此引申，可设计公私合作制下城市公用事业市场准入规制的政策体系。

第九章指出，城市公用产品的价格实质上是政府、私人部门和社会公众三方围绕促进社会分配效率、激励企业生产效率、保证稳定供给的目标相互进行博弈的结果。然而现有价格监管模式存在价格规制模型难以兼顾三方目标、规制价格激励效应不足、规制价格的成本边界模糊等问题。为此，需要构建科学的价格规制模型，构建区域间经营者比较竞争机制，明确价格规制的成本边界，强化成本监审与公开机制，建立价格规制与财政支持互补机制。

第十章基于城市公用事业的技术经济特征，公私合作制下城市公用事业的质量规制应坚持整体规制与分类规制相结合，直接规制与间接规制相结合，标准治理与多元参与相结合的总体思路；同时根据产品质量与服务质量规制相互交织、质量规制的非独立性和全阶段性等关键问题，重点从完善城市公用产品质量监管的标准体系，强化城市公用产品的质量监控与考核机制，加强质量规制与进入规制、价格规制的协调，优化不同业务环节的质量规制政策，实施城市公用产品质量信息披露机制等方面，系统设计公私合作制下城市公用事业的质量规制政策。

第三节　可能的创新及改进之处

一　可能的创新点

与已有研究相比，本书可能的创新主要有以下五点：

(一) 完善了城市公用事业公私合作机制的分析框架

公私合作制的内在构成与城市公用事业的行业差异，决定了城市公用事业公私合作机制具有复杂性的特征，因此需构建相对完善且逻辑严密的整体性框架。本书将城市公用事业垄断性、基础性和公益性的技术经济特征与公私合作制的经济性目标和社会性目标相关联，构建了内含风险分担机制、收益分配机制和政府规制政策的公私合作机制，完善了城市公用事业公私合作机制的分析框架。

(二) 提出了公私部门划分的"功能属性"观

公私部门的主体性质是明确双方责、权、利归属以及构建合理有效的公私合作机制的基础所在。然而一直以来，中国城市公用事业公私部门的属性划分以传统的"所有制成分"为基本依据，这不仅与实践相悖，而且由于责、权、利归属不清可能干扰甚至误导实践发展。针对这一问题，本书提出以经济主体承担任务的功能属性作为公私部门划分的依据，不仅对传统认知进行了规范性矫正，也为新形势下公私合作制的开展奠定了认识论基础。

(三) 构建了归责机制与最终要约仲裁机制相结合的风险分担机制

公私合作制一个突出的特点就是强烈的应用导向，这就启示对于中国这样一个实践起步较晚、监测数据缺乏的发展中国家而言，案例研究是一个可行的现实选择。本书通过对多个典型案例的风险还原，建立起风险归责机制。对于那些影响重大但分担不明确的风险，本书进一步引入针对转移多风险估价的最终要约仲裁机制，构建了跨案例研究与模型分析相结合的风险分担机制。

(四) 建立了内含投资、运营和收益分配的博弈模型和机制

本书运用数理化的形式刻画公私合作制契约资金安排的过程，

构建了内含投资、运营和收益分配的博弈模型和机制。研究结果表明，无论收益能否事前验证，政府资金约束都是收益分配机制的重要因素，并且政府资金约束越大，项目风险越高，最优收益分配机制所决定的私人部门收益分配系数就越高。这一模型不仅揭示了公私合作收益分配的内在机制，也刻画了自利性动机下政府违约行为对PPP项目收益分配机制的重大影响。

（五）设计出结构完整、思路清晰的城市公用事业公私合作制规制政策体系

本书基于政府规制的现实需求与政策工具的对应关系，在总体上设计了以市场准入规制、价格规制、质量规制为核心的城市公用事业政府规制政策体系，并从总体导向、关键问题和具体政策建议三个方面，全面、系统地提出了市场准入规制、价格规制和质量规制政策的主要内容。

二 可改进之处

限于知识储备和逻辑思维能力，本书改进的空间主要有三点：

（一）研究视角可从宏观转向微观

城市公用事业是一个整体性概念，其中包含城市供水排水、污水处理等多个行业。由于各行业生产供应、消费性质等存在差异，其公私合作机制与规制政策也存在一定差别。因此，选择某一具体行业展开细致分析将是今后研究的主要方向。

（二）研究方法尚存改进空间

在研究方法上，本书较多地采用了案例分析、梳理归纳和逻辑推演方法，定量分析相对不足。随着公私合作机制的发展和规制体系的不断完善，相关数据的可获得性也将增强，因此可进一步验证相关研究结论的适用性。

（三）政府信用风险尚需专题研究

本书研究表明，政府信用风险是引发公私合作收益分配失衡甚至合作失败的主要原因之一。但是，由于这一问题具有相对独立性且超出本书的范围，因此，未在本书中进行细致的研究，今后可做进一步系统研究。

第二章 城市公用事业公私合作制的理论阐释

从理论角度看，城市公用事业从"国有化"到"私有化"，再到当前的"公私合作制"，不仅体现出各界对城市公用事业产业特性的重新定义和理解，也深刻反映出政府与市场关系的变迁。从实践角度看，学术界和业界对于其内涵和本质的认知仍存在较大争议，这在一定程度上制约了城市公用事业公私合作制的发展。基于上述情况，本章通过对前人研究的综述，力图在理论上对公私合作制进行深入剖析，为后续研究奠定基础。

第一节 公私合作制的多重认识与内涵界定

公私合作制是一个相当宽泛的概念，各国学者对这一概念的内涵尚未形成统一认识。美国著名学者萨瓦斯（Savas，2000）认为，PPP 包含三个层次的内涵：其一，公私部门共同参与公共产品生产所提供的任意安排；其二，一些复杂的、多方参与并被民营化了的基础设施项目；其三，企业、社会贤达、地方政府和官员为改善城市状况而进行的正式合作。这一界定包含了制度安排、工程项目、关系类型等几乎所有与 PPP 有关的内容，难以分辨其本质特征。德国学者诺伯特·波茨（Norbert Portz，2003）甚至认为，"试图去总结 PPP 是什么或者应该是什么几乎没有任何意义，它没有固定的定义，并且也很难去考证这个含义模糊的英文单词的起源"。尽管如此，考察不同视角下 PPP 的内涵及其治理机制不仅有助于加深对这一概念的认知，而且对构建城市公用事业合作机制框架也有重要的启示意义。

一　公私合作制的缘起与发展

在中外历史发展中，公共部门与私人部门进行某种形式和程度的合作早已出现，比如，《圣经》就记载了罗马政府将某些税收的权利公开拍卖，由犹太税吏替殖民者收税的典故。从19世纪开始，英国等欧洲国家就向私人公司发放诸如街灯照明、有轨电车、电话电报等城市公用行业的特许权（Wettenhall，2003）。无独有偶，中国在清朝末年也曾出现过"官督民办""官商合作"等创办军工、轮船、铁路等实业的形式。虽然中外史实在内容和方式上存在差异，但上述实例均蕴含了"公私合作"的基本思想（王杰、韩明章，2012）。当然，从合作的紧密程度上看，由于缺乏设计合理的契约，这些仅能被称为"公私混合"，而非现代意义上的合作关系。

20世纪70年代以来，为了解决传统公共服务供给模式供应不足、效率低下等问题，以英国、美国等为代表的西方国家开启了以公用企业改制和民营化为主要内容的放松管制实践。在这一过程中，公用企业不仅退出了私人部门主导的产业领域，而且在相关政策指导和鼓励下，私人企业不断进入传统上由政府经营的领域，这一改革极大地提升了公共服务的供给效率和服务质量。随着私人部门的不断进入，公私合作的形式也由最初的公共服务设施私有化，逐步发展到公共服务外包和强制竞标性招标，公私合作的契约性逐步强化。与此同时，私人部门的参与也在不断更新政府传统的公共管理理念。在这种背景下，公私合作制的概念逐步兴起和发展起来（余晖、秦虹，2005）。

1989年之前，英国政府严格限制私人资本投资公共资产。此后，随着政府公共财政压力的不断增加，时任英国首相撒切尔夫人废除了这一规定，并于1992年提出鼓励私人投资（Private Financing Initiative，PFI）的理念。在PFI中，公共部门与私人部门签订长期合同，规定双方的权利和义务。由于合同一般会涉及资产提供问题，而传统的财政支付方式已难以为继，因此需要私人部门投入资本。从施政目的上看，鼓励私人投资一方面是为了发挥私人部门管理技术的优势，提高公共服务设施的运营效率；另一方面是为了缓解政府公共财政压力。尽管如此，城市供水、管道燃气等核心服务仍由公共部门提供（Edwards and Shaoul，2003）。由于PFI是PPP的典型形式之一，因此也一度被认为是PPP的代名词。此后，PPP在美国、加拿大、澳大利亚、法国、日本等国家得到了广泛应用，许多发展中国家也设立了专门机构来推动PPP的发展，同时非政府组织（NGO）和学界对PPP的关注度也逐渐上升，PPP逐步成为世界各国提升公共服务水平的核心理念。

迄今为止，PPP已在全球范围内得到广泛应用，其应用范围也已由公共交通、供排水系统、城市能源、邮电通信等传统基础设施领域，逐步扩展到医疗卫生、教育培训、技术研发等公共服务甚至公共安全领域，并取得了积极成效。如英国财政部的调查显示，88%以上PPP项目能够按时或提前完成，且没有出现因工期延误导致公共部门承担费用增加的情况。但由于国土规模、资源分布、经济社会发展水平、行政体制甚至是文化禀赋的差异，世界各国在推进PPP发展的过程中，呈现出形式各异、模式有别的特点，如英国PPP的发展以公用事业或公共资产的私有化为主要特征，而美国PPP的推进则主要以放松管制为手段。这些差别导致PPP存在多种分类标准，且各自具有不同的内涵和外延特征，从而对PPP内涵认知和实践开展都产生深远的影响。

二　不同视角下公私合作制的多重认知

虽然公私合作的理念古来有之，但公私合作不断成熟、完善并形成制度化体系却得益于20世纪70年代后英国、美国等经济发达国家经济改革的实践。在这一过程中，理论研究的成熟和进步极大地推动了PPP实践的发展。当前，关于PPP的理论研究主要从以下四个方面展开：一是将PPP视为新型的合作伙伴及其联盟，研究PPP关系契约的特殊性及其相应的治理机制（Bovaird，2014）；二是从交易成本经济学角度出发，进一步分析PPP关系契约中交易成本和成员信任的重要作用（Essig and Batran, 2005）；三是从产权视角出发，研究产权安排对于公私合作制的作用方式，提出基于合作剩余最大化的产权安排（Scharle, 2002）；四是从博弈角度出发，分析公私双方的博弈过程及其均衡机制（Grout, 2003）。

　　基于理论研究成果和 PPP 实践的丰富性，学界和业界对 PPP 的概念认知也存在较大差异。部分国际组织和学者将 PPP 视为包含合同安排、合作协议和协作活动等在内的"合作关系"或"合作形式"。如联合国开发计划署指出，PPP 是指政府、营利性企业和非营利性组织基于某个项目而形成的相互合作关系。欧盟和加拿大对这一概念也有类似的认识：欧盟将公共机构和商业社会围绕基础设施的融资、建设、革新、管理与维护等进行的合作定义为 PPP；加拿大 PPP 国家委员会将 PPP 定义为公共部门和私人部门之间的合作经营关系（Linder, 1999）。一些学者如克里什纳（Krishna, 2003）、罗泽克和约翰斯顿（Romzek and Johnston, 2005）等将 PPP 视为商业社会和地方政府的合作关系。从字面理解，PPP 本身就已传递出合作关系的基本信息，因此，基于"合作关系"或"合作形式"的界定模式本质上是 PPP 概念的同义反复，并未提供"合作关系"以外的有用信息，因而难以反映 PPP 的内涵与本质。

　　依据表现形式，韦赫（Weihe, 2006）将 PPP 分为五种类型：（1）公私部门通过联合生产与风险分担而形成的制度合作。即公私双方为了实现效率改进和绩效提升，由传统单边决策机制向资源共享、风险共担的联合决策机制转变的过程，这在鹿特丹港口二期扩建工程中得到了充分体现（Teisman and Klijn, 2002）。（2）具有严格规范的长期基础设施合约（Ghobadian et al., 2004）。（3）利益相关者结成的松散公共政策网络。即合作各方从自身利益出发，以契约、协议形式结成松散的合作网络，共同影响公共政策的制定与实施（Rosenau, 1999）。（4）在匈牙利等东欧国家，PPP 意味着中央集权的公用事业决策机制逐步向地方政府、社区及企业等组织放权，因此 PPP 象征着社会变革后公民社会的进步（Osborne, 2000）。（5）在美国，PPP 被视为一项资产组合，以助推地方经济发展和城市改建。这种分类体现了 PPP 与当地经济社会发展的有机结合，从而反映出 PPP 的形式和内容具有地域性特征。相比于"合作关系"界说，这种分类标准更强调 PPP 的长期效应、合约形式及实施目的，体现了不同 PPP 形式的共性特征，从而有利于丰富 PPP 的内涵认知。

布林克霍夫（Brinkerhoff，2011）提出了一个基于目的的分析框架。这一框架包含五种类型的 PPP：（1）政策型 PPP，即寻求建立跨部门的政策网络以应对全球化的挑战（Keck and Sikkink, 1998）；（2）公共服务替代型 PPP，即通过公共产品生产和安排的分离，由私营部门提供公共服务，实现对传统模式的有效替代（Bovaird，2004）；（3）基础设施型 PPP，即公共部门和私人部门通过合作，共同推动基础设施有效融资、建设、运营、维护等工程环节的有序衔接（Sansom，2006）；（4）能力建设型 PPP，即致力于教育、医疗、环境管理、农业等领域各类团体与组织技能和能力的提升（Wescott，2002）；（5）经济发展型 PPP，即通过跨部门之间的合作，实现经济发展及减贫等目标（Bull and McNeil，2007）。这种分类方式不仅强调跨部门之间的合作，更强调公私部门之间通过共同决策实现某种目标，对不同目标类型 PPP 的实践开展具有一定的指导意义。

根据基础设施不同技术环节的组合，也衍生出各式各样的 PPP 类型。传统理论认为，城市水源与给排水系统、交通运输系统、能源供应系统和邮电通信系统等是市场失灵的典型领域，因此，政府需要承担工程计划、设计、建设、运营、维护、融资、收费等所有环节的业务。随着理论和实践的发展，基础设施领域逐步放松进入管制，各种民营资本逐步进入基础设施建设领域，并通过不同生产环节的有机组合，逐步衍生出了诸如建设—转让（BT）、建设—运营—转让（BOT）、建设—拥有—运营（BOO）、建设—拥有—运营—转让（BOOT）、租赁—购买（LP）等多种 PPP 形式。由于技术环节明确、各环节常规风险容易预见和掌控，这种划分标准及其组合对实践的开展有很强的指导意义（Hodge and Grave，2010）。

由上述分析不难看出,从不同的研究视角出发,理论和实践中存在多种对 PPP 的认识,这些认识从不同侧面提供了 PPP 内涵的基本素材(见表 2-1)。

表 2-1 PPP 主要分类及简要评价

代表学者或机构	分类基准	简要评价
萨瓦斯(2000)	层次差异	PPP 本质及特征难以辨析
UNDP(1996)	关系类型	PPP 概念本身的同义反复
韦赫(2006)	外在特征	强调 PPP 的合约形式及实施目的
布林克霍夫(2011)	实施目的	强调公私部门共同决策实现某种目标
霍奇和格雷夫(Hodge and Grave, 2010)	技术组合	内涵明确,指导性强

资料来源:笔者整理。

三 公私合作制的主要特点与内涵

尽管以上研究为我们分析 PPP 的外在特征、实施目的及适用范围提供了多样化的视角,但是,由于缺乏完整的 PPP 认知框架,PPP 的内涵及本质仍陷于"概念丛林"之中,从而对 PPP 的实践造成了干扰甚至误导。因此,从 PPP 的多种认识中提取并凝练其主要特点,进而对 PPP 的内涵进行科学合理的界定,无疑是学术研究与实践推进的逻辑起点。

(一)公私合作制是一种混合型中间组织

新制度经济学认为,经济主体选择交易方式的根本原因在于交易成本的节约(Williamson, 1979; Coase, 1937; Arrow, 1969)。随着现代经济的发展,市场交易的主体越来越多,主体之间的关系越发复杂,"市场—企业"二分法的分析范式已经难以有效解释现实中纷繁复杂的组织安排与交易现象(Richardson, 1972),威廉姆森(Williamson, 1985)据此提出了混合组织的概念。混合组织作为介于市场与科层制之间的一种中间型组织,带有科层制组织和市场的双重性质(Teece and Pisano, 1994)。混合组织的形成虽然没有使层级结构的组织规模扩大,但有效延伸和拓展了组织的控制能力，有效弥补了市场和科层组织的不足。随着现代信息交流和通信技术的发展，特许经营、开发供应商合作伙伴关系、合资企业等混合组织形态越来越多。为了总结出不同混合组织形态的基本规律，梅纳德（Ménard，2000）将混合组织定义为法律上独立的机构之间开展合作，对技术、资本、产品和服务进行分享或交易。而马斯登（Masten，1996）认为，由于混合组织的多样性，基于具体案例考察其本质和优缺点是必需的。不难看出，混合组织的定义和特点与前文公私合作制的分析具有高度的耦合性，因此，从组织经济学视角看，公私合作制是一类典型的混合型中间组织。

（二）PPP 意味着长期的合作关系

城市公用事业 PPP 项目的合作期限需要根据关键设施的使用寿命、投资回收期等因素确定。城市供排水和污水处理系统、管道燃气系统等公用事业均以管网为核心基础设施，这些基础设施建设周期较长。而且，即使投入使用后，也必须具有一定的覆盖面才能产生效用，因此难以在短期内通过向消费者收取高价来回收投资成本。这些决定了城市公用事业，尤其是网络型公用事业具有设施建造与投资回收周期较长的特点。相应地，公私部门一旦就某一城市公用项目建立起合作关系，这种关系就是长期性的。在中国现行政策下，城市公用事业领域典型 PPP 项目的合作期限最长可达 30 年。因此，在选择私方合作者时，公共部门需要重点关注私方合作者是否具有履行长期承诺的能力。

（三）PPP 有效实施的基本保障是通过合同进行监管的

公私部门通过订立合同的方式，将双方的责任、权利以及相应的事项在事前进行详细规定。合同签订以后，负责合同监管和实施的政府主管部门便承担了两种角色：一种角色是合同的一方主体，需要按约定行使合同权利、履行合同义务；另一种角色是合同监管者，其主要任务是建立可测量的服务标准，确保服务达到预定的质量。如果公共产品或服务无法进行可测量的标准化，则意味着这种项目就不适合采用公私合作方式。为了达到服务标准，合同可以约定某种形式的支付激励机制，这是用于监管产品和服务质量的重要经济手段。在各种合作事项得以明确的前提下，PPP 合同能够为公私双方提供稳定的预期，保障合作得以长久开展。另外，由于 PPP 的期限可能长达 30 年之久，公私部门间的合作一旦出现不协调的地方，需要以事前双方确认的合同条款作为解决争议的重要依据。

（四）PPP 的核心是风险分担及风险管理

由于 PPP 是一项多方参与、结构复杂、专业性强的制度安排，对私方合作者的选择、招投标的程序、各类资产的组合、公共产品的定价等都有高度专业化和精细化的要求，稍有不慎就可能埋下各种潜在风险，因而风险分担以及风险管理技术就成为 PPP 合同及其运行的核心所在。格里姆齐（Grimsey，2008）认为，在风险不能识别和控制的条件下，政府承诺或担保成为商业金融介入基础设施领域唯一的风险控制办法。换言之，如果能从技术上而不是概念上识别基础设施的风险所在，从流程细节上而非整体轮廓上构造基础设施风险控制体系，那么基础设施投融资的风险就可以分散于公共和私人部门了。因此，在设计投融资结构、安排双方权利义务时，应充分考虑各类风险，做出符合当地实际情况的评估。同时考虑项目所适用的会计核算、税收规则等问题，利用各类融资工具，使项目可产生盈利进而获取项目收入用于偿还项目借款。

（五）PPP 运行的关键在于责任明确和制度透明

公共利益和政府责任是任何国家或地区推行公私合作制都无法回避的问题。PPP 意味着政府部分公共责任向私人部门转移，以通过让渡部分行政权限，实现资金的最大价值。然而所有的制度安排都需要反映政府有效提供公共服务的制度初衷，因此政府必须承担最后的担保责任。一旦出现任何可能损及公共利益的情况，政府应当按照合同条款中止私人部门的经营权，承接公共服务。而有效保障政府履行责任的前提在于，通过透明的制度安排，事前明确公共部门和私人部门的责任、权利和义务。如在项目酝酿成立过程中，竞争程序应公开透明，以保障各类企业能公正地参与竞标过程。在项目运行过程中，合作双方的责任认定应足够明确，为合同监管和第三方监督提供决策参考，为解决合作纠纷甚至终止合作提供必要的依据。

根据上述公私合作制主要特点的分析，本书认为，公私合作制是公共部门和私人部门围绕公共服务供给，以合同为主要法律依据建立起来的一种风险共担、利益共享的长期合作关系。这种基于合同的合作关系能够保证公私部门各司其职、共担风险、合作"双赢"，因而比传统的政府垄断的公共产品供给模式更具成本优势。与其他定义相比，本书对PPP内涵的界定尤其强调合作关系的长期性、不确定性与风险性。PPP的长期性意味着应对合作中可能出现的争议有可行的解决依据，对合作可能遇到的不确定性与风险有事先的防范机制。这既需要PPP采取合同监管的方式，也对PPP运行的制度环境提出了公开透明的要求。需要说明的是，由于具有多种缔约方案与表现形式，PPP的确切含义一般需要根据特定案例的具体情况来确定。

第二节　城市公用产品公私合作制供给的理论演进

与一般竞争性产业相比，城市公用事业兼具公共性和企业性两种相互矛盾的特性（植草益，1976）。前者要求以公益性和普遍服务为出发点，由政府垄断经营以保障公共服务的有效供给。然而随着社会经济的发展，这种以公共部门为产业主体，国有企业垄断经营的组织形式不可避免地会造成效率损失，而其长期亏损又成为政府财政的巨大负担，财力不足制约了城市公用事业的投资，使得公共产品的数量和质量难以满足社会公众日益高涨的需求。因此在资源稀缺的制约下，迫切需要进行以效率为导向的市场化改革。后者则表明城市公用事业存在盈利机会，城市公用事业及其基础设施具有需求增长、收入稳定、现金流充沛的特点，对于追求稳定回报的资本具有较强的吸引力，从而为民营企业等市场主体进入创造了可能。但是，私人资本逐利的天性恐怕又会损害社会公众利益。传统理论依据这两种性质，分别把政府和市场作为理想的、优于另一方的公共产品供给模式，当一方失灵时，自然的逻辑就是以一方替代另一方。然而实践表明，无论是市场还是政府供给模式均有其不足之处，而两者在取长补短的基础上进行合作，则能够有效地发挥各自优势，保障公共服务的有效供给。由此可见，关于城市公用产品供给的探讨，是城市公用事业公私合作制产生的逻辑起点和理论根源。

一 城市公用事业的行业分布与基本属性

（一）城市公用事业的行业分布

在行业分布上，城市公用事业包含供水排水和污水处理、供气、集中供热、城市道路和公共交通、环境卫生和垃圾处理以及园林绿化等行业部门（王俊豪，2013），这些行业显然具有不同的特点。按照功能和形态差异，城市公用事业可分为工程性的城市公共设施和社会性的城市公共服务两大类型（见表2-2）。城市公共设施是为城市生产生活提供支持的城市给排水系统、能源系统、交通系统、通信系统、垃圾处理公共设施及附属设施等市政基础设施，这些基础设施提供的公共产品可直接作为物质生产的投入品；城市公共服务则包括行政管理、文化教育、公共卫生、公共文化、商业服务、金融保险、社会福利、医疗服务等公共服务，一般而言，这些服务虽不直接参与城市物质生产活动，但对于维护物质生产的公共秩序以及城市居民身心健康却具有重要的保障和支持性作用（王元京、张潇文，2013）。

表2-2　　　　　　　　两种城市公共事业类型的比较

比较事项	城市公共设施	城市公共服务
行业范围	城市给排水系统、能源系统、交通系统、通信系统、垃圾处理公共设施及附属设施等市政基础设施	行政管理、文化教育、公共卫生、公共文化、商业服务、金融保险、社会福利、医疗服务等公共服务
服务载体	依赖专用性基础设施	本身即是服务内容
基本功能	主要支撑城市物质生产生活	保障城市公共秩序和居民身心健康
服务指向	物质性生产部门	非物质保障性部门

资料来源：笔者整理。

不难看出，上述两种不同类型城市公用事业虽然都提供城市经济社会发展的公共产品或服务，但其服务载体和服务指向却存在一定差异：城市公共设施所提供的公共服务需要以专用网络或特定设施为载体。换言之，城市公共设施以专用性的基础设施为导向，其产品具有一定的物理形态，可直接作为生产资料或生活必需品。而城市公共服务由科学、教育、文化、卫生等非物质生产部门提供，并没有具体的物理形态，重点体现社会保障功能（Bourreau and Doğan，2004）。

在实践中，城市公共设施和公共服务一般由多个行政部门管理，其中城市建设管理部门主管的"市政公用事业"与城市公用事业密切相关。根据原建设部2005年9月颁布的《关于加强市政公用事业监管的意见》提出，"市政公用事业是指为城镇居民生产生活提供必需的普遍服务的行业，主要包括城市供水排水与污水处理、供气、集中供热、城市道路和公共交通、环境卫生和垃圾处理以及园林绿化等"。这一界定与如表2-2所示的城市公共设施的行业范围高度吻合，涵盖了城市公用事业公私合作制应用的主体范围。更进一步，按照特定行业在提供公共产品过程中是否必须借助输配网络，可把城市公用事业分为网络型市政公用事业和无网络型市政公用事业两种类型（王俊豪，2011；李云雁，2012）。

网络型市政公用事业，如城市供水、污水处理、集中供热、管道燃气、轨道交通等供给的产品虽形态存在差异，但这些行业有共同的特点，在其产品生产、传送、运输和销售整个供应链中，必须借助专用网络设施实现产品的生产供应。网络型市政公用事业犹如城市经济社会发展的"骨架"，支撑城市物质生产和居民生活水、电、气等基础投入。从技术角度看，网络型市政公用事业具有投资数额大、投资回报期长、资产专用性强、沉淀成本大等特点。

无网络型市政公用事业是指无须借助管网系统就可实现产品供给的城市公用事业，主要包括城市垃圾处理、园林绿化、道路照明、环境卫生等行业。这些行业虽然与城市生产和居民生活没有直接联系，但却是一个城市的"脸面"，对塑造舒适、卫生、文明的生活环境具有重要的作用。从其基本特性看，无网络型市政公用事业产权难以界定，因此，难以通过收费机制实现排他性消费，或即使能够建立收费机制，也很难消除其外部性。

表 2-3　　　　　　　　城市公共事业的分类与行业

网络型市政公用事业	无网络型市政公用事业
如城市供水、污水处理、集中供热、管道燃气、轨道交通等	城市垃圾处理、园林绿化、道路照明、环境卫生等

资料来源：笔者整理。

综上分析，城市公用事业按照其形态和功能差异，可分为工程性公共设施和社会性公共服务两大类型；更进一步地，城市公共设施与市政公用事业密切相关，可分为网络型市政公用事业与无网络型市政公用事业。因此，如无特殊说明，本书所指的城市公用事业即为市政公用事业所涵盖的业务范围。尽管工程性公共设施和社会性公共服务在内涵和行业分布上存在一定差异，但为了表述一致，本书仍以城市公用事业代之。

（二）城市公用事业的基本特征

城市公用事业的行业范围较为广泛，尽管这些行业部门在产品形态、输售方式、消费特性等方面存在一定差别，但总体来说，均具有如下特征（Ross and Yinger，1999）：

其一，基础性。基础性是指城市公用事业在城市生产生活中具有重要的物质保障和服务支持作用，且影响范围极为广泛。从需求角度看，城市公用事业所提供的产品或服务不仅为城市工业、商业、服务业等提供必要的交通、电力、通信等服务，也为城市居民提供水、电、气等生活必需品。从供给角度看，城市公用事业提供的产品构成了其他生产部门产品或服务的价格，其性能和价格变化必然会对其他部门产生连锁反应。从影响范围看，城市公用事业具有极大的外部性，其发展为整个城市经济发展提供基础条件，能够极大地推动其他部门发展，具有巨大的正外部性；但过度拥挤的交通产生的空气污染、未经处理的污水排放等活动也可能造成较大的负外部性。基础性意味着城市公用事业在城市发展规划中居于先导性地位。

其二，自然垄断性。自然垄断性是指在特定的市场容量下，厂商的平均成本和边际成本曲线一直向下倾斜，这表明某种产品或服务的生产具备规模报酬递增的性质。从经营角度看，如果某个行业具有自然垄断性，那么在特定业务范围内，由一家企业提供产品或服务，比两家及两家以上企业提供相同数量的产品或服务更具有成本优势，同时具有更高的生产效率。城市公用事业被认为是自然垄断的典型领域，其自然垄断性表现为规模经济性、资产专用性和地域垄断性三个方面。

规模经济性的核心含义，是指在投入增加的同时，产出增加的比例大于投入比例，从而单位产品的平均成本随着产量的增加而递减，呈现规模收益递增（谷书堂、杨蕙馨，1999）。在现实经济中，规模经济的一个重要表现就是高资本密度。比彻等（Beecher et al.，1991）用资本/收入比率，测算了城市公用事业的资本密集程度，研究发现城市电力、电信等行业的资本/收入比率大致在1∶1到2.5∶1，自来水业的资本/收入比率高达5∶1甚至6∶1，这是因为，城市公用事业建设初期需要大量投资，用以输配管网及其他设施建设。如此巨大的投入要求在特定范围内接入网络的消费者数量必须足够多，以分摊巨大的固定资本。因此在特定的区域范围内，实行少数企业垄断经营，才符合规模经济的要求。

资产专用性是指一项资产被用于特定用途后出现锁定效应，很难再移作他用；即使可移作他用，也会造成该项资产的巨大贬值（Riordan and Williamson，1985）。由于要素品质、要素组合和产业特征的差异，在不同产业间配置某项资产通常存在交易成本，并且交易成本越高，资产的通用性越差，专用性就越强。城市公用事业的管网建设环节对地质水文条件、电力等其他设施布局、建筑物分布等都有特殊要求，这些决定了管网等设施具有很强的资产专用性，并在一定程度上成为投资者进入该行业的障碍，由此形成自然垄断格局。

地域垄断性指受地理区位、地势地貌等自然条件限制，各地区的城市公用事业管网具有清晰的辐射半径，这些产业特性决定了需要以区域垄断的形式保证城市某些产业的整体效能。某些城市公用行业，诸如城市自来水还具有物理上的不可压缩性，在取水、输配环节均必须借助管网设施，从而这些产业具有产、供、销高度一体化的特性，同样需要采取地区性垄断经营的形式。

其三，公用性。公用性是指在消费性质上，城市公用事业提供的产品或服务应为众多企业和社会公众共享，因此，与一般产品相比，城市公用事业提供的产品或服务具有公共品或准公共品的特性，即使用和消费过程不能独占，不能进行排他性消费。更为重要的是，由于这些产品或服务为企业和居民生产、生活所必需，需求弹性较小，因此经营城市公用事业的企业必须以消费者可承受的价格，向服务区域的全体用户提供公共产品，以保障城市居民的基本生活需求。这些都说明城市公用事业具有较强的公用性特征（肖兴志，2008）。

（三）城市公用产品的公共产品属性

基础性、垄断性和公用性从不同侧面反映城市公用事业所提供的产品或服务的本质属性。其中基础性反映了城市公用产品的影响及其作用的重要性，其性质类似于经济学意义的外溢效应；垄断性实质上刻画了为保障城市公用产品的有效供给，城市公用事业所必需的技术经济特征；公用性则体现了城市公用产品在使用上或者需求上的普遍性和必需性。在经济学理论中，能同时满足上述三个特征的产品被称为公共产品，由此可见，公共产品属性深刻地反映出了城市公用事业的本质属性。

美国经济学家萨缪尔森（Paul Samuelson，1954）首先将公共产品的特性描述为：每个人对这种物品的消费并不减少任何他人对该产品的消费。公共产品的这一性质被称为非排他性。此后，萨缪尔森在其出版的《经济学》教科书中又分析了公共产品供给的边际成本为零的特性，也就是非竞争性，并提出只有同时具备非排他性和非竞争性的经济产品才是真正意义上的公共产品。这一界定奠定了公共产品分析的基准范式，此后的学者虽在此基础上补充或深化了公共产品的概念和特征，但都无法回避这一理论。此外，萨缪尔森提出，非排他性和非竞争性决定了公共物品消费过程中会出现"搭便车"现象，市场机制供给难以避免上述情况的发生，而必须由政府垄断供给。

在现实中，完全符合非排他性和非竞争性的公共产品极少，更多介于纯公共产品和私人产品之间。布坎兰（Buchanan，1965）按照竞争性和排他性程度的差异，将纯公共产品到纯私人产品之间的各种形态都划归为俱乐部产品。这种产品类似于俱乐部中的会员，对俱乐部成员而言具有非排他性，但却排斥非俱乐部成员的消费。具体而言，在一定的消费容量内，单个俱乐部成员的消费具备非竞争性，但一旦超过一定的临界点，非竞争性就会消失，增加更多的消费就会降低全体消费者的效用。这一分析深刻地反映了"非排他性"和"非竞争性"的相对性特征。鉴于公共产品特性的可变性、多样性和相对性，国内外学者一般将公共产品分为纯公共产品和准公共产品两大类（Cornes，1996）。

根据前文分析，网络型城市公用事业显然具备有限的非竞争性和非排他性特征。从非排他性维度看，在一定的消费容量下，一个人消费某一公用产品并不影响其他人的正常消费，因此是非竞争的。从供给角度看，虽然可通过安装量表对水、气等公用消费数量进行控制，但由于一定数量的公用产品（如自来水）是维持生命健康和生产生活的必需品，即使技术上可行，对某些特殊群体（如低收入群体）也难以实施完全的排他性消费。此外，拥挤效应的存在也会改变城市公用事业的非竞争性特征，如在交通拥堵时段和路段限号出行、在夏季等供水紧张时刻定时分片供水，均表明城市公用事业的非竞争性也是有限度的。由此可见，网络型城市公用事业提供的公共产品具有准公共品性质。

对于城市垃圾处理、园林绿化、道路照明等无网络型城市公用行业，由于没有专用网络，因此在物理上难以界定其服务范围或消费主体，在技术上也难以进行效用分割。虽然在某些行业内部，如园林绿化、环境卫生行业，公园、公共厕所实施收费制度，但从整体上看，多数无网络型城市公用事业整体上更接近于非排他性和非竞争性的纯公共物品。其中，城市垃圾处理行业是一个相对特殊的行业。根据公共产品属性的分析范式，垃圾处理基本符合纯公共产品非排他性和非竞争性的特征。但在实践中，随着城市化进程的加快和城镇人口的增加，"垃圾围城"的拥堵效应逐步显现，城市垃圾处理收费制度开始建立并推广，这又表明城市垃圾处理行业具备一定的准公共品特征。对此，本书坚持与仇保兴、王俊豪等（2014）学者相似的观点，将城市垃圾处理视为一种有别于网络型城市公用事业的特殊的准公共品。

二 城市公用产品供给的制度安排及其分类

传统理论认为，由于公共物品具有效用的不可分割性、非排他性和非竞争性的特征（Samuelson，1954），导致私人部门供给过程中不可避免地存在"搭便车"现象，因此公共物品的市场供给是无效率的，应由公共部门供给（Olson，1965）。在此指导下，城市公用事业领域典型的制度安排是由政府垄断提供自来水、管道燃气等公共产品的安排和生产。此后，随着公共选择理论、新制度经济学、新公共管理学、民营化理论等经济学派的兴起，学者们逐渐认识到，在一定条件下，市场也能有效提供公共产品。如戈尔丁（Goldin，1977）提出，公共产品在消费上可分为"平等进入"和"选择性进入"两种类型，如果在技术上可排除不付费消费者，市场可以有效提供公共产品；德姆塞茨（Demsetz，1970）认为，通过第三方制度安排，比如消费者群体之间的契约，可有效消除"搭便车"现象，这就使公共产品的市场化安排变为可能。这些理论有力地推动了城市公用事业供给方式的转变，其中兴起于20世纪70年代的民营化理论及其实践更是为城市公用事业多样化的制度安排奠定了基础。

美国民营化大师萨瓦斯（1989）认为，在公共服务中区分消费者、生产者、安排者或提供者是十分必要的。其中消费者是指直接获得或接受公共服务的人，他们可以是个人，特定地理范围内的所有人、私人组织、政府机构等。服务的生产者是直接组织生产或向消费者提供服务的组织，其可能是政府单位、私人企业、社会组织甚至是消费者自身。服务的生产者（或提供者）为生产者指派特定的服务群体，或者为消费者指定生产者，或选择服务的生产者，这一角色通常由政府扮演，但也有例外情况。尤其是对公共产品（或服务）而言，消费者团体、社会组织等也可能成为服务安排者。

分清公共服务提供（或安排）与服务生产之间的区别是十分重要的，它是界定政府角色，决定公共服务供给制度安排的基础，也是公用事业民营化的核心概念（Ostrom et al.，1961）。政府可以利用财政支出做出提供某些公共服务的决定，但并不意味着需要依靠政府雇员和设施来生产这些服务。对于多数的公共服务而言，政府本质上应行使服务安排（或提供）的职责，以决定哪些服务可由集体去做，为谁而做，要达到什么水平，如何付费等。比如，政府可以向私人企业购买街道清扫服务，通过赋予企业收费权保持街道清洁，也可能要求沿街居民"各扫门前雪"。

从理论上讲，城市公用事业的制度安排，本质上是一个成本—收益权衡的过程。威廉姆森（1979）认为，两种成本的相对值决定了是否需要将安排和生产功能分开。当生产者与安排者合二为一，要么会产生官僚制成本，即维护和管理层级系统的成本（如图 2-1 中的第 Ⅰ 象限），要么就转化为完全的私人生产行为，违背城市基础设施的公共产品属性（如图 2-1 中的第 Ⅲ 象限所示）。当生产者和安排者不一致时，又会产生交易成本，即聘用和管理独立生产者的成本（如图 2-1 中的第 Ⅱ、Ⅳ 象限）。实践表明，政府由"划桨人"转为"掌舵人"，即通过政策引导、制定规划、实施监管，从城市公共服务的直接生产者和提供者转为安排者与购买者，能够有效降低财政负担、提高运营能力与效率。从这个角度来讲，图 2-1 中第 Ⅱ 象限所标示的政府安排，市场生产的模式既保证了公共服务的公益性，又体现了经济效率原则。

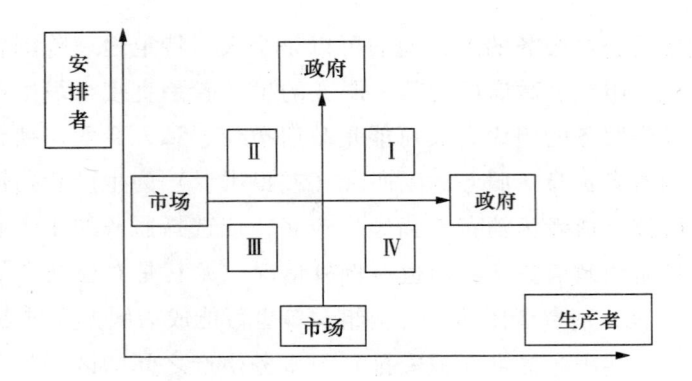

图 2-1 公共服务生产者与安排者的制度安排

在上述分类的指导下，萨瓦斯（2005）进一步将城市公用事业民营化的制度安排分为三类：第一，政府授权或委托，即政府以签订服务承包合同或服务外包协议的形式，授权私人部门提供公共物品与服务，同时政府保留其公共责任与必要的监督权；第二，政府撤资，政府以私有化的形式，彻底放弃公共物品与服务的责任；第三，替代或政府淡出，即政府通过放松规则等措施，由市场机制替代政府公共服务能力的不足，逐步形成竞争性的市场结构。在这一分类的基础上，更为细化的制度安排见表 2-4。

需要指出的是，中国是以公有制为经济基础的社会主义国家，市场经济的发展也是以公有制经济为基础构建的，因此公有制经济始终在国民经济中发挥着极其重要的作用；同时城市自来水产业是事关国计民生的基础性产业，必须保证其稳定经营和公益性特征，以上两方面共同决定了城市自来水产业民营化的制度安排不能直接照搬经济发达国家的政府撤资或市场替代形式，城市公用事业公有制的制度安排也排斥了私营组织对自来水产业基础设施的所有权。

同时，需要明确的是，城市公用事业民营化与竞争性领域的民营化改革有很大不同：在城市公用事业领域，私营组织代替公共部门经营公用事业，实现公用事业的市场化运作，本质上属于功能上的民营化，即非国有化的私营组织承担政府授权范围内的职责和义务,或政府组建国有化私营组织承担行政任务,但政府仍需保留其公共责任;而竞争性领域的民营化不仅包括功能民营化过程,其终极目的乃是实现私有化,即实现产权变更,按照完全的市场化行为组织经营企业生产。

表 2-4　　　　城市公用事业公私合作的分类

一级分类	二级分类	具体内容
政府授权或委托	合同承包	—
	公私竞争	竞争性采购
		管理竞争
	公私合作	公共设施使用特许权
		公共资产租赁
		特许经营
	补助（生产者）	税收优惠
		低息贷款
		研究资助
	凭单制（消费者）	针对符合条件的消费者的公共服务进行补助
政府撤资	出售	私人配售
		企业收购
		出售给公众、雇员或使用者
	无偿赠与	赠与公众、雇员或使用者
	清算	国有企业清算或破产清算
替代或政府淡出	民间补缺	第一阶段,民间补缺
		第二阶段,民间全面接管
	政府撤退	限制国有企业增长规模
	解除管制	私人企业进入政府独占领域

资料来源:Savas, E. S., *Privatization in the City*: *Successes*, *Failures*, *Lessons*, Washington D.C.:CQ Press, 2005;[美]萨瓦斯:《民营化与公私部门的伙伴关系》,周志忍译,中国人民大学出版社2002年版。

由上述分析可知,表 2-4 中的制度安排并非都可用于中国城市公用事业民营化的具体实践。其中,公私合作是通过不转移或阶段性转移公用事业所有权的方式来维持公用事业公有制，它是中国城市公用事业民营化的主要形式。

三 城市公用产品政府垄断供给的理论依据

（一）公共产品市场供给无效：价格机制失灵

价格机制是市场经济的核心机制。经济学理论表明，在完全竞争的市场条件下，企业将价格定在边际成本与边际收益相等处，不仅可以实现利润最大化，而且可以实现分配的帕累托效率，即资源的最优配置。假定 P 表示某种城市公用产品的价格，在完全竞争条件下，产品的边际收益曲线和需求曲线重合：

$$P = P(Q) \qquad (2-1)$$

假设 C 表示企业的成本，其函数形式为：

$$C = C(Q) \qquad (2-2)$$

在经济学理论中，边际成本定价意味着帕累托最优。换言之，此时的社会总收益（SB）扣除社会总成本（SC）所表现出来的社会福利（W）最大：

$$\max W = SB - SC = \int P(Q) dQ - C(Q) \qquad (2-3)$$

令 W 最大化的一阶条件等于零，即：

$$\frac{\partial W}{\partial Q} = P - \frac{\partial C(Q)}{\partial Q} + \lambda \left(P + Q \frac{\partial P}{\partial Q} - \frac{\partial C(Q)}{\partial Q} \right) = 0 \qquad (2-4)$$

化简后可得：

$$P(Q) = MC \qquad (2-5)$$

这就是边际成本定价法所确定的价格，理论上看，这是最有效率的定价方式。

但是，城市公用事业具有自然垄断性的特征。由于存在规模经济，其成本曲线并不像完全竞争市场那样呈一条水平直线，而是向右下方倾斜的曲线，并且平均成本曲线（AC）位于边际成本曲线（MC）的上方（见图2-2）。这就意味着如果按照边际成本定价，供水企业会产生每单位产品数量为 NM 的损失，在边际成本定价下总的损失为 $P_m MNP_n$，此时不可能实现帕累托最优的激励目标。如果要实现帕累托效率定价,就必须使价格回归至平均成本水平,这时候必然导致价格上升与供给数量降低,这显然又不符合帕累托效率标准。此时城市公用产品按照边际成本定价将陷入"两难选择"。尽管霍特林(Hotelling,1938)曾主张以税收补贴的形式在成本递减行业推行边际成本定价法,然而税收补贴却存在补助数额巨大、企业负面激励以及"寻租"等弊端(植草益,1992)。由此可见,尽管理论上边际成本定价法可行,但实践中城市公用产品按此定价则是十分困难的。此时,为了获取自然垄断产业的规模经济效应,对经营城市公用事业的企业进行数量限制,维护单个或少数企业垄断经营的地位,以分摊城市公用事业巨大的投资成本,就成为可行的手段之一。

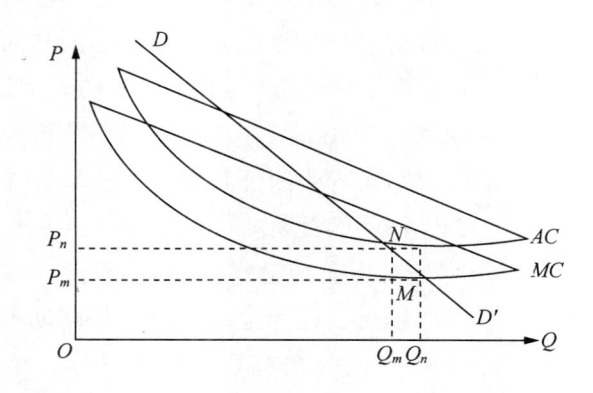

图 2-2 公共产品市场定价失灵示意

(二)政府垄断供给的正当性:规制公益理论

作为市场经济的重要主体,政府和市场在城市公用产品的生产和安排中各自具有不同的作用。传统经济理论认为,市场交易决定私人物品的归属,政府交易形成公共物品。城市公用事业的准公共品性质将不可避免地导致私人部门供给过程中存在"搭便车"现象,因此公共物品的市场供给是无效率的,应由公共部门供给(Olson,1965)。在此理论指导下,典型的制度安排是由政府垄断自来水、管道燃气等城市公用产品的生产。20世纪20年代末至30年代初，过度放任市场自由竞争导致经济危机的发生。在此背景下，凯恩斯主张政府对经济运行实施干预，并将城市公用事业纳入政府垄断经营范畴，以防止私人企业利用垄断性或者半垄断性契约损害公众利益（Pigou，1924）。美国政府借助价格规制和进入规制，维护城市公用事业垄断经营的组织形式，以保证公用事业的公益性。由此衍生的"规制公益理论"为城市自来水、管道燃气等城市公用事业垄断经营提供了正当性论证。

规制公益理论假定政府是完全理性的"道德人"，将公共利益视为自身行为和决策的基本依据和终极目标。在"市场运行失灵"、"政府是仁慈的、无所不能的和无所不知的"以及"规制有效率"三个基本假设之下，规制公益理论主张政府对自然垄断行业进行直接干预，以达到纠正市场失灵，保障社会公众利益的目的。如欧文（Owen，1978）将规制看作是政府提供的减弱市场运作风险、服从公共需要的方式；米特尼克（Mitnick，1980）提出政府规制是从公共利益出发而制定的针对私人行为的公共政策；植草益（1976）强调市场失灵是政府干预经济的客观基础，规制是公共机构为克服市场失灵，以法定的执行权对企业活动进行限制的行为。总而言之，公共利益规制理论是以市场失灵作为逻辑起点和规制动因的，强调政府是完全理性的，规制目的是提高资源配置效率，维护公众利益。同时，政府将以特定的垄断形式，按照社会公众的整体需求来提供公共产品，并通过税收或收费募集公共产品的生产成本，城市公用事业资产所有权不能转移，也不能实行私有化。为了维护政府垄断的组织形式，政府通过限制进入、控制价格等措施维持公用企业的垄断地位。

四 城市公用产品公私合作供给的理论依据

（一）自然垄断特性的演进

长期以来，自然垄断特性是政府对城市公用事业构建进入壁垒、实施价格控制的理论基石。如美国大法官布雷耶（Breyer，1982）认为，自然垄断是对企业价格和利润进行规制的最为传统和持久的原理。在一定的技术条件和市场需求范围内，以企业独占的形式提供公共产品不仅能够有效维持资源配置效率，也可保持充足供给，从而维护公众利益，这些恰好是政府规制所要达到的目标。然而随着理论和实践的发展，自然垄断的判断标准和边界的变化为打破城市公用事业垄断的市场结构，引入竞争机制提供了正当化根据。

有关自然垄断的一个标准定义是由斯普尔伯（Spulber, 1989）给出的，他认为如果一家企业比两家或两家以上企业以更低的成本供应市场需求，则这种特定的产品技术就被称为自然垄断特征。这一定义要求这项技术在特定范围的产量上具备规模经济性，即生产的边际成本小于特定范围产量上的平均成本。换言之，当产量增加而单位成本下降时，在特定范围上的产量就存在规模经济性。此时，对于诸如城市自来水等生产单一产品的自然垄断型企业而言，规模经济是一个充分条件。但此后不少经济学家认识到，简单地以规模经济来识别自然垄断是困难的甚至是不可能的（Kahn, 1988），因为规模经济特征不仅取决于产业技术特性，也与需求状况和市场范围密切相关（Posner, 1969）。邦布赖特（Bonbright, 1961）甚至提出，即使在单位成本上升的情况下，对于某些公共设施来说，由一家企业提供服务也是最经济的。这意味着规模经济既不是自然垄断的充分条件，也不是其成立的必要条件。

20世纪70年代后，英国、美国等经济发达国家逐步放松对城市自来水、轨道交通、管道天然气等公用事业的规制，激励着经济学界进一步探讨自然垄断的经济特性。在这一背景下，鲍莫尔（Baumol, 1977）、夏基（Sharkey, 1983）等经济学家提出，如果行业中某单一企业生产某一产品的成本，比两家或两家以上企业生产同一产量产品的成本更低，这种特性就被称为成本弱增性。在成本弱增的范围内，为节约成本、实现较高的生产效率，可由一家企业垄断经营；当产出超过成本弱增范围后，政府就应放弃进入规制，允许新企业进入。这一论断不仅将自然垄断的判断标准由传统的规模经济学发展至成本弱增性，也对自然垄断的可维持性提出了挑战。

(二) 自然垄断的可维持性

传统自然垄断理论认为，城市自来水等公用事业具有规模经济特征，为了维护大规模生产优势，必须维持城市公用事业原有的垄断经营格局，限制企业进入。然而，自然垄断本身并不能作为限制进入的条件，在位的自然垄断企业要想有效阻止其他企业进入，其产量和价格决策需遵循一定的约束条件，在这些条件下，在位企业能够在设定的价格维持自身的市场份额，使潜在进入者无利可图。

可维持性理论认为，与自然垄断企业价格和产量决策有关的约束条件主要有三个：其一，在特定的价格水平下，企业产量等于市场需求量；其二，企业收入等于这些生产量的总成本；其三，如果新进入的企业的价格以低于在位企业的定价，则其生产不能使其获利（Panzar and Willig，1977；Baumol and Willig，1981）。上述三个条件可表示为：

$$Q = D(P) \tag{2-6}$$

$$PQ = C(Q) \tag{2-7}$$

$$P'_i < P \text{ 且 } Q'_i \leq D(P') \text{ 时}, P'Q'_i < C(Q'_i), i = 1, 2, \cdots, n \tag{2-8}$$

式（2-8）中，下标 i 表示任意一个潜在进入者。

与此同时，可维持性理论还假定潜在企业进入的话，垄断企业不能做出任何反应，这虽不符合实际，却也有一定的现实性。原因在于，垄断企业的价格是受到政府规制的，其产量和价格的变动需要得到政府规制机构的批准，由于政府规制调整的滞后性，垄断企业的价格和产量难以迅速调整。此时，如果规制者允许企业自由进入，往往会造成垄断企业垄断地位的不可维持性，可借用图2-3说明。

在图2-3中，Q_0 表示垄断企业最小平均成本处对应的产量，Q^* 代表自然垄断要求的产量，市场需求曲线 DD 和平均成本曲线 AC_1 相交处决定的价格和产量分别为 $\bar{P}$ 和 $\bar{Q}$。由图2-3可知，对于垄断企业而言，如果将价格定于企业最小平均成本对应的 P_0 处，企业将获得最大利润，但此时的产量 Q_0 小于市场需求 $\bar{Q}$。由于垄断企业负有供应整个市场需求的义务，政府规制机构将垄断企业的价格和产量固定于需求曲线和企业平均成本曲线的交点处（成本弱增阶段），这样既能保证市场需求，又能使企业收入补偿其成本。这时，垄断企业的垄断地位的可维持性就被定于（$\bar{P}$，$\bar{Q}$）处，在企业可自由进入市场的情况下，除此之外的价格和产量都会造成自然垄断的不可维持性。如当 $P<\bar{P}$ 时，要么企业出现亏损，影响企业发展能力，要么造成市场供应不足；而当 $P>\bar{P}$ 时，意味着进入有利可图，造成自然垄断的不可维持性。事实上，由于在位企业的价格和产量受到规制，难以及时调整，潜在进入者仍可通过价格和产量的策略性组合创造获利机会。比如，在 P_0 和 $\bar{P}$ 选择一个价格，由于定价低于在位企业，因此潜在进入者可凭借价格优势抢占部分市场份额，再将产量定于企业最小平均成本处，则意味着潜在企业有利可图，同样可造成自然垄断的不可维持性。可见，在企业自由进入的规制政策下，在位企业只有在平均成本下降的范围内（Q_0 左侧）维持自然垄断地位，这时潜在企业没有任何盈利空间，但此时整个市场的需求就得不到满足。因此，为合理解决这一矛盾，在成本弱增的范围内（Q_0 至 Q^* 间），政府应实施进入规制，以保持自然垄断的可维持性，以维护最大的社会生产效率。

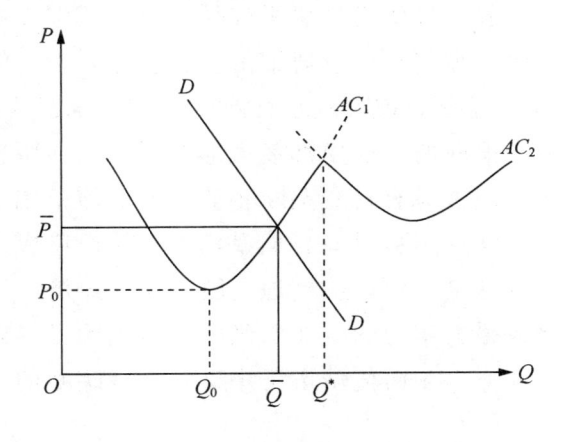

图 2-3 自然垄断的不可维持性

自然垄断的基本特性由规模经济演变至成本弱增性，意味着城市公用事业引入市场竞争机制存在理论上的可能性。此后，鲍莫尔（1982）等提出的"可竞争市场理论"进一步提出，即使是自然垄断的产业，只要沉淀成本为零（即退出无障碍），潜在进入者的压力也会约束在位者进行竞争性定价，因此市场机制能够有效保证生产的效率，政府无须对自然垄断企业进行规制。这一理论为城市公用事业引入市场竞争机制提供了有力的理论支撑。

（三）城市公用事业自然垄断边界的动态变化

从动态角度看，技术进步正迅速改变着自然垄断的边界。如在电信行业，微波无线电通信技术的发展极大降低了通信服务的固定成本，使电信企业运营的最小效率规模（MES）显著下降。实际上早在20世纪50年代，就有许多政府组织和私人企业向美国联邦通信委员会（FCC）申请私人通信系统。得益于微波技术的应用，通信服务的用途进一步拓展，相关市场需求不断上升（Viscusi et al.，2005）。此外，网络互联也使自然垄断的边界逐步缩小。计算机和焦化技术的改进，使有线电视、电信等行业可以建造和运行多种网络，然后借助网络间的互通互联降低成本。

随着市场范围的扩大，需求扩张也在改变自然垄断的边界。例如，某一地区起初经济发展水平较低，市场范围较小，需求有限，城市自来水、煤气等产业通常由一家企业经营。但随着城市人口增加和城市范围的扩大，原有网络已难以满足需求的扩张，新建设施及原有设施的改扩建都极大地拓展了公共服务的供给边界。当需求扩张超过原有自然垄断企业成本弱增范围后，原有产业的许多业务环节就不再具备自然垄断性，转而应成为多家企业竞争的格局（见表2-5）。特别地，随着全球经济一体化进程的加快，一些具备强大实力的企业已经开始打破地区界限，在不同地区同时开展业务，从而使城市公用事业区域垄断的特征也在逐步弱化。

表 2-5　　　部分城市公用行业自然垄断与竞争性业务

行业名称	自然垄断业务	非自然垄断业务
污水处理	污水管道输送业务	污水收集、处理等业务
管道燃气	燃气管道输送业务	燃气生产、储存、销售等业务
城市轨道交通	路轨网络建设	车辆运营、票务销售等业务
邮政行业	邮政网络建设	邮政传递、送递等业务

资料来源：笔者整理。

由此可见，在特定的技术水平、市场范围和需求状况下，自然垄断的边界是相对的。随着这些因素的变化，自然垄断的边界呈现不断变化的趋势。但总的来看，自然垄断边界及其对应的业务范围是逐步缩小的。随着技术进步加速，市场需求不断拓展，越来越多的业务环节具备了可竞争的市场条件。

(四) 政府规制的成本及其经济影响

就经济学基本原理而言，评估一项决策合理与否，需要综合对比其成本和收益情况，只有当收益大于成本时，这项决策才是理性的。政府规制也是如此。虽然从技术角度看，估算规制成本和收益具有许多困难，但是，规制成本的存在却提示规制者应采取审慎的态度。事实上，除规制失灵外，规制成本膨胀及政府规制引发的各种经济影响，也成为城市公用事业领域放松规则的重要动因之一。

政府规制成本广泛存在于政府规制立法、执法、法律修改与调整等环节，每一个环节都会发生相当一部分成本，有时因规制成本太大而不得不延迟对某一特定领域的政府规制。从历史演变角度看，政府规制天然地具有一种自我膨胀、自我扩张和自我强化的内在扩张机制（植草益，1976）。在这种机制作用下，政府规制机构极易产生扩张的冲动，其突出的表现是政府规制机构成本支出和雇员数量的增加（见表 2-6 和表 2-7）。

表 2-6　　　　代表性年份美国联邦政府规制支出变化　　　单位：亿美元

项目	1960年	1970年	1980年	1990年	2000年	2010年	2013年	2014年	2015年
消费者健康与安全	5.86	9.95	28.78	27.75	44.8	75.32	74.77	87.00	89.40
国土安全	8.33	15.03	36.52	50.68	96.64	226.66	226.38	219.36	232.65
交通安全	2.41	7.93	12.64	12.22	18.33	30.36	29.31	30.89	30.58
工作场所安全	2.07	5.15	17.20	15.27	17.53	20.65	20.02	19.98	20.44
环境与能源	1.67	11.12	44.11	62.13	81.91	86.75	77.72	76.8	75.29
社会性规制总计	20.34	49.18	139.25	168.05	259.21	439.74	428.20	434.03	448.36
财政金融	2.30	4.39	9.01	19.75	24.16	31.40	41.00	41.17	40.11
特定行业	5.23	12.37	11.17	7.74	9.23	12.65	13.02	13.32	14.24
一般行业	2.76	5.06	8.34	11.04	20.62	37.30	43.97	47.95	52.33
经济性规制总计	10.29	21.82	28.52	38.53	54.01	81.35	97.99	102.44	106.68
规制支出总计	30.63	71.01	167.77	206.58	313.22	521.09	526.19	536.47	555.04
年度总变化率(%)	0	8.8	9.0	2.1	4.2	5.2	-1.9	2.0	3.5

注：表中数据以 2009 年为基年折算，2014 年、2015 年为估计值。

资料来源：Susan Dudley and Melinda Warren, Economic Forms of Regulation on the Rise: An Analysis of the U. S. Budget for Fiscal Years 2014 and 2015, Regulatory Study Center, the George Washington University。

表 2-7　　　　选择性年份美国联邦政府规制机构雇员变化　　　单位：万人

项目	1960年	1970年	1980年	1990年	2000年	2010年	2013年	2014年	2015年
消费者健康与安全	1.20	1.47	3.32	2.87	3.18	3.86	3.89	4.14	4.23
国土安全	1.75	2.25	3.53	4.42	6.04	14.21	11.47	14.68	14.61
交通安全	0.39	0.78	0.84	0.76	0.90	0.95	0.94	0.93	0.93
工作场所安全	0.42	0.76	1.79	1.36	1.22	1.21	1.20	0.20	0.20
环境与能源	0.13	0.51	2.02	2.54	2.97	3.11	2.77	2.77	2.73
社会性规制机构总计	3.89	5.77	11.50	11.95	14.31	23.34	20.27	22.72	22.70
财政金融	0.25	0.56	0.95	1.53	1.33	1.37	1.59	1.51	1.52
特定行业	1.03	1.98	1.23	0.82	0.67	0.66	0.65	0.67	0.70
一般行业	0.55	0.72	0.93	0.97	1.26	1.70	1.88	2.02	2.17
经济性规制机构总计	1.83	3.26	3.11	3.32	3.26	3.73	4.12	4.20	4.39
规制机构总计	5.72	9.03	14.61	15.27	17.57	27.07	24.39	26.92	27.09
年度总变化率（%）	—	4.7	4.9	0.4	1.4	4.4	-1.5	2.0	0.8

注：2014 年、2015 年为估计值。

资料来源：Susan Dudley and Melinda Warren, Economic Forms of Regulation on the Rise: An Analysis of the U. S. Budget for Fiscal Years 2014 and 2015, Regulatory Study Center, the George Washington University。

由表 2-6 和表 2-7 不难看出，半个多世纪以来，美国政府的规制成本剧烈膨胀。从支出规模看，美国联邦政府规制支出由 1960 年的 30.63 亿美元激增至 2015 年的 555.04 亿美元，增长超过 17 倍；规制机构雇员人数由 5.72 万人增加至 27.09 万人，数量增加超过 3 倍。从规制成本分布的具体领域看，包括社会性规制和经济性规制在内的主要领域，政府规制的支出规模都有所增加，其中社会性规制支出规模超过 21 倍，经济性规制增长超过 9 倍。从时间分布来看，多数时间段内的支出规模和雇员数量均呈现增长态势。尤其值得注意的是，受"9·11"事件影响，2000—2010 年，国土安全支出规模和雇员数量呈现激增态势。以上数据分析仅限于美国联邦政府层面，如果再加上美国各州政府规制机构的运行成本，那么所有的政府规制成本将更加高得惊人。

由上述分析可知，美国联邦政府为规制付出了巨大的成本，制定了数以万计的规制政策，但只有少数政策可以带来净收益。Guasch 和 Hahn（1999）的研究表明，1982—1996 年，美国 7 个联邦规制部门所发布的规制政策中，仅有不足半数的政策可取得一定的净收益。不仅如此，政府规制还会造成对市场经济运行机制的干扰，在诸多方面存在一定负面影响。从企业角度看，政府规制虽然能使企业免予竞争，但政府规制政策调整的时滞会阻碍企业技术创新，如在电信市场领域，蜂窝技术早在 20 世纪 40 年代就已经开始出现，并于 1973 年具备产业化应用的条件，但美国联邦通信委员会直到 1983 年才开始颁发许可证，致使美国 1983 年因技术延迟增加的成本超过了 250 亿美元（Haring et al., 1997）。同样，语音服务引入的延迟也使美国经济年均成本增加超过 13 亿美元（以 1994 年价格计算）（Kahn et al., 1999）。无独有偶，于良春和丁启军（2007）对中国电信业的实证研究表明，2000—2004 年，电信行业政府进入规制的总成本比其收益大约高出 11926.26 亿元，约为收益的 2.07 倍。从社会福利角度看，规制成本最终会以产品价格提升、税负加重等形式部分转嫁给消费者，消费者最终以高价格、低工资、高税负的形式承担了政府规制成本。哈齐拉（Hazilla, 1990）

研究表明，由于环境规制增加，1990年美国就业率下降低了1.2个百分点。政府规制的影响不仅限于微观层面，近年来，一些经济学家开始将政府规制与财政支出、税收、货币政策等一起，列入美国政府典型的宏观经济活动。一项最新的研究表明，1949年以来，政府规制强度的增加使美国真实的经济增加率（实际GDP增长率）下降了2个百分点。如果政府规制强度维持在1949年的水平，美国2011年潜在的GDP总量将达到53.9万亿美元，远高于其15.1万亿美元的实际水平（Perry，2013）。从总体来看，随着市场经济的不断完善和技术进步，城市公用事业可竞争性环节逐渐增多，为适应这种变化就要求尽可能地发挥市场机制的作用，放松进入规制，允许国内私人资本、境外资本等多种形式社会资本参与城市公用事业的建设、运营和管理。与此同时，也要优化价格规制机制，强化质量规制，以应对社会资本进入后出现的新问题。

第三节 城市公用事业公私合作制的本质特征

20世纪70年代以来，以英美为代表的经济发达国家为应对市场不景气状况，引入私人资本解决基础设施建设财政资金不足的公共服务市场化改革。此后，随着新公共管理理念在全球范围内广泛传播，PPP渐成风潮并对包括中国在内的经济转型国家产生了重要影响。尽管从全球范围看，现代意义上的PPP实践已近50年，但受理论进展、国情差别等影响，学界和业界对政府推行PPP的动机、核心属性和实施成效等仍存在诸多争论（王俊豪、付金存，2014）。以史为鉴，对这些争论进行深度剖析，不仅能够明确公私合作制的本质特征，而且对构建规范可行的公私合作机制，推动中国城市公用事业公私合作制发展也将提供可借鉴的思路。

一 政府推行PPP的动机：文字把戏还是治理工具

政府实施公私合作制的动机一直以来备受质疑。传统理论认为，城市公用事业提供的自来水、管道燃气、公共交通等公用产品具有一定的非竞争性和非排他性的特征，具备准公共物品的性质，因此城市公共物品的供给必须从公共利益和社会经济发展的需求出发，实行国有部门垄断供给的模式，这是政府维护公众利益的基本职责所在。随着技术进步和社会经济的发展，城市公用事业的许多环节出现了可分离性的趋势和模块化特征，这为城市公用事业引入私人部门和竞争机制提供了契机。然而，一些学者认为，所谓的PPP只不过是一种文字把戏而已，其实质是政府将公共职责转移至私人部门，逐步推脱其公共责任，并以牺牲公共利益为代价推进私有化进程。如萨瓦斯（2000）认为，PPP与私有化的概念基本上是相通的，只不过PPP的称谓比私有化更容易让人接受、更少产生歧义和争论。

根据产权理论，城市公用事业效率低下的根本原因就在于公有产权制度的内在弊端，因此重构城市公用事业的产权结构，引入竞争机制和私人产权，就成为解决这一弊端的有效手段。竞争理论也认为，引入市场竞争机制是提高城市公用事业产出效率的基础，传统的国有企业垄断城市公用事业的低效问题需要依靠民营化改革解决。在政策实施重点上，产权理论强调企业内部治理的改善，竞争理论则注重市场结构的重组，以形成可竞争的市场环境。在此背景下，提倡或支持PPP的学者将其视为替代传统公共产品供给的治理工具，并将其称为介于公共治理和市场治理之间的"第三条道路"（Buse and Walt，2000）。

随着理论和实践的进展，城市公用事业及其基础设施的准公共产品性及自然垄断性逐渐演变，部分城市公用行业或产业环节可竞争的市场环境逐步形成。与此相适应，中国城市公用事业及基础设施的建设、运营与管理从政府单一主导的模式逐渐向政府与市场并存的模式转变。受此影响，公共部门和私人部门开始利用各自的优势，通过合理的风险分担机制，逐步建立起伙伴式的合作关系。但从历史角度看，无论是发达国家还是发展中国家，城市公用事业市场化改革首先不是基于"市场优越"的考虑，而是基于"政府低效"的替代。虽然在政策上，中央和各级地方政府一再强调，应鼓励和支持民间资本投资城市公用事业及基础设施领域，但在实践中却存在诸多隐性障碍，民营资本难以参与市场公平的竞争，政府的缺位与越位行为依然阻碍着公私合作的健康发展。

二 PPP的核心属性：融资模式还是制度创新

20世纪70年代以前，各国公用事业大多采取的是国有公共部门独家供给的模式，公用事业及其基础设施的建设、运营、管理和维护全部由政府财政负担，属于典型的垄断经营领域。在这种模式下，公共产品和服务定价的基本原则是优先考虑公共利益，而非实际成本水平，因此长期以来，公用事业部门在低价水平运营，处于亏损状态，政府财政负担不断加重。尤其是在城市化快速推进的发展中国家和地区，公用事业及基础设施面临巨大的资金缺口。在这种背景下，PPP成为吸引私人资本参与基础设施建设，减轻政府财政负担的有效模式，于是BT、BOT、BOO等基础设施融资模式不断出现。例如，克拉克（Kraak，2012）指出，PPP是私人部门在长期合约下，为公共基础设施提供设计、建设和融资支撑的过程。

从组织经济学视角出发，PPP实质上属于组织网络（Milward and Provan，2000），维持这一网络稳定性的基本条件，在于构建"利益共享，风险共担"的合作机制。作为一项长期合约，PPP吸引私人资本的关键在于建立稳定的政策预期，降低政策风险。民营资本参与PPP的主要动力是追求相对稳定的收益和回报率，而公共部门引入PPP的初衷在于服务质量和效率提升，平衡项目的风险和收益，实现有效监管。而这些都无一例外地需要法律法规、管制体系和产业模块化的合理设计来支撑与保证。缺乏这些必要的制度支撑，PPP的融资效果和合作效率也难以体现出来。尤其对中国等发展中国家而言，PPP本身就是在缺乏一般性法律、政府角色不明确、监管体系不健全等制度环境中逐步发展起来的，因此其有效发展更需要合理的制度和机制设计。

三 PPP的实施绩效：物超所值还是有效替代

与传统的公共产品与服务供给模式相比，PPP被认为具有以下两大优势：一是通过引入私人资本，减轻财政负担，从而可将财政支出用于其他更需要的领域；二是私人部门供给公共服务更能发挥效率优势、更有利于实现资金的价值（Value for Money，也可译为物超所值）。然而这些良好愿望在实践中备受质疑。

首先，从PPP的财政绩效看，私人供给对公共财政的作用机制在于将政府一次性的大额支付化整为零，转化为按年支出。在诸如新建公路等用户付费的基础设施PPP项目中，由于政府需要向私人部门购买服务，因此在某些方面，政府财政预算反而会增加。此外，在FPP项目中，政府公共部门需要身兼多职，面临多重利益的权衡：作为公众利益的代表，政府需要保证公共产品与服务的公益性与普遍性，但为了吸引企业的进入，还需制定合理的投资回报率，否则难以吸引私人合作者进入；政府公共部门既是PPP项目的决策者，同时也是管制者。平衡这些矛盾都会产生交易成本，这也会增加财政支出。由此可见，私人供给只是替代公共财政供给，但并没有增加公共基础设施的供给数量；私人供给模式也并不意味着政府可以减少对公共基础设施的最终责任，因此PPP财政减负的功能也存在疑问。

其次，私人部门提供公共产品物超所值的观点也难以例证。布卢姆菲尔德等（Bloomfield et al., 1998）认为，马萨诸塞州通信销售额的增长只是向公众掩盖了产品的真实成本和风险，通信设施的租赁—购买（LP）融资安排的花费要比传统的财政支付模式高出7.4个百分点；在欧洲，格雷夫（2003）将Farum市的某项PPP项目称为"丹麦公共管理历史上的丑闻"，致使当地居民承受了更高的税负，当地政府背负了更多的债务，前任市长也因此锒铛入狱。沃克（2000）考察了Masco机场至悉尼都市圈的公路PPP项目，发现此项融资的私人部门的真实投资回报率高达21%—25%，而财政融资的回报率仅为2%。于是Shaoul（2004）总结认为，事实证明，PFI是一项昂贵的融资模式，在她看来，PPP是以多数人的利益为代价，维护了少数人的利益，其实质是起到了劫贫济富的效果。

深刻分析上述争论不仅有利于认清公私合作制的本质特征，更为重要的是，这些争论实质上指向了公私合作制中三个极为关键的问题，即公私合作制中公私部门如何划分，"风险共担，利益共享"的机制如何构建与维护，以及实施公私合作制后，社会公众利益如何得以保障。对这三个问题进行有效分析与解答，直接关系着中国城市公用事业公私合作机制运行的现实效果。

第三章　中国城市公用事业公私合作制实施的若干关键问题

党的十八届三中全会提出"允许社会资本通过特许经营等方式参与城市基础设施投资和运营"后，以国家发展改革委员会《关于开展政府和社会资本合作的指导意见》、《政府和社会资本合作项目通用合同指南（2014年版）》，财政部《政府和社会资本合作模式操作指南（试行）》为代表的操作指导性文件不断涌现，《中华人民共和国政府和社会资本合作法（征求意见稿）》也正式向社会公布并征求意见，公私合作制迅速成为社会各界关注的焦点。据财政部PPP综合信息平台项目库季报第3期显示，截至2016年6月30日，经审核纳入PPP综合信息平台项目库的项目已达9285个，总投资10.6万亿元，项目数量和投资总额呈现持续增长态势。在中国城镇化发展速度不断加快、经济发展步入新常态的背景下，可以预见，PPP将成为推动中国城市公用事业发展、支持新型城镇化建设、改进政府公共服务和国家治理现代化的重要手段。

然而任何一项制度安排必须根植于其特定的制度环境。对中国而言，这种新型的公私合作关系是在缺乏一般性法律、监管体系不健全等制度环境下逐步发展起来的，相比英国、美国等国家而言，实施时间也较短。这意味着，公私合作制在中国的实践必然会面临崭新的问题。这些问题包括公私合作中政府职责的界定、私方合作伙伴的选择、合作风险的应对、投资者回报的保障、政府承诺的维系及有效监管的实施等。对这些问题给出合理分析与解答不仅有助于推进PPP在中国城市公用事业建设领域的实践，而且对相关学术研究的开展也有一定的启示作用，因此具有理论和实践上的双重意义。

第一节 公私合作制是否等同政府职责转移

长期以来，无论是在计划经济国家还是市场经济国家，城市公用事业均被认为是带有公益性质的公营事业，应由国家投资、建设和运营。然而，随着社会经济的发展，这种以公共部门为产业主体，国有企业垄断经营的组织形式不可避免地会造成效率损失，而其长期亏损又成为政府财政的巨大负担，财力不足制约了城市公用事业的投资，使得公共产品的数量和质量难以满足社会公众日益高涨的需求。因此，在资源稀缺的制约下，迫切需要进行以效率为导向的市场化改革。而以私人部门为主体，引入竞争机制是符合效率性要求的；同时，城市公用事业及其基础设施具有需求增长、收入稳定、现金流充沛的特点，对于追求稳定回报的资本具有较强的吸引力。于是在传统的国有企业垄断经营和政府财力难以为继的条件下，公共部门与私人部门共同参与城市公用事业的建设、运营和管理的制度安排逐步形成。

从理论上分析，"民营"是一个与"政府直接经营"（或称"官营"）相对应的概念，"民营"的实质在于"非政府"、"非官方"直接经营（刘迎秋，1994）。采用公私合作制，也就意味着公共部门部分权力和职责让渡给私人部门，即私人部门通过合同承包、租赁、特许经营等形式承担了过去由政府承担的部分职责。从中国城市公用事业改革实践看，由于开展的时间较为有限，部分城市政府实践经验相对缺乏，一些城市政府采取与非公有制企业合资、合作经营城市公用事业的做法，但多数城市政府通常仍然在所有权结构上掌握控股权。少数城市政府出于改善财政状况的需要，将公用事业的原有部分国有资产卖给私人企业经营，一卖了之，造成政府职责的缺失，并引发了一系列问题（王俊豪，2010）。因此，正确认识并合理定位政府职责，是推行公私合作制的首要问题。

政府及公共部门在公私合作制中至少承担着三种角色的职能：首先，作为公众利益的代表，须保证公共产品的质量和数量满足社会公众的需求，一旦出现公共产品数量和质量不能满足公众需要，或在公共服务活动中出现重大事故，政府也必须承担相应的政治责任。其次，作为公私合作制的发起人和参与主体，政府和公共部门还应承担规则制定和执行者的职责，包括法律制度的制定、规则程序的制定、违规行为的纠正等。最后，作为公共服务的采购者，政府和公共部门主要承担确定采购标的、确定合格的私方合作伙伴、签订与履行合约的职责。要履行好这些职责，政府主管部门需重新定位或调整其职能，建立符合公私合作制及市场经济运行规律的监管体系（余晖、秦虹，2005）。这一方面要求政府由传统的公用事业直接管理模式向独立监管模式转变；另一方面，也要求政府监管的内容根据公私合作制的要求转变：在进入监管上，逐步放松限制进入的经济性监管，取而代之的是用激励性的措施和手段，吸引各种资本参与城市公用事业的建设、运营和管理；针对公私合作制中的风险，制定合理的风险分配机制与应对方案；为保障投资者的合理回报，实现公司利益的动态平衡，应采用更具灵活性、激励性的定价方式；在政府承诺与保障上，应制定有效的维系手段，保障政府承诺得以践行；通过理顺中央到地方各级监管机构之间的权力配置，最终构建有效的城市公用事业监管体系。

第二节　私方伙伴选择应基于何种标准

公私合作制又被称为公私合作伙伴关系，是指公共部门和私人部门为提供公共产品或服务而建立起来的一种长期合作伙伴关系。从这一界定中可以看出，公共部门和私人部门（或称为私方合作伙伴）是 PPP 中两个主要的参与主体。公共部门即为公私合作制中"Public"所指代的主体，通常是以公用事业单位为代表的公共企业，这一点为学术界所共识。然而不同国家对公共企业内涵的理解却存在一定的差异：在经济发达国家，公共企业是立法机关通过相关法律创设的公法制企业；而在中国，公共企业则是由行政部门创设的国有企业。无论是公有制企业还是国有企业，都是在政府相关管理部门的指导和监督下从事公共产品和服务的生产或供给，因此从更为广泛的意义上讲，"Public"的内涵还应包括政府相关部门。私人部门在公私合作制中被称为"Private"，也可译为私人企业、私方伙伴等。从国际主流的观点来看，PPP中的私方合作伙伴一般指私人企业。但是，博瓦德（Bovard，2004）却认为，PPP是指公共部门与公用事业领域以外的任意组织所结成的契约关系，这就意味着只要不属于公用事业领域，私方合作伙伴可以是任何所有制性质的组织。

受经济政治制度的影响，中国学者一般习惯于按照生产资料所有制性质，将企业类型划分为国有企业、民营企业、外资企业、股份制企业等。按照这种理解和划分，PPP中的私方合作伙伴应包括国有企业以外的其他所有制类型企业和社会组织。但在实践中，一些PPP项目却选择国有企业或者外资企业为私方合作伙伴，如在北京地铁4号线PPP项目中，私方投资伙伴包含了北京首都创业集团，而该集团属于北京市国资委所属的特大型国有集团公司。另外，在兰州城市供水PPP项目中，私方合作伙伴威立雅是著名的国际公用事业运营商。这些说明以私方合作伙伴的"身份特征"，即生产所有制性质来界定和选择私方合作伙伴的标准与实践存在背离。以何种标准界定私方合作者的身份属性，将直接关系到各项政策的适用范围，以及合作双方权、责、利配置。

第三节 公私合作制风险如何识别与分配

PPP是一项多方参与、结构复杂、专业性强的制度安排，对私方合作伙伴的选择、招投标的程序、各类资产的组合、公共产品的定价等都有高度专业化和精细化的要求，稍有不慎就可能埋下各种潜在的风险，因此有关风险的条款就成为城市公用事业建设 PPP 合同中一个非常重要的内容。从流程来看，风险控制大体包含风险识别、风险评价、风险分担和风险规避四个环节（见图 3-1）。其中，风险识别是指从大量的项目案例，尤其是失败的案例归纳总结 PPP 项目中各种风险，分析其产生的原因，把握其发展的趋势；风险评价通过综合所有潜在风险，综合评定其对 PPP 项目的影响；风险分担是根据 PPP 参与主体的特性及其对特定风险的控制能力，将所有潜在风险归类并在公私部门之间分配；风险规避是制定化解各类风险，实现风险管控的预防措施。

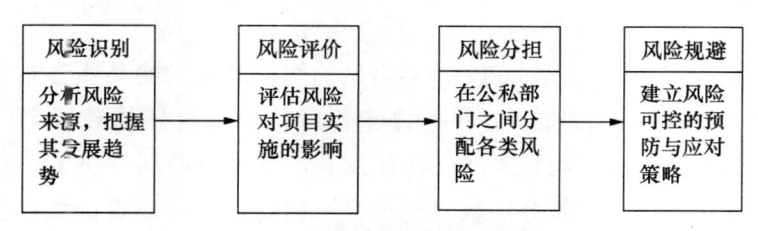

风险识别	风险评价	风险分担	风险规避
分析风险来源，把握其发展趋势	评估风险对项目实施的影响	在公私部门之间分配各类风险	建立风险可控的预防与应对策略

图 3-1　PPP 风险控制流程

　　PPP 中的风险可按三个层面进行划分，即宏观层面的风险、中观层面的风险和微观层面的风险（郭鹰，2010）。宏观层面的风险是指 PPP 项目本身之外的因素引起的风险，在实践中常表现为政策和法律风险、经济社会环境的变化以及各种不可抗力引起的风险。这类风险虽源于 PPP 项目之外的风险事件的发生，但是，对 PPP 项目主体预期和合作前景具有重大影响。中观层面的风险来源于项目本身，即围绕项目的选址、设计、建设、维护等工程技术环节产生的风险，这些风险事件的发生将直接影响 PPP 项目的进展。微观层面的风险也是项目本身存在的风险，但是，这类风险与项目无关，而是基于 PPP 主体之间各种利益关系而形成的潜在因素，这类风险对 PPP 项目的执行与推进具有重要的影响。由于 PPP 中的风险因素很多，而不同 PPP 类型中公私部门的参与程度与风险类型存在差异。因此，本书将根据风险控制的一般性原则，建立如图 3-2 所示的城市公用事业 PPP 项目风险分担机制。

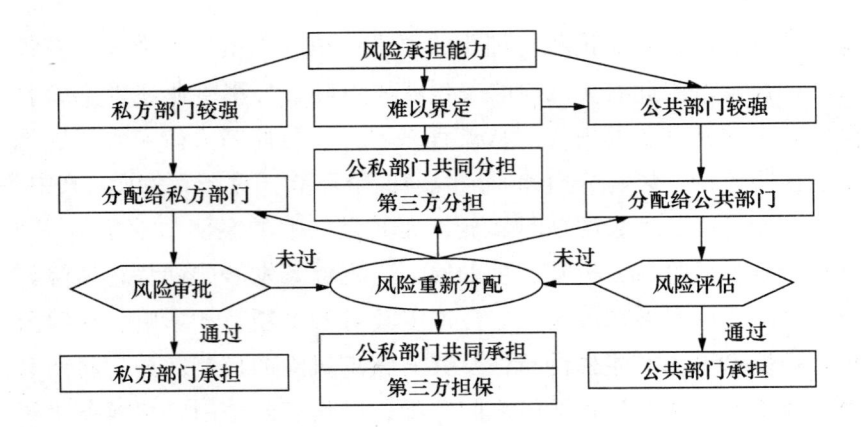

图 3-2　PPP 风险分担模式示意

图 3-2 中，首先，PPP 意味着政府与公共部门的某些公共责任向私方合作伙伴转移，但并不意味着将其全部责任都转移至合作方，城市公用事业的技术经济特征及其产品的公益属性决定了政府仍需承担保证公共服务的数量与质量、强化监管等职责；私方合作伙伴以获取收益为动力参与 PPP，也并不意味着其承担较多的风险就能获取较高的回报。因此，PPP 项目并不是把风险全部转移到合作方，而应是共担风险、共享利益。其次，对特定风险的分配，应以各方对该类风险的控制能力为依据，将其优先分配给承担能力较强的一方，例如，政府需承担政策和法律风险，而工程技术环节的建设、运营等风险因素则主要由私方合作伙伴承担，并由公共部门进行审批和评估，决定接受风险分配方案还是重新分配风险。再次，对于公私双方都不具备较强控制能力的风险（如不可抗力），则需要建立激励机制，使参与方承担的风险程度与其回报相匹配，随着风险的增大其收益也应当有所增加。此外，也可通过完善保险机制、引入第三方担保机构（如国际组织、海外担保公司等）化解这类风险。最后，风险分担的结果能够有效约束各方偏离 PPP 实施目标的机会主义行为，同时又能激励各方为项目实施有效地工作，最终建立公平合理的"利益共享，风险共担"的风险分担机制（Al-Bahar and Crandall，1990）。

第四节 投资者合理回报如何监管

城市公用事业项目具有抵抗经济波动和市场风险的能力，能够为投资者带来长期稳定的收益，这是吸引社会资本进入城市公用事业建设领域、PPP 项目开展的基本条件之一。然而，在城市公用事业 PPP 项目中，投资回报率的确定面临两难选择：如果投资回报率较高，固然会对民营企业有较大的吸引力，并使民营企业获得较多的利润，但会形成价格上涨的压力；而如果投资回报率较低，就难以吸引民营企业进入（王俊豪、蒋晓青，2011）。这就要求政府构建合理的投资回报监管模式。

在城市公用事业 PPP 项目中，为了补偿投资者的资本投入，同时防止投资者因追求暴利而使社会公众利益受损，监管者通常在给定企业定价权的基础上，设定一个"公平、公正"的资本收益率来限制企业产品或服务的利润水平，这就是成本加成监管。这种监管模式是我国城市公用事业 PPP 项目中常用的监管模式。但是，这种监管模式会引发三个问题：①什么是合理的投资回报率？②怎样确定投资回报率的资本基数？③投资回报率监管会产生怎样的扭曲后果（张国兴、郭菊娥，2009）。这些问题要求政府和监管机构能更多、更精确地收集和分析各种信息，以规定哪些资本是可计算的成本，哪些资本是不被计入资本范围的"不谨慎"投资，并及时对企业价格和市场供求状况做出回应，否则将很难衡量企业的真实成本及其合理回报水平。即使监管机构能够估计出企业的真实成本与投资回报率，资本回报模型也存在两个重要缺陷：其一，企业会根据资本回报率过度投资，以期在规定的投资回报率下，能获得较多的绝对利润，造成低效生产；其二，企业可以通过有意隐藏信息，提高生产规模，获得信息租金，导致资本回报监管对企业成本节约的弱激励（Averch and Johnson，1962）。

价格上限监管模式可有效规避成本监管的不足。价格上限监管是指对被监管企业的产品或服务的价格设定上限,不允许价格超过规定的上限的一种监管模式。其表述方式为 RPI – X,即被监管企业价格的平均增长率不超过零售物价指数(RPI)减去生产率的增长率(X)。如果 RPI – X 的差值是一个正数,企业可以在这个差值的范围内提价,以刺激需求,但如果 RPI – X 是一个负数,则企业必须降价,其幅度是 RPI – X 的绝对值。在价格上限监管下,企业若要获得较高的利润率,就需要较强的激励去优化资产组合,降低生产成本,而非过度投资。价格上限监管也降低了政府和监管机构的管制成本,因为它只需衡量价格指数,而不必衡量企业的资产总量和公正报酬率,由于允许被监管企业随着通货膨胀水平的变化而改变价格,也具有一定的灵活性。总体而言,价格上限监管是一种比成本加成监管更为有效的监管方式。但从价格上限监管模式对中国的适用性而言,尚存以下问题:(1)价格上限监管需要确定一个合理的基价作为管制价格变动率的依据,而基价的确定要以成本为基础。(2)在转型时期,中国的不少产品价格(特别是一些生产资料价格)还属于价格调整阶段,零售价格变动幅度较大,而且不稳定。同时,某些非价格因素会引起零售价格指数的变化。(3)价格上限监管会抑制企业投资,特别是越接近价格调整期,企业的投资动力就越小,甚至会停止投资,从而影响正常投资的连续性。(4)城市公用产品的价格变动既受消费价格的影响,也受生产价格的影响,而价格上限监管模型只考虑零售价格变动因素,对生产价格缺乏动态考虑。见表 3 – 1 成本加成监管与价格上限监管的比较。

表 3 – 1　　　　　成本加成监管与价格上限监管的比较

监管工具	成本加成监管	价格上限监管
监管内容	固定收益率	价格平均增长率
激励效应	弱激励,企业利润与成本无关	强激励,企业利润与其成本相关
政府负担	收集多个关键变量信息,负担较重	只需关注零售价格指数和价格变动信息
应用局限性	关键变量信息难以确定	需以物价平稳为前提,抑制投资

资料来源:笔者根据有关文献整理而成。

由上述分析可知，无论是成本加成监管还是价格上限监管，均有其各自的优缺点，因此也都难以直接应用于中国 PPP 的实践。于是，建立符合中国特点价格监管模型就成为推进 PPP 的关键所在。无论是哪种监管模式，其有效实施和发挥作用的基本前提，都是对模型中的基本参数进行准确的估计与计算，这不仅要求政府和监管机构以经济原理为基础来制定价格与投资回报监管政策，而且也要求政府能够有效地适应市场经济的要求，通过运用地区间比较竞争发现企业成本、公平回报率等关键信息，为价格监管提供基准。同时要建立严格、有效的审计与监管制度，有效掌握城市公用事业领域供需变化和企业运行状况。对于具体的 PPP 项目，应根据项目本身的特点、市场运行环境和政府对市场信息的掌控能力，选择合适的监管模式，这既能够吸引社会资本进入城市公用事业建设领域，又可以实现其促进社会分配效率、刺激企业生产效率和维护企业发展潜力的管制目标。

第五节　政府承诺如何有效践行

长期以来，以 PPP 为主要内容的中国城市公用事业市场化改革走的是一条"先试验，再推广，总结经验再实践"的渐进式道路，尽管在市场化初期曾发挥过巨大的作用，但是，由于缺乏整体性设计和正式制度保障，随着 PPP 实践的不断推进，这种方式越发受到挑战。政府承诺缺失便是这一挑战的主要表现之一。有学者分析了中国 16 个失败的 PPP 案例，结果发现绝大多数 PPP 项目的失败与政府信用、审批延误、政府决策失误、腐败问题、法律变更等政府行为和决策有关。政府承诺缺失实际上就是由于无法对政府进行长期有效的制度性监管和约束，政府代理人可利用这一缺陷，为追求自身利益而盲目承诺或不承诺，所形成的制度性的有效承诺缺位（周耀东、余晖，2005）。主要表现为三个方面：其一，滥用承诺和承诺的不连续性。一些城市政府把基础设施 PPP 项目作为招商引资、显示政绩的"样板工程",缺乏对市场和企业的前瞻性预测而盲目承诺,而这种短期化的承诺往往在政府换届后新领导人如果否认上届政府的承诺,就会造成承诺缺失,结果使 PPP 成为一种宣传口号和文字把戏。其二,监管职能缺位。在城市公用事业 PPP 项目中,不少地方政府仅仅将其作为一种融资手段,而非改善自身治理模式、实施有效监管的契机,以至于 PPP 运营中出现问题后只能依靠政府行政手段去解决。其三,法律缺失。时至今日,支撑中国 PPP 项目运行的制度基础仍然是各级政府颁布的各种条例、规章和管理办法。从实施效果看,由于这些规章制度不具备法律意义上的强制性和权威性,在实践中经常被修正或者推翻,从而使 PPP 的运营失去了赖以存在的制度基础。在承诺缺失的条件下,严重的信息不对称和高额的沉淀成本加剧了投资风险,并扭曲了政府、企业和监管机构之间的关系和行为。由于缺乏长期稳定的制度保障,监管的长期合约就被一系列短期合约所替代,由此导致合约重复签订,谈判和执行成本成倍增加;而被监管者也本能地隐瞒其真实信息,以利用信息优势减少投资风险。因此,从整体上看,保证政府承诺兑现亟须一个正式制度对 PPP 中参与主体的行为与决策进行规范。

在所有的正式制度中,依据制度建立的难易程度,可首先从管制规则入手,然后随着信息和经验的增长进一步改革这些管制规则和程序(Joskow,1997)。从监管内容上看,强化合约管理,明确 PPP 双方的权利与义务:第一,通过合同明确、具体和公开项目指标,规范公共部门的自由裁量权;第二,政府采用招标方式选择企业,要以项目合同为载体推进 PPP 的实施;第三,通过合同谈判和合同签订阶段分别由不同岗位的监管者实施,避免"暗箱操作",同时加强对企业的监督和管理。从管制机构的独立性入手,要逐步将各级地方政府对 PPP 项目的监管职能从其他行政职能中分离出来,发挥管制机构规范性和专业性的作用,逐步形成以合约监管为主要内容的现代监管模式。

然而,从长期来看,建立符合中国国情的 PPP 法律制度体系势在必行。从功能上看,法律为 PPP 制定与执行提供了一个长期稳定且有效的心理预期，有助于减少合作各方的顾虑与隐忧；同时法律又能以其强制力和权威性，有效规范与调节合作各方的机会主义行为。从内容上看，这些法律至少应包括 PPP 的实施目标、实施程序；规定公共部门与私人部门职责与权力的内容和关系；明确价格、质量及其标准；政府管制机构的权力、义务；合同终止条款发生纠纷后的治理和仲裁机制等。从立法层次上看，核心是构建以《公用事业法》为核心的法律法规体系，增强 PPP 及其监管的合法性与权威性。作为法律配套措施，以国土部、住建部、交通部等为代表的公用事业及其基础设施行政主管部门根据地区和行业特点，针对 PPP 建立和实施过程的某些共性的技术性问题（如特许经营制度），制定相关实施细则，在制度层面进一步完善 PPP 的机制设计。

第六节　现代监管体系如何配置监管权限

监管机构之间的权力配置是影响 PPP 监管质量的根本因素。监管权力的配置体现在中央与地方政府，地方各级政府之间的权力集权与分权的关系，也反映于中央或地方政府同一层级的行政职能与其监管职能的协调关系。在中央—地方的纵向层面上，中央层级的主管部门应更多地从立法、建立标准和促进地区间有效竞争的角度进行监管，建立上下级之间的协调关系，而具体监管则以城市政府为主体。在中央或地方政府同一层面上，通过立法和司法约束促使政府一般性行政职能与监管职能的分离，让监管机构独立承担责任和相应的权力，同时通过完善 PPP 制定的谈判机制（听证会制度）、私方合作伙伴的选择机制、PPP 合约的修正程序等，促使监管机构监管处置权的实体化和程序化。在此基础上，PPP 合约的监管设计和结构也应与监管体系及其监管内容相匹配。在采用成本加成监管 PPP 项目中，监管机构需要针对成本加成监管本身可能产生的低效率问题，审慎评估投资回报率的基准；而对于价格上限监管的 PPP 项目，监管机构则需要对公共产品或服务的质量进行监管，防止企业采用低成本的生产方式，造成公共产品或服务质量的下降。在上述条件比较完善的情况下，根据 PPP 的特点，可建立中央政府对省级政府、省级政府对地方政府、地方政府对公私合作制企业三层监管体系（见图 3-3）。

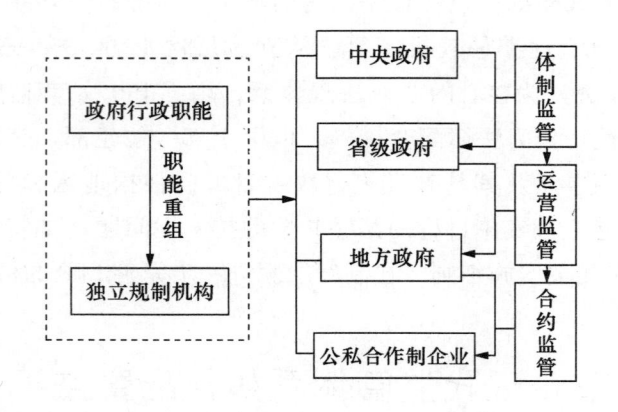

图 3-3　PPP 三层监管体系的基本框架

图 3-3 中，中央政府对省级政府的监管主要是依据法律法规、各省区经济社会发展水平，确定各省区 PPP 开展的主要领域、基本形式、财政支持等基本情况，形成区域化分工与布局。由于这种监管重在指导各省区确立 PPP 建立与运营的基本形式，因此可称为体制监管。省级政府对市县政府按协议拨付运营维护费，由市县政府负责运营维护费分配与使用，省级政府负责对协议的执行情况进行监督检查，并根据其执行力度和绩效建立城市信用档案，作为后期拨付和追加拨付运营维护费和追究政府负责人的责任的依据。这种模式重点监督地方政府运营维护费的执行情况，可称为运营监管。地方政府对公私合作企业的监管主要围绕 PPP 合约进行，建立信息披露制度，招投标信息与企业运营信息（成本、质量、价格）公开；建立按质付费制度，对企业的产品质量、服务和运营服务费进行监管，可采用约谈、调节运营服务费、更换运营单位等方式进行处罚；建立绩效考核制度，绩效评价结果与服务费挂钩、与项目中

期评估和续约挂钩,因此可称为合约监管。通过逐步完善由中央到地方再到企业的形式监管、执行监管与合约监管,形成相对独立而又密切联系的三层监管体系,逐步建立起以合约式为主的现代监管治理结构,推动 PPP 模式在中国城市公用事业领域的发展。

第四章　城市公用事业公私合作制的主体性质与机制框架

经济发达国家城市公用事业改革的实践表明，无论是公共部门还是私人部门均在公共服务生产和供给过程中发挥了其独特的优势。而作为一种制度安排，公私合作制能够有效保持公私部门各自的优势，并实现优势互补。然而，公私合作制发挥优势的前提在于，能否明确公私部门权力、责任和义务，同时建立约束与激励兼容的机制安排。前者要求以相对明确和合理的标准，明确公私合作制的主体性质，后者则需要把握公私合作制的关键因素，构建相互支撑、相互制衡的机制框架。

第一节　城市公用事业领域公私部门的主体性质

公私部门的主体性质是构建公私合作制的核心问题之一，公私合作机制运行中的诸多问题都与此相关或由此衍生。从公私合作制的概念构成看，合作是这一概念的客体，而哲学意义上的客体仅是人类认识的客观对象，概念主体的本质属性才能决定概念内涵与本质特征。因此只有明确公私合作制的主体性质，才有可能对这一概念进行深度理解与灵活运用。

一　中西方文化对公私属性的认知差异

公私合作制的产生和发展离不开特定的制度环境和文化背景。同样地，对公私合作制主体性质的探究也可从文化视角进行溯源。

中国传统文化中的"公"主要有三层含义：第一层含义是指普遍或全体之意。如《礼记·大同》中的"大道之行也，天下为公"，就蕴含了天下应为全体社会成员共有的价值理念。这层意义上的"公"只是一个规范性观念，"公"的范围如何界定不是重点，它强调的是社会成员应具有普遍关怀。由于与社会成员的利益和福祉相关，"公"成为社会公众普遍接受的理念。第二层含义是从第一层意义中引申出来的，即"公平、公正"之意。如《屈原列传》中"邪曲之害公也"的记载，其中"公平"是普遍之"公"的度量，"公正"则为社会成员的行为规范刻画了标准。第三层含义最初是爵位或者官职的统称，如周公、公卿等，后来逐渐演变为公务、政务、统治者事务等内涵，如《左传·昭公三年》中所谓的"公事有公利"就体现了这种认知。"公"的这个含义一直延续至今，影响深远。在对待"公"与"私"的关系上，中国传统文化基本秉持二元对立的理念，与"公"在道德上受到普遍支持相比，"私"在传统文化中是被否定或抑制的。这一点从诸如"大公无私""公正无私""以公灭私"等社会主流价值理念中可见一斑（于建东，2013）。

在西方国家文化中，"公"最初起源于拉丁文的"poblicus"一词，意为人民或与人民有关的事务。后来，"poblicus"逐渐演变为英文中的"public"，并具有了"公共性"的内涵，对西方社会的价值观念产生了深远影响（陈弱水，2006）。"私"在英文中为"private"，具有私人的、个人的、私下的等多重内涵。与中国传统文化中"崇公抑私"的理念不同，"私"在西方国家文化中并非完全是贬义的，它虽含有脱离公共生活的意思，但在观念上却被社会公众所认可，在某些情况下，甚至会出现公私合作的局面。如《圣经》中就记载了罗马政府将某些税收的权力公开拍卖，由犹太税吏替殖民者收税的典故（Wettenhall，2003）。这几乎是西方历史中有关公私合作的最早记载。对于公私关系，谋求公共利益与私人利益关系的和谐成为西方近代文艺复兴以来公私关系认知的主流。

由上述分析不难看出，中西方文化对"公"与"私"的内涵及其关系认知存在诸多差异，最为突出的有两点：其一，在对待公私关系的价值理念上，"崇公抑私"几乎在中国传统文化中占据压倒性的优势；而西方文化则更强调公私价值目标的和谐与统一。其二，在公私边界及其范围上，中国传统文化更注重公与私的规范性表达，无论"公"还是"私"，都没有较为明确的划分标准；而西方文明既强调全体公民的公共利益，也认可私人利益的合理性。这一点对判断公私合作制中公共部门与私人部门的划分标准与主体性质具有重要的借鉴意义。

实际上，不仅中西方文化对公私部门的性质及其关系的认知存在差异，在城市公用事业内部，有关公私合作制的主体性质也存在认知差异。如虞青松（2013）认为，公私合作制中的"公"乃是公营组织，系中央或地方行政机关以及行政机关委托的代理机构，这实际上就是通常意义上的政府概念；而"私"（私营组织）是指一切市场化组织，包括政府设立的营运基金和政府拥有的企业。他提出这一观点的理论依据在于，公营组织依据政治性优胜者的权力设立，属于公权力范畴，而经济组织的垄断经营权体现了经济优胜者的权力，属私权力范畴（陈敏，2011）。显然，这种分类更接近于"政府—市场"或"政治—经济"层面的二分法。而在实践中，基于"公有制为主体，多种所有制经济共同发展"的基本经济制度，中国的市场经济体制是以国家公有制为基础建构的，其核心是在诸如城市公用事业这样的关键领域，以国家或集体的所有权代替私人所有权，此时国家既是公权力的拥有者，又是营运国有财产——私权力的拥有者，因此，公有制使公权力和私权力在国家层面上实现一体化（Buchanan，1972）。这意味着营运城市公用事业的国有企业实际上承担了维护国有资产的职责，并在国有产权下，运用国有资产去纠正市场失灵，开展非营利业务，其实质相当于承担了政府公共治理的职能。正因为如此，对于国有企业是否属于私营组织，实践中一直存在分歧。

上述两种争论的根源，在于各自不同的分析视角与理论框架。公私部门"政府—市场"的二分法，来自公、私权力的来源差异，而国有企业的归属分歧更多地依据其所承载的职能与特定的制度背景。这两种观点各有其可取之处，但均未充分考虑公私合作制本身的特性。依据本书前述分析，公私合作制的本质是介于市场和科层组织之间的混合组织，具有特殊的治理结构。因此，从治理视角出发，更有利于探究公私部门的主体性质。

二 私人部门边界拓展与中国城市公用事业发展

改革开放以来，中国城市公用事业领域公私合作制发展大致经历了三个阶段，虽然每个阶段的具体形式和提法存在差异，但都经历了私人部门的边界不断拓展扩展的过程。

（一）第一阶段：尝试吸引境外资本投资的 BOT 发展阶段

在新中国成立后的很长一段时期里，城市公用事业领域实行的是国有企业垄断经营、政企高度合一的管理体制。在这种体制下，城市公用事业领域不存在"公"与"私"的区分。1988 年，国务院颁布《中华人民共和国私营企业暂行条例》，首次将私营企业定义为资产属于私人所有、雇工八人以上的营利性经济组织，同时规定了私营企业生产经营的业务范围，但城市公用事业并未包括在内。然而随着国民经济发展，传统体制下城市公用事业的"历史欠账"问题越发凸显。于是 20 世纪 90 年代开始，一些地方政府开始以建设—运营—转让（Build – Operation – Transfer，BOT）的方式引入境外资本等非公有资本，以缓解城市基础设施建设和公用产品供给的财政负担。此后，国家外经贸委于 1994 年下达了《以 BOT 方式吸引外商投资有关问题的通知》；1995 年，国家计委、电力部、交通部又联合下发了《关于试办外商投资特许权项目审批管理有关问题的通知》，这两个文件构成了境外资本投资中国城市基础设施建设和公共服务最早的制度依据。随后，各地以 BOT 形式兴建了一批城市基础设施项目。

城市公用事业领域早期的 BOT 实践虽取得了一定成效，但这种模式也存在诸多问题，尤其是政府以固定投资回报率吸引外资的方式，使地方政府承担了较大的市场风险甚至损失。如 1996 年沈阳市政府与中法水务就第八水厂股权转让进行谈判，双方约定了 18% 的固定回报率。为履行对中法水务的固定回报承诺，沈阳市自来水公司被迫以高出其自来水售价的价格从合资公司购买水源，这成为后来沈阳水价上涨的一个重要因素（周耀东、余晖，2005）。此后，为应对亚洲金融危机带来的市场风险，国务院于1998年下发了《关于加强外汇外债管理开展外汇外债检查的通知》，对地方政府保证外方投资固定回报的项目进行清理与修正。2002年国务院办公厅再次下发《关于妥善处理现有保证外方投资固定回报项目有关问题的通知》，要求地方政府通过修订合同条款、收购外方股权、将外商投资转化为中方外债、按照法定程序终止合营合同等形式进一步纠正固定投资回报项目，至此这一波以境外资本为主的BOT项目投资风潮逐渐平息。

（二）第二阶段：鼓励国内私人资本参与的特许经营阶段

21世纪以来，随着城市化进程的不断加快，中国城市公用事业市场化改革在前一阶段的基础上重新启动。2002年建设部颁布的《关于加快市政公用行业市场化进程的意见》，标志着城市公用事业全面放开。该政策规定城市公用事业不仅要向境外资本开放，同时也对国内私人投资者开放，鼓励私人部门跨地区、跨行业参与城市公用事业招投标成为该政策的亮点所在。在此基础上，2004年建设部制定了《市政公用事业特许经营管理办法》，明确规定将特许经营作为私人部门参与城市公用事业的主要形式。2005年国务院颁布了《关于鼓励支持和引导个体私营等非公有制经济发展的若干意见》，第一次从国家政策层面允许非国有资本进入城市公用事业领域。在这种政策背景下，各地城市基础设施和公用事业PPP项目不断涌现，如北京地铁4号线的建设和运营采取了PPP模式，实现了政府与开发商"双赢"的格局。

与第一阶段相比，第二阶段的特点是允许国内私人部门参与城市基础设施建设和公用产品供给，并且私人部门投资范围也由新建项目扩展至存量项目的改扩建。随着城市公用事业收费机制、政府管理方式等改革方案被逐渐提上议程，城市公用事业特许经营的内容不断丰富，运行机制逐步健全。但在实践中，特许经营的形式仍以 BOT 融资模式为主，逐步引发国有资产流失、公共产品价格上涨过快、普遍服务难以保障等负面效应。针对这些问题，建设部于 2005 年印发了《关于加强市政公用事业监管的意见》，要求各地在推进城市公用事业市场化的同时，规范市场准入，完善特许经营制度，加强对产品和服务质量的监督，强化安全监管与成本监管。尽管如此，由于城市公用事业监管缺乏权威性的法律依据，中国城市公用事业监管体系依然缺乏独立性和系统性。此后，为了应对"次贷危机"的冲击，保持经济稳定增长，中国政府于 2008 年出台了"四万亿"投资计划，其中城市污水、垃圾处理等基础设施建设成为该计划重点投资的领域。在这种背景下，大规模政府投资对私人投资产生"挤出效应"，城市公用事业公私合作制逐渐进入调整期。

（三）第三阶段：推动社会资本广泛参与的实践推进阶段

为摆脱全球经济危机的影响，推动经济转型升级，进入"十二五"时期以来，中国政府多次强调城镇化在中国经济发展中的战略位置，以习近平总书记为核心的新一届中央政府更是将城镇化定位为扩大内需、经济增长的新引擎（包兴安，2013）。在这种背景下，城市公用事业和公共服务改革也多次出现在国家层面的重大决策中。2012 年党的十八大报告提出改进政府提供公共服务方式的目标；2013 年，《中共中央关于全面深化改革若干重大问题的决定》进一步明确了政府改进公共服务的具体形式，即"推广政府购买服务，凡属事务性管理服务，原则上都要引入竞争机制，通过合同委托等方式向社会购买"。这是中国第一次将政府购买公共服务提升至国家层面。此后，中央城镇化工作会议提出，在城镇化过程中要处理好政府与市场的关系，既坚持市场在资源配置中的决定性作用，又要更好地发挥政府在创造制度环境、编制发展规划、建设基础设施、提供公共服务、加强社会治理等方面的职能，再次明确了城市公用事业公私合作的政策导向。2014 年 4 月，国务院确定了首批 80 个基础设施建设公私合作项目（金微，2014）。此后，国家发改委《关于开展政府和社会资本合作的指导意见》以及《政府和社会资本合作项目通用合同指南（2014 年版）》，财政部《关于推广运用政府和社会资本合作模式有关问题的通知》、《政府和社会资本合作模式操作指南（试行）》等制度规范密集出台，标志着中国城市公用事业公私合作制已由政策引导转向实践推动阶段。

由上述分析可见，随着城市化进程的不断加快，私人部门参与城市公用事业的范围不断扩大，公私合作的形式由最初的BOT，逐步发展到特许经营和政府购买服务。但无论是何种形式的公私合作，都需要构建包括法律、规范、标准等在内的规则体系和制度框架，降低多方跨界合作的社会成本，并为各方参与公私合作提供稳定的预期。而构建这一体系的基本前提，就是要明确公私双方的主体性质，以此作为权力配置和责任分配的基本依据。尤其是2014年以来，在财政部等相关部委的推动下，公私合作制正逐步成为缓解地方城市公用事业融资困境，推动城镇化发展的重要模式和手段。在新一轮吸引社会资本参与城市公用事业和基础设施的改革进程中，更有必要明确公私合作的主体性质，以合理界定公私部门的行为边界，构建明确且完善的公私合作制度，防止部分城市政府将PPP作为迅速套现、缓解债务负担的政策手段。这对于改善中国公共服务治理方式，推动城市公用事业和城市化持续、健康发展都具有重大意义。

三 跨界治理视域下公私合作制的内涵解析

由于具有自然垄断性、公益性和外部性等技术经济特征，城市供水排水和污水处理、供气、集中供热等公共服务的供给被普遍认为是政府公共治理职能的重要体现。在这一理念指导下，传统城市公用事业采取了由政府公共部门垄断供给与统一管理的组织模式。这种模式虽有利于集中经营，发挥城市公用事业的规模经济性，却存在低效与激励扭曲的弊端。随着经济社会的发展，国有企业垄断经营的组织模式越来越难以满足社会公众对城市公用产品的需求，迫切需要转型，于是市场机制被逐渐引入到城市公用事业的建设、运营和管理中。市场供给模式虽能提高城市公用事业的运行效率，但经营者的短视行为却可能危及公共利益，造成普遍服务缺失。实践证明，政府或市场单一主导的公共产品供给模式都是不可持续的。在这种情况下，公私部门之间协力合作，共同参与包括城市公用事业建设、运营和管理在内的治理过程，能充分发挥双方优势，使其发挥更大的社会经济效益（Li et al.，2005）。因此，从这个角度看，公私合作制本质上是一种融合了政府公共治理与市场机制的跨界治理模式（见图4-1）。

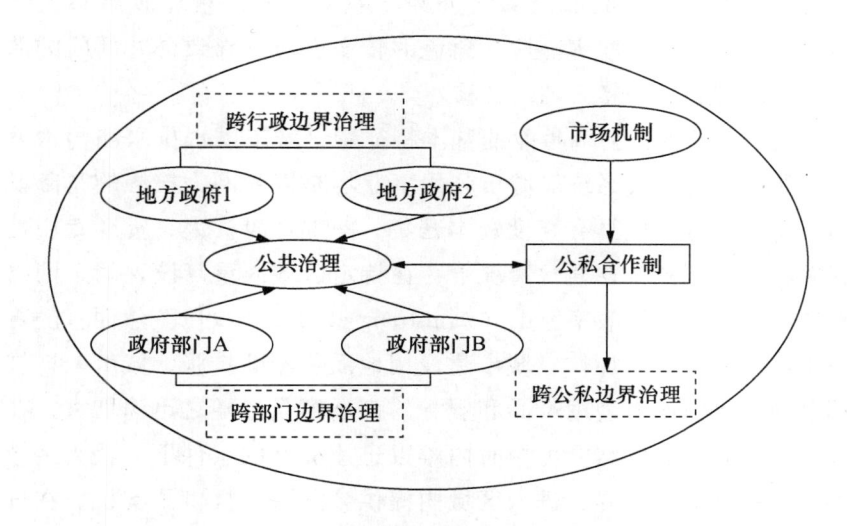

图4-1 跨界治理下公私合作框架

如图4-1所示，公私合作制中的边界具有三重内涵：一是围绕城市公用事业，公共部门与私人部门进行跨公私边界的合作治理；二是基于政府公共治理职能，不同政府部门打破部门界限，共同参与城市公用事业治理；三是随着城市边界的拓展与融合，不同地方政府跨行政边界进行合作。相应地，公私合作制的治理属性也应分为三个方面：

其一，公私合作制的发展实质上是不断引入市场机制的过程。在这一过程中，私人部门参与城市公用事业的建设、运营和管理，必然会打破传统公有制企业垄断公共产品生产与供给的市场结构。这一过程也伴随着公私双方关系的演变：在政府公共部门单一主导的体制下，公共部门与私人部门处于二元对立状态，公私双方在各自领域内独立从事生产活动;在公私合作制下,基于"取长补短"原则建立的合作形式体现了公私双方的关系逐步由对立转向互补。随着公私合作的不断深化,"公""私"边界越来越难以区分,逐步形成"你中有我、我中有你"的融合格局,这些均充分体现了跨界治理的基本内涵。更为重要的是,公共部门以招标形式选择私人合作伙伴,意味着公共部门须将公共产品供给的权利让渡给私人部门,转而行使监管职责。这一角色的转变也必然导致公共部门的部分权力甚至利益向私人部门转移。

其二,从城市公用事业的基本特征看,城市供水排水和污水处理系统、管道燃气系统等城市公用事业均是以管网为核心的基础设施,这些基础设施具有高度资本密集、一次性投资大、资产专用性强等特点,因此,在通常情况下,在特定区域内重复设置固定网络系统并不符合经济效率原则(Armstrong et al., 1999)。然而,随着中国城市化进程的加快,城市建设用地面积不断扩张,城市人口规模迅速扩大,城市公用产品和服务的市场容量也随之迅速增大,在区域内国有企业供给能力短时内难以迅速提升的条件下,就为区域外企业打破地理边界,进入区域内提供公共服务提供了契机。在进入方式上,区域外企业既可以延伸其管道网络进入区域内,与区域内企业就抢占市场份额进行直接竞争,也可选择与区域内企业合作,通过接入和连接区域内企业的管道系统,形成公共管道网络,向区域内用户提供公共服务。

其三,根据国务院"定职能、定机构、定编制"的"三定"方案,中国城市公用事业以行业分工为基础,形成了以科层制为特征、多部门分段治理与监管的组织架构与运行体系。如中国城市水务的治理与监管体系涉及城市建设、发展改革、国土开发、环境保护等多个政府主管部门,俗称"九龙治水"。这一框架下的行政机构不仅缺乏必要的独立性,而且不同部门的职能重叠与交叉也极大地增加了政府治理与监管的成本,在实际监管过程中易出现职责不清、权责不明的监管盲区。从美国等经济发达国家的经验看,提高城市公用事业的治理水平与监管效率,必须要深化行政体制改革,逐渐打破部门之间的界限，整合部门之间的职能，建立以特定行业主管部门为主、其他部门相互配合的治理与监管模式。

根据上述三个维度的分析，公私合作制的发展必然伴随着公共部门与私人部门边界的变化，其中最核心的就是"私"边界的不断拓展，表现为私人部门打破政府公共部门的垄断边界、私人部门突破城市政府地理边界的过程，即城市公用事业由某一地域内城市政府单一治理转向跨界治理的过程。这一过程也必然要求政府机构重组及其治理职能的整合。

四 经济活动的功能属性与公私部门划分

从法学功能分类的视角看，判断经济活动公私性质的标准，是检验该项活动是否通过法律法规授权纳入国家权限范围内，由国家承担执行责任（袁文峰，2013）。根据这一标准，公私合作制中公私部门划分的一个基本思路，就是要在明确公权边界及其实施主体上，辨析经济主体承担责任的属性。

（一）城市公用事业公私合作制中的公共部门

与一般性商品不同，城市公用事业所提供的自来水、管道燃气等产品并非服务于特定的消费群体，而是以全体社会公众为服务对象，在使用和服务过程中一般不能独占或排他性消费，具有明显的公用性和公益性特征。这意味着经营城市公用事业的公共企业应面向所有现实或潜在的消费者，以普遍接受、无歧视的价格提供公用产品，承担普遍服务职责。城市公用事业实施公私合作制后，公共部门须让渡部分权力给私人部门，这标志着公共服务供给模式的转变，但私人部门的进入并没有改变城市公用事业的公益性特征，政府公共部门依然承担保障公共产品和服务有效供给的职责。在公私合作中，一旦公共产品数量和质量不能满足公众需要，或在公共服务过程中出现重大事故，政府必须承担相应的政治责任并采取有效的处理措施。

从公私合作制的主体构成看，确定了公共利益的实施主体也就明确了公共部门的实体范围。公共利益凸显的是社会整体利益，它形成于人与人、人与社会相互依赖、互动作用的人际关系之中。维护公共利益要以国家公权力为根本保障。公权力来源于人类生活的共同需要，是某一共同体全体成员共同权力的集中体现。由于社会成员的广泛性和分散性，公权力一般由政府公共部门代表社会成员行使，以处理社会成员共同生活中的矛盾与争端，防止出现社会碎片化的倾斜，维护社会公共利益，因此，公共利益往往以具有法定强制性的公权力为后盾。公权力一般由国家立法机关以法律形式确定，同时就公权力的实施主体和运行边界做出规定。从这个层面而言，公权力的执行主体承担着国家责任和行政义务。

在行业技术分工和民主集中制原则下，中国城市公用事业的治理与监管既在组织、人事、财务等方面受到同级城市政府的管辖，又在业务上接受上级行业主管部门的指导，由此形成纵横交错的公权运行与制衡体系。在这一体系下，城市公用事业的建设、运营、管理、监督等决策权既被横向分割于中央和地方各级行政机构中，在同一个行业体系内，又受到自上而下决策机制的影响。这一运行体系使得城市公用事业的公权执行主体不仅包括城市供水排水与污水处理、管道燃气、集中供热、城市轨道交通等与城市公用行业直接相关行政主管部门，同时也包括物价管理、国土开发、环境保护、改革发展等间接相关的行政部门。因此，在广泛意义上，公私合作制中公共部门的实体范围不仅包括城市公用事业的治理与监管部门，也应包括其他相关的行政部门。

(二) 城市公用事业公私合作制中的私人部门

受传统文化和制度禀赋的影响，国内学者对"私人部门"性质的理解以公有制经济为参照，大致包括民间资本、民营企业甚至是私营企业等经济实体（余晖、秦虹，2005）。从中国城市公用事业引入市场竞争机制以来的政策文件看，境外资本、民间资本、民营资本等也都被纳入过"私人部门"范畴。但是，无论是学术界的理解还是政策文件中的提法均难以反映"私人部门"的本质特征。如民间资本一般是指非政府实体拥有的资本，这显然是一个从所有权视角定义的概念。而民营资本是与国营或者官营相对的经营层次上的概念，而且在实体范围上，民营资本不仅包括全部私有制经济，也包括除官营或国营以外的其他公有制经济成分，如合作社经济、乡镇集体经济等（王芬、王俊豪，2011），因此，民营资本并非完全属于所有制范畴。由于涵盖的资本形式与实体范围存在差异，在公私合作制中，"私人部门"的不同提法可能在投资范围、进入门槛、定价机制等方面受到不同政策的制约。

"私人部门"的主体性质不仅在观念上存在不同认知，在实践中，不少公私合作典型案例中的"私人部门"，也与按"所有制"理解的主体性质存在背离之处。以北京地铁4号线项目为例，为了缓解资金"瓶颈"，北京市地铁4号线的建设和运营采用了公私合作模式，并由代表政府出资的北京市基础设施投资有限公司，与社会投资方香港地铁公司（港铁公司）、北京首都创业集团有限公司（首创集团）共同出资成立北京京港地铁公司。合资公司于2005年2月7日与北京市政府签署了《特许经营协议》，双方约定合作投资、建设和运营北京地铁4号线，这也成为中国城市轨道交通领域首个公私合营的项目（田振清、任宇航，2011）。但从PPP公司的股权构成看，北京市基础设施投资有限公司作为代表政府出资的公共部门，持股比例仅为2%，而"私人部门"港铁公司和首创集团各持股49%（见图4-2），处于控股地位。如果按所有制划分标准，合资公司显然应属于"民营企业"。但从"私人部门"的所有制性质看，港铁公司的前身是由香港政府全资拥有的地下铁路公司，后虽于2006年出售了23%的股权，但控股方依然是香港城市政府，而首创集团更是北京市国有资产管理委员会直属的国有特大型企业集团，从这一角度出发，合资公司似乎又属于"国有企业"。在城市供水排水和污水处理等领域，类似案例也较为常见。这说明以所有制性质来界定"私人部门"是不妥的。

实际上，公私合作制中的"私"不是单指资本性质中的私营经济主体，而是基于经济主体承担任务的属性，强调追求经济利益的动机。因此，从功能属性的视角看，在北京地铁4号线公私合作中，北京市基础设施投资有限公司代表北京市政府行使公权力，负责征地拆迁、土建工程、运营监管等职责，应该划归公共部门范畴。而

```
   北京首都创          香港地          北京市基础设施
   业集团公司          铁公司          投资有限公司
        ↘49%          ↓49%          ↙2%
              ( 合资协议 )
                   ↓
              北京京港地铁公司
```

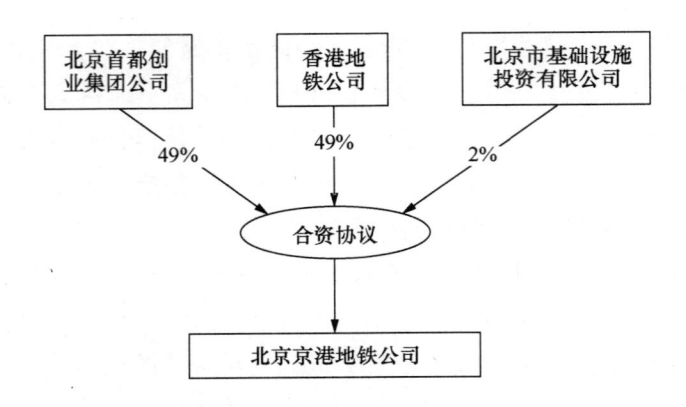

图 4 – 2　北京京港地铁公司资本构成

作为 PPP 特许公司的大股东，北京首都创业集团有限公司则与香港地铁公司共同负责列车及机电设备的投资建设，以及 4 号线建成后的运营，其目的是追求企业的利益获得，应该视为私营部门。由此可见，对于公私合作制中国有企业的主体性质，必须按其承担任务的属性分类判别。一类是依法取得政府有关部门授权，负责制定公私合作的规则程序、筛选合格的私方伙伴、明确公共服务质量标准与定价机制的国有企业。这类企业在城市公用事业的建设、运营和管理过程中，承担政府公共服务和治理职责，因此属于公共部门范畴。另一类国有企业则在城市公用事业领域寻找投资机会，虽然客观上有效弥补了城市基础设施建设资金的不足，并为城市公用事业的运营和管理提供多样化的选择，但这种行为本质上是一种商事行为，国有资产的保值增值是其参与城市公用事业建设、运营和管理的根本动力。换言之，投资城市公用事业项目只是此类国有企业的或然选择，故而应将其划归私人部门范畴。

在中国城市化快速发展的背景下，随着公私合作制在城市公用事业中的不断推广，实质功能上属于"公共部门"的国有企业，将基本限定于特定区域内经营城市公用事业的国有企业部门及其行政主管部门。与此同时，属于"私人部门"的国有企业将逐渐增多。实际上，在近期中国官方的有关表述中，有关公私合作制中"私人部门"的提法已开始出现新变化，如财政部在《2014年财政预算报告》中，已明确将公私合作制定义为"政府与社会资本合作模式"，标志着城市公用事业公私部门的边界正逐渐打破所有制的束缚，"私人部门"的称谓正逐渐被内涵更广泛的"社会资本"所代替。可以预见，公私合作制中"私人部门"的选择范围将更加广泛。以国际化和包容性的视野，动员并接纳一切愿意参与、有能力参与的境外资本、民营资本、社会资本甚至其他领域的国有资本共同参与城市公用事业的建设、运营、维护和管理，形成多元治理格局，将成为城市公用事业公私合作制发展的新趋势。

第二节 城市公用事业公私合作机制的逻辑框架

尽管世界各国公私合作制的实践存在较大差异，但整体上仍呈现出共性特点。一方面，公私合作制是以效率为导向的制度安排。城市公用事业传统的公共部门垄断经营组织形式存在激励性扭曲，不可避免地造成效率损失，而引入私人部门，不仅有利于增加竞争机制，还能充分利用私人部门在筹措资金、项目管理和市场运作等方面的优势。为了获得这种优势，就必须按照市场经济原则，以风险分担机制和收益分配机制为基础，构建相对完善的公私合作合同治理机制。另一方面，公私合作制并不排除公共部门的作用。由于城市公用事业总体上仍呈现出垄断性、基础性和公用性特征，为了有效避免私人资本盲目逐利而损害社会公众利益，还需发挥政府规制的作用。这样，风险分担机制、收益分配机制和政府规制政策构成了公共部门与私人部门有效制衡的合作机制，使双方能各展所长，有效实现城市公用事业社会性目标和经济性目标的统一。

一 城市公用事业的"两难选择"及协调

在古典经济学框架下，完全竞争是一种完美的市场结构。在产品同质、信息完全、进出自由的假设下，市场上众多买者和卖者的自利行为会自动引导资源实现最优配置，进而达到帕累托最优。然而在现实经济中，经济学家们发现完全竞争和完全垄断只是两种极端情况，更多的是处于"垄断竞争"或"不完全竞争"的中间状态（Chamberlin，1961；Robinson，1971）。在垄断竞争的情况下，出于规模经济的需要，需要以垄断的形式集中生产，但可能因此扼杀竞争，使经济丧失活力，导致竞争效率的损失；但分散化的自由竞争难以获得规模经济，可能导致规模效率的损失。这时就面临竞争与垄断取舍的"两难选择"即"马歇尔困境"（Groenewegen，1988）。由于具有基础性、自然垄断性和公用性等特征，城市公用事业也面临着有限竞争与有效竞争之间抉择的"两难选择"。

在城市公用事业领域内，有限竞争首先表现为某一个行业内公共服务供给者的数量极为有限。对于城市供水、管道燃气、轨道交通等网络型产业而言，在特定城市或城市区域内，供给者极为有限，由此形成了近似垄断的市场结构。有限竞争还体现在竞争方式受限，即政府通过限制进入、价格规制等排除竞争。有限竞争虽然使城市公用事业的生产决策权集中于少数企业手中，有利于维护其规模经济性。在竞争不充分的环境下，垄断企业缺乏以技术改进、管理创新、组织变革为途径，努力降低成本、提高效率的内在激励。而且，在缺乏政府有效监督的情况下，垄断企业可能利用其信息优势虚报成本，制定垄断价格，损害社会公众利益。随着城市化进程的不断加快，城市自来水、管道燃气等公用产品的需求数量迅速增加，而传统的垄断供给模式又缺乏提高效率的内在动力，这迫切需要借助有效的市场竞争来优化资源配置效率，其中最主要的方式就是减少或取消进入限制，改变城市公用事业垄断经营的局面。但在一定的规模经济下，过多的企业进入又会造成重复建设，导致企业间恶性竞争，进而损害经济效率。因此，在城市公用事业领域，如何在有限竞争、维护企业规模经济性的前提下，以有效竞争的形式激励企业提高效率，同时又维持合理的市场竞争格局，避免因竞争激烈导致规模经济损失，就成为城市公用事业经营的"两难选择"。

为了解决这一"两难选择",学者们进行了长期探索,其基本思路是在认识城市公用事业有限竞争必要性的同时,将规模经济与竞争活力相协调,形成一种有效竞争与有限竞争相互兼容的长期均衡格局(Clark,1940)。然而,早期学者如马森(Mason,1949)、索斯尼克(Sosnick,1958)等从市场结构、市场行为、市场绩效等方面提出了衡量有效竞争的标准,但并没有提出有效竞争的具体实现形式。直到1968年,美国经济学家德姆塞茨(Demsetz)在其《为什么监管公用事业》一文中,提出了较为明确的解决思路——特许经营权竞争。具体而言,特许经营权竞争是在一定的企业信誉、质量保证下,选择多家企业就某项城市公用事业或业务领域的独家经营权(特许经营权)展开事前竞争,由报价最低的企业取得特许经营权后,独家经营城市公用事业。1985年,美国麻省理工学院教授施莱弗(Shleifer)提出了区域间比较竞争理论模型,在这一模型中,政府通过设立一定环境下的基于成本的行业企业统一价格(标杆价格),引导企业围绕标杆价格展开竞争,激励企业降低成本、提高效率,这一模型成为解决城市公用事业经营中"两难选择"的又一有效思路。

上述研究在理论上提供了协调有限竞争和有效竞争的思路,但从实践角度看,这些理论的应用需要具备许多条件。如特许经营权能否发挥作用,取决于特许经营权竞标阶段竞争是否充分,两个特许经营期间不同中标企业的资产如何处置,以及特许经营合同如何管理等问题。而区域间竞争比较模型的运用需要过滤掉因环境差异而导致的企业成本差别,但在缺乏有效技术的情况下,评估环境差异是极为困难的(王俊豪,2001)。这些均表明了城市公用事业领域竞争机制的复杂性。此外,城市公用事业的特性决定了维持其垄断经营组织形式的必要性,这也要求在构建有效竞争的市场格局时,要考虑政府规制的必要性。以上分析成为城市公用事业公私合作机制构建的基本依据。

二 公私合作机制的维系条件

城市公用事业有限竞争与有效竞争的"两难选择"表明,传统的"政府与市场"或"垄断与竞争"相互独立的二元治理范式,均难以实现规模经济与竞争活力的有效兼容。因此,以协调与合作的治理方式治理包括城市公用事业在内的公共事务已成为必然选择。如斯莫茨(Smouts,1998)认为,现代治理最为核心的特征就在于其强调协作与公私兼顾,超越"公与私的二元结构"是新公共治理理论与传统公共行政之间最重要的差别之一。尽管学术界对于"治理"的内涵认知还未统一,但均认为公私合作理念比传统的"政府与市场"二元治理范式更具包容性,即强调政府与社会多元主体,公共部门与私人部门互动协作,共同参与公共事务的治理。作为在传统政府垄断经营和单一治理机制上发展起来的公私合作制,有效维系合作应具备以下条件:

首先,借助缔约机制维系,合作各方以正式的合同为纽带建立正式的合作关系。在所有的行为规范中,法律无疑是约束经济主体道德风险和机会主义行为最为有效的制度。而建立于法律依据之上的合同,是实现这一功效的基本载体。同样,公私合作合约对于规范合作各方关系具有重要作用。合作各方通过合同关系的缔结,不仅有利于获取稀缺性资源,提升生产能力和市场份额,更重要的在于通过优势互补,实现公共产品有效且稳定的供给。然而,在资产专用性和不确定的市场环境下,现实中往往存在难以洞悉的不确定和风险,因此公私合作制中的合同大多是不完全合约(Grossman and Hart,1986;Hart and Moore,2007)。由于事前分析各种确定性需要花费大量的时间和成本,往往导致缔约成本过高,从而使合同标的成本与价格攀升(Hart,2003)。这就提示我们在公私合作制合同缔结过程中,应建立相对完善的风险防范机制,以应对各种不确定性。

其次,与传统"公""私"对立的二元治理范式不同,公私合作制要求参与者通过协调与合作开展共同治理活动,共同商定投资、销售等重大决策。然而,在契约不完全条件下,对资源的分享或者权力的独占容易引起机会主义行为,为获得互补性资源,产生乘数效应,必须建立协作式的信息沟通机制,以有效解决资源或权力分享过程中的信息不对称问题。为此,有学者将公私合作制下的混合组织视为"存在伙伴专用性沟通的合作博弈"(Nee, 1992)。此外,从成本—收益的经济学视角看,由于与其他合作者分享了重要资源或权力,产权独立的合作各方必须让渡部分自主权和控制权,以在相互协作的框架下使得合作关系得以延续,这样才能取得更多的合作收益和分成。

最后,公私合作制的维系需要建立相应的内部控制机制。在合同框架下,合作各方虽然通过缔约让渡了部分自主权力,但是,各自都还保留着独立的剩余追索权。为了取得更多的合作剩余,公私合作制中的合作者之间必然存在竞争。从广泛层面看,在合同标的和合同执行环境相似的情况下,合作者之间的竞争既包括不同形式公私合作制之间的竞争,也包括公私合作制与其他组织形式的竞争。但无论是何种形式的竞争,都会对公私合作制的稳定性产生影响。即在竞争的影响下,合作者的自利行为将导致合作收益难以实现。在这种情况下,如何建立公私合作制的内部控制机制,应对各种形式竞争对合作稳定性的冲击,就显得尤为重要。已有研究表明,设计适应的风险分配机制,建立合理的收益分配机制,能有效凝聚各方合作意愿,增强公私合作的稳定性(Sharma et al., 2010)。

以上三个基本条件,决定了公私合作制本质是一种合作与竞争交融、风险与收益并存的混合组织。公私合作制实施与推进的关键,在于是否有特定的机制来协调各方相互依赖但又相对独立的关系。

三 公私合作机制的框架

交易成本理论认为,任意一种组织形式都是经济主体基于交易成本最小化做出的理性选择,而且组织形式选择的一个重要原则就是治理机制与交易特征相适应(Williamson, 1981)。在公私合作制下,凝聚各方合作意愿的根本动力,在于公私合作制所能产生的收益预期。而在合作各方具有独立的剩余追索权的条件下,对于收益的竞争又使合作面临稳定性的问题。因此,若要引导合作者进行专用性投资,就必须建立事后补偿投资的收益分配机制。另外,诱导合作各方机会主义行为的根源还在于事前不确定性,这不仅会导致合同的不完全性，甚至会转化为风险从而使合作者蒙受损失，因此，风险分担机制就成为维系公私合作制的另一个重要保障。以上分析是从公私合作制的经济性目标出发的。从城市公用事业的基本特性看，城市供水、管道燃气以及轨道交通等公用行业之所以选择公私合作制，不仅在于其良好的经济预期，更在于它能实现保障城市公用事业有效供给、维护社会公众利益的社会性目标，这也是政府和公共部门改进公共治理效率的重要内容。而实现社会性目标的一个重要保障，就是建立相应的应对机制，防范私人部门出于利益追求而损害社会利益的行为。已有研究表明，政府规制是保障公私合作制有效运行并维护社会福利最大化的关键。一方面，适度的规制不仅能够保证公私合作关系的运行效率，还能确保资源配置和社会服务等广泛目标。另一方面，规制机制能够对合同条款提供法律支持，保障其承担风险和预期收益的匹配，防止政府侵害私人利益（Pongsiri，2002）。可见，规制机制对保障公私合作制的经济性和社会性目标都具有重要的作用。

事实上，政府规制也可纳入交易成本理论的框架。早在1976年，威廉姆森（Williamson）已提出根据经济活动的交易特征设计具体的规制形式。以拉丰和蒂诺尔（Laffont and Tirole，1993）为代表创立的新规制经济学进一步把市场交易的特征明确为不对称信息、缺少承诺、不完美的规制者三个方面，并强调规制机制设计应当与规制双方的信息结构、约束和可行的工具相一致。公私合作制的规制自然也不例外。由此可以看出，出于社会性目标考量的政府在功能上是与基于经济性目标的合约治理机制互补的，政府规制能够使合约更加完善，也更易于监管、实施和修正，从而有效克服合同不全性带来的各种后果（Stern，2003）。

基于上述分析，本部分从城市公用事业的特性及其面临的"两难选择"出发，通过分析维系公私合作制有效竞争的基本条件，推演得出公私合作机制的三个主要组成部分，即风险分担机制、收益分配机制与规制机制，由此构成本书核心的逻辑框架（见图4-3）。

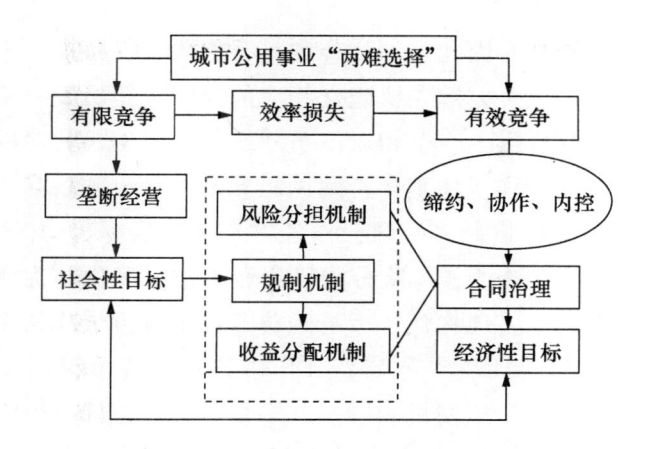

图 4-3 城市公用事业公私合作机制的框架

需要说明的是，在公私合作机制框架下，负责合同监管和实施的政府及其公共部门扮演了两种角色：一种角色是合同的一方主体，需要按约定行使合同权力、履行合同义务；另一种角色是合同监管者，其主要任务是建立可测量的服务标准，确保服务达到预定的质量目的。虽然在实践中，有时很难判别某项权力到底是基于合同条款，还是主管部门的职责取得的，易造成公共部门的两种角色定位存在交叉。从本质上看，合同监管和政府监管是两种不同性质的监管形式：合同监管的主要依据是所订立的合同条款，是具有平等法律地位的市场主体多次博弈、讨价还价而形成的公私双方权利和义务的分配；而政府监管则是依据法律规定，以法律强制力赋予公共部门的授权。这两种性质的监管对于合理界定公私双方职能边界，构建有效的制度安排极为重要。因此，将政府规制与合约治理机制视为公私合作机制的重要组成部分，有其内在的合理性与必然性。

第三节 城市公用事业公私合作机制的关键问题

从组织治理角度看，由于公私合作混合组织面临复杂的外部环境和内部治理结构，因此公私合作制具有不确定性特征。为有效推动公私合作制的发展，首先要建立相应的风险分担机制。然而，风险分担机制只是提供了一个相对简单和统一的框架，其对风险的控制也难以在合同中详尽体现，否则可能导致交易成本过高，这时就需要建立收益分配机制，引导合作各方自主为目标努力。实际上，从风险—收益原则来看，风险分担机制和收益分配机制犹如一枚硬币的两面，相对完备地构建了市场经济条件下各方合作的基础。但城市公用事业的特性决定了公私合作中的市场竞争机制有其特殊性，同时应借助政府规制机制维护其多重目标。这样，风险分担机制、收益分配机制和规制机制就构成了城市公用事业公私合作机制的三个关键问题。

一　公私合作的风险分担机制

公私合作制（PPP）作为一种多方参与、结构复杂、专业性强的制度安排，需要借助正式合同对招投标的程序、各类资产的组合、公共产品的定价等来协调各方的利益。与此同时，公私合作的制度安排与组织形式需要设立相应的治理结构，以推进公私合作制的实施（赖丹馨、费方域，2009）。由此可见，作为一种治理结构，缔约是公私合作制混合组织的基本特征，涉及合同谈判、订立、监管、修正、执行和终止等各个环节。但在城市公用事业领域，由于资产专用性以及各种不确定性的存在，难以用完备的条款对合同订立前后合作各方的权利、义务和责任进行详尽说明。同时，合作各方信息不对称、有限理性等约束也使订立完备条款的交易成本极高，因此，城市公用事业公私合作契约具有较强的不完备性。与此相对应，合同风险就成为城市公用事业公私合作制要优先解决的问题。

合同风险产生的原因有很多种，交易环境变化、项目的设计和施工缺陷、合作各方利益关系等都对公私合作的推进和执行具有重大影响。从风险的潜在后果看，由合同风险所诱发的机会主义行为总体上可分为两类：一类是合作各方从自身利益最大化角度出发，降低自身成本，但对合作的总体收益造成负面影响，其结果类似于

"囚徒困境",即每个参与者的自利行为导致了整体上最糟糕的结果。另一类是利用专用性资产投资,变相提高交易伙伴成本,从而获得对自己更有利的收益分配份额。为了限制这些机会主义行为,除了事前谨慎地选择合作伙伴外,最重要的是要建立与城市公用事业公私合作项目相适应的风险分担机制,对合作各方之间的交易关系进行协调。

从中国城市公用事业 PPP 的历史经验看,公私合作项目风险分担机制的本质,是要合理确定各种风险在公私部门之间的配置。其中最为关键的,是以合理的制度框架明确界定政府和公共部门在公私合作制中的行为边界。有学者分析了中国 16 个失败的 PPP 案例,结果发现绝大多数项目的失败与政府失信、审批延误、政府决策失误、政府反对、腐败问题、法律变更等政府行为与决策有关(亓霞等,2009)。因此,在城市公用事业公私合作制推进过程中,有必要就风险分担中政府职能问题进行阐述:公私合作制意味着政府与公共部门的某些公共责任向私方合作伙伴转移,但并不意味着放弃公共责任,城市公用事业的技术经济特征决定了政府仍需承担公共服务的数量与质量监管等职责。因此,PPP 项目并不是把风险全部转移至合作方,而应是共担风险、共享利益(Al - Bahar,1990),这也从一个侧面反映出完善 PPP 风险分担机制问题的重要性。

二 公私合作的收益分配机制

根据交易成本经济学的基本理念,经济主体交易方式选择的根本原因在于交易成本的节约(Williamson,1979)。城市公用事业公私合作制之所以存在,是因为这种将政府与市场、垄断与竞争有效结合的混合组织,比传统上政府垄断供给的模式更有利于交易成本的节约。但是交易成本不仅存在于市场主体之间,在组织内部,对组织治理结构和治理机制的选择也需要依据交易成本原则。从这个角度看,仅仅依靠风险分担机制难以推动城市公用事业公私合作制的发展,因为不确定性的市场环境有可能导致风险分担机制设计及执行成本过高。此时,迫切需要能够引导合作各方自主行为的激励性机制。

在市场经济中，资本的逐利性是各类市场主体经济决策和经济活动的根本动力。由于城市公用事业及其提供的服务具有规模经济性、范围经济性、资本密集性、巨大的外部性等技术经济特征，因此城市公用事业具有较强的抵抗经济波动和市场风险的能力，能够为投资者带来长期稳定的收益，这也是吸引社会资本进入城市公用事业领域，公私合作项目开展的基本条件之一。换言之，无论是政府、民营企业还是承包商，各方建立混合组织的基本激励，在于依靠互补性的资产投资，能够获取比自身单独经营更高的收益，因此公私合作中的收益分配问题比利益创造更为重要。在不确定性的市场环境下，可预期的合作收益能够依据合同条款合理分配，但难以预见合作收益的分配同样对公私合作制的运行具有重要影响。

在实践中，保障私人部门投资者收益的同时，防止私人投资者因追求暴利而使社会公众利益受损，是与公私合作收益分配机制密切相关的另一个重要问题。在实践中，政府监管机构通常会设定一个"公平、公正"的资本收益率来限制企业的利润水平，这就是成本加成监管。然而投资回报率的确定面临"两难选择"：如果投资回报率较高，固然对民营企业会有较大的吸引力，但会形成价格上涨的压力；而如果投资回报率较低，就难以吸引民营企业进入。

三 公私合作的规制机制

城市公用事业领域推行公私合作制的初衷，是为了提升公共产品的供给效率和质量，克服传统政府垄断供给的不足。在这一目标导向下，引入市场竞争机制自然成为一种政策选择。然而，城市公用事业垄断性、基础性和公用性的特征，决定了公私合作制中竞争机制的运用与一般的市场环境不同。对此，新规制经济学大师拉丰（1996）强调，尽管在一般意义上竞争有利于经济，但在政府公共管理薄弱的地区或环节推行竞争需谨慎。对于发展中国家而言，竞争机制的引入必须与强有力的政府监管相联系，其中最重要的一条是要匹配与竞争机制相对应的规制体系。事实上，已有研究表明，通过转移开发权和经营权，公私合作制确实可以实现城市公用事业运营效率的提升，但在制度不完善的情况下，这种效率提升很容易因政府行为或合同的不完全性所抵消（Daniels and Trebilcock，2008）。同时，由于发展中国家披露信息太少，信息不对称问题较为严重，规制的严格执行在发展中国家更为重要。

总体而言，在城市公用事业领域实施公私合作制，其规制需求来源于以下几个方面：防止破坏性竞争，保证城市公用产品稳定有效供给；抑制企业制定垄断价格，维护和优化社会分配效率；防止垄断企业在竞争性和非竞争性领域同时经营，利用交叉补贴排斥正常竞争的行为；促进城市公用事业正外部性，抑制其负外部性等（王俊豪，2010）。从规制政策的内容上看，公私合作制规制机制包括市场准入规制、价格规制、质量规制等。从规制目标看，为了确保通过城市基础设施实现公共产品或服务有效率的供给，给予被规制企业竞争压力，促使其提高生产或经营效率，激励其主动提高内部效率、降低成本，是规制政策设计的核心问题。

第五章 城市公用事业公私合作制的风险分担机制

公私合作制问世以来,便受到学界和业界的广泛关注,主要原因在于其与传统政府垄断供给公共服务模式相比,该模式具有诸多优点。如 Akintoye(2003)等认为,公私合作制不仅可以提高政府整体规划能力,而且能够通过缩短项目运作周期,降低项目运行成本,将部分风险转移给私人部门,吸收私人部门的技能等带来创新和高效的管理。尽管公私合作制具有传统公共服务供给模式不具备的优势,但由于参与者经验技能的缺乏,采购过程更加复杂,因此公私合作制相对传统模式具有更大的风险(Chan et al., 2004),此时合理的风险分担机制就成为公私合作制运行成败的关键因素(Zhang, 2005; Jefferies, 2006)。相比经济发达国家,中国城市公用事业公私合作制不仅起步较晚,实践经验较为缺乏,而且缺乏相应的制度环境。在城市化快速发展的背景下,为适应公共服务快速增长的需求,中国城市公用事业公私合作制的推行迫切需要建立一套相对合理的风险分担机制。

第一节 城市公用事业公私合作制中的风险识别

就实施程序而言,风险分担作为公私合作制运行的重要保障,首先需要运用一定的方法或技术,将隐含在公私合作制项目中的风险点暴露出来;然后通过对风险的分析明确风险的起源,确定归责对象，以此作为风险配置的依据，进而确定特定风险的归属。由此可见，风险识别、风险分析和风险归属构成了风险分担机制的三大核心步骤（何永建，2008）。作为公私合作制构建的制度基础，这三大步骤将依次解答中国城市公用事业公私合作制"面临的风险是什么"，"这些风险起因为何"以及"这些风险如何配置"三个基本问题。

一 风险识别的跨案例研究法

在城市公用事业领域，有关公私合作风险分担的原则一般表述为：由对风险控制力较强的一方来控制某种特定风险（Rutgers and Haley，1996）。这种表述固然简单明了，但在实践中却难以操作。例如，如何判断公私双方对某一特定风险的管控更为有效？不确定性风险又该如何分担？因此公私合作制风险分担机制设计的首要问题，便是选择合适的方法对公私合作项目中的风险进行有效识别。

统计分析是城市公用事业公私合作制风险识别的常见方法。该方法以调研问卷或访谈为基础，邀请相关专家直接对风险分担做出倾向性应答，然后统计某一特定风险各种倾向性的比例（Ahwireng - Obeng，2002；孙淑云等，2006）。统计分析方法简单易行，但主观性较强，对于不确定性的风险，也难以给出有效的结论。于是借助数学模型、博弈模型等方法对风险分担的研究逐步兴起。如张水波（2003）构建了风险分担模型，从理论上分析了公私双方最优分担决策的目标函数；赫斯特和里夫斯（Hurst and Reeves，2004）在委托—代理理论指导下，提出了公私合作项目中的风险分担的博弈模型。然而，数学模型或博弈模型大多建立于诸多假设之上，在实践中难以应用。

研究方法的选择应基于研究问题的本质。作为风险分担机制的基础，风险识别可进一步分解为"公私合作项目为什么会提前终止或运行不畅"，以及"是什么样的因素导致了项目的非合意结果"两个问题，这实质是对"为什么"和"是什么"的提问。对这两个问题的解答都需要从纷繁复杂的现实表象中提取答案。因此有学者认为,案例研究法能够对现实中的风险进行详尽描述和系统阐释,与其他方法相比,更适用于风险识别研究(毛基业,2012;宋金波,2014;戴大双,2005)。然而由于项目属性、行业特征乃至风土民情的差异,从一个案例得出的结论难以简单套用至其他案例,因此成熟的案例研究至少应选择4个以上案例,否则结果难以令人信服(Eisenhardt,1989)。而集合多个案例的跨案例研究则有助于深层次发掘诸多情境下风险的发生规律,在复制法则下形成一致性的归纳结论,并适用于其他案例的分析,因此可有效弥补单案例研究的不足(Leech,2007)。

与英国、美国等经济发达国家相比,中国城市公用事业公私合作制的实践时间较短,其真正意义上的市场化改革始于20世纪90年代,直至2002年之后才进行较大规模的开展和推广,而较为成熟的公私合作制概念直至2013年才由国家层面正式提出。因此,从总体上看,中国城市公用事业公私合作制尚处于初步阶段,尚未形成一套公认的、有权威的监测数据,而基于个别调研问卷的统计分析结论存在较大差异。因此,采用跨案例方法研究中国城市公用事业公私合作制的风险分担问题,是提高研究结论可靠性与可信性的现实选择。此外,一个完整的风险识别框架应包含两个方面,即符合特定情境、分担明确的重要风险,以及影响重大但分担不明确的风险。前一类风险可通过案例进行识别,而对后一类风险,则需要根据在案例分析的基础上,借助模型分析法给出确定性结论。从这个意义上说,本书的研究方法实际上是结合了跨案例研究法和模型分析法优势的综合性方法。

二 案例选取与说明

作为发展中国家,中国公私合作制的实践实施时间较短,经验不足,出现过一批运作出现问题的案例(以下简称问题案例),这些问题的根源均与风险分担机制设计不合理相关。虽然运作成熟的典型案例可为公私合作制实践提供借鉴与启示,但从问题案例中寻找风险因素,无疑更具警示意义。

基于这一思路,本书从中国城市公用事业公私合作的实践中,选取了20个问题案例，重点分析了导致项目运行出现问题的风险因素，以便为风险识别奠定基础。为了保证案例资料的可靠性，本书采用了一手资料采集和二手资料收集相结合的方法。笔者2013年在住房和城乡建设部城市建设司综合处挂职锻炼期间，曾参与城市基础设施投融资访谈和资料整理工作，并有机会与一些地方政府官员、城市公用事业企业负责人交流，掌握了宝贵的第一手资料。二手资料作为一手资料的重要补充，主要借助网络媒体，通过中国学术文献网络出版总库中的文献资料和报刊资料、中国水网等专业性网站、浙江财经大学中国政府管制研究院"城市公用事业政府监管案例库"等获得。由于本部分的研究目标是通过案例分析，提炼中国城市公用事业公私合作制的关键风险，因而案例选择应符合以下标准：

第一，入选案例应覆盖中国城市公用事业的主要行业领域。城市公用事业是指通过特定基础设施向个人和组织提供普遍必需品和服务的产业，主要包括城市供水排水和污水处理、供气、集中供热、城市道路和公共交通、环境卫生和垃圾处理以及园林绿化等（王俊豪等，2013）。20世纪80年代以来，这些行业均经历了打破垄断与引入竞争、国有企业存量调整与民间增量资本进入、政府干预与市场调节相互融合、行政监管与合同制约相互协调的过程，即公私合作关系建立和深化的过程。根据世界银行私人参与基础设施数据库的统计，1990年以来，中国城市基础设施领域公私合作制主要集中于道路交通、管道燃气、城市供水、污水和垃圾处理等行业。因此本书选取的案例将覆盖上述行业领域。

第二，入选案例应代表中国城市公用事业公私合作制的典型模式。尽管公私合作制从其内容构成上十分庞杂，几乎涵盖了所有公私部门合作的形式，但从中国城市公用事业公私合作制的实践看，特许经营一直以来都是主要形式。这一点根据世界银行私人参与基础设施数据库数据分析也可得到证明。虽然在具体表现形式上，特许经营也囊括了BOT、BOO、BOOT、TOT等多种形式，但是涉及的主要利益主体却相当一致，一方是凭借法律规定取得城市公用事业经营授权的政府及其公共部门，另一方则是借助市场竞争机制取得特许经营权的城市公用事业投资者或经营者。这两类主体区分恰好是风险分担机制构建的基础。本书选取的案例将以形式各样的特许经营为主，以保证关键风险能够有效归责和分配。

第三，入选案例应具有一定的时间和地域的代表性与全面性。作为城市公用事业市场化的主要形式，公私合作制在中国的实践与市场经济的进程和地区差别密切相关。从时间角度看，中国城市公用事业公私合作制发端于改革开放之初，兴起于20世纪90年代，2003年之后达到高潮。因此信息含量相对完整的案例基本集中于20世纪90年代之后。从地域分布上看，东部沿海地区作为中国市场化改革的先发地区，涌现出了大量公私合作制的典型案例。但为保证案例选取的全面性，本书特意安排部分中西部的案例入选。按照地区分布，属于东部地区案例共计12个，中部地区共计5个，西部地区共计3个，以保证不同市场化进程下的项目案例所呈现的风险因素具备相对一致性。

根据上述思路和标准，本书对入选案例的关键信息进行了提炼、归纳和总结，最终选取成都自来水公司第六水厂B厂项目、长春汇津污水处理厂项目、深圳梧桐山隧道项目、福州闽江四桥项目、山西永济市管道燃气项目、北京六里屯垃圾焚烧发电项目等20个PPP项目，作为公私合作制风险识别研究的典型案例。在此基础上，对这些项目在设计、建设和运营等环节出现的问题进行简练描述，最终归纳得到蕴含其中的风险因素（见表5-1）。

表5-1　　典型PPP案例存在的问题及其风险因素

编号	行业	地区	名称	问题描述	风险因素
1	城市供水	西部	成都自来水公司第六水厂B厂项目	B厂竣工投产时，成都市用水需求大幅下降，为执行特许经营协议，成都自来水公司压缩其他分厂生产规模，高价从B厂购水，导致巨额亏损，政府被迫大量进行财政补贴	政府决策风险；政策法规风险；项目执行风险

第五章 城市公用事业公私合作制的风险分担机制 | 87

续表

编号	行业	地区	名称	问题描述	风险因素
2	城市供水	东部	广东廉江供水项目	合同约定的廉江市自来水公司购水量与其售水量差额巨大；"水价递升"逐年支付方式使廉江市自来水公司出现巨额亏损甚至破产；经过10年反复谈判，2009年被政府赎回	政府决策风险；项目执行风险；政府征用风险
3	城市供水	西部	遵义南、北郊水厂项目	特许经营协议的"最低购买量"和"最低购买价"担保难以执行；项目运作过程不规范，违反《市政公用事业特许经营管理办法》规定	政府决策风险；法律冲突风险；项目执行风险
4	城市供水	东部	沈阳第九水厂项目	对外商承诺的高回报率导致沈阳自来水公司巨大亏损，并引发地方官员腐败；经双方谈判，沈阳市自来水总公司买回第九水厂50%的股权，投资回报率也降至14%；政策法规风险导致固定回报被改变	政府履约风险；政策法规风险；项目执行风险；政府征用风险
5	城市供水	东部	上海大场水厂	上海市自来水公司与投资方于1996年签署特许经营协议，约定投资方15%的投资回报率，2002年政府清理固定回报项目，该水厂于2004年被政府回购	政策法规风险；政府履约风险；项目执行风险；政府征用风险
6	城市交通	东部	泉州刺桐大桥项目	政策变化导致政府和企业成为竞争关系；投资方收益大幅下滑；特许经营权获得仅为一纸合约，未形成规范性文本，导致企业权力无法主张；节假日道路免费制度制约企业收入	政策法规风险；项目唯一风险；政府履约风险；政府征用风险
7	城市交通	东部	深圳梧桐山隧道项目	深盐二通道通车后，分流了梧桐山隧道60%以上的车流，隧道经营收入大幅下滑；隧道收费备受质疑，市政府试图抑制收费，强行征用并收回产权	项目唯一风险；政府履约风险；第三方反对风险；政府征用风险

续表

编号	行业	地区	名称	问题描述	风险因素
8	城市交通	东部	福州闽江四桥项目	福州二环路三期路段提前通车，导致投资方通行费收入急剧减少；投资方提议将《专营权协议》约定的18%回报改为"适当"回报，未获政府回复；项目公司申请中止合作，获得同意	项目唯一风险；政策法规风险；政府履约风险
9	城市交通	中部	武汉白沙洲大桥项目	政府做出非竞争性保证，承诺近10年内不在有关江段再修建大桥；项目运营后，市政府相继修建了两座大桥，造成车流量分流造成投资人亏损；市政府放弃固定回报承诺，要求重新签订特许经营协议	政策法规风险；项目唯一风险；政府履约风险
10	污水处理	东部	长春汇津污水处理厂项目	排水公司开始拖欠汇津公司污水处理费；政府单方面废除特许经营协议；汇津公司停产使污水排入松花江；国家清理固定回报项目后，被政府回购	政府履约风险；政策法规风险；项目违法风险；环境安全风险；政府监管风险
11	污水处理	中部	武汉汤逊湖污水处理项目	项目完工后，配套管网未能及时对接，导致污水处理厂闲置一年多；汤逊湖污水处理厂收集的污水需长途调水，才能取得排污收费资格；2004年整体移交给武汉市水务集团	配套不足风险；政策法规风险；政府履约风险
12	污水处理	东部	青岛威立雅污水处理项目	特许经营合同规定的污水处理价格过高，政府要求变更相关条款；污水处理量预测出现失误，项目公司企图通过自来水稀释达到排污目的	政府决策风险；环境安全风险；项目违法风险
13	污水处理	东部	晋州市城市污水处理项目	污水排放不达标，市建设局以此为由不兑现污水处理费。经多次协商后，市建设局向污水处理厂提供400万元经费，污水处理厂改造工艺	生产技术风险；环境安全风险；政府履约风险

续表

编号	行业	地区	名称	问题描述	风险因素
14	管道燃气	中部	山西永济市管道燃气项目	特许经营权单位管网铺设后,负责长输管线分输站的国有企业不予对接,导致项目延期;规划设计之初和项目运营后,永济市政府协调监管不力	第三方延误风险;配套不足风险;政府监管风险
15	管道燃气	东部	海南中油昆仑港华燃气项目	政府以审批方式授予特许经营权,违背《市政公用事业特许经营管理办法》规定;城镇总体规划变更,项目选址地用途变更;万宁政府做出撤销项目选址的决定,项目建设延期,双方对簿公堂	法律冲突风险;配套不足风险;政府决策风险;政府履约风险
16	管道燃气	中部	江西上饶大通燃气项目	政府与上饶燃气特许经营协议签订后,属于特许经营范围的上饶经开区于2012年与第三方签订特许经营协议,造成特许经营范围重叠	政府履约风险;政策法规风险;项目执行风险
17	垃圾处理	东部	北京六里屯垃圾焚烧发电项目	政府不尊重专家意见和环评报告,项目选址靠近京密引水渠和居民上风口;该区域居民生活垃圾热值低、湿度大,不适合焚烧发电;垃圾渗漏液和臭味问题袭扰民众,遭致反对,导致项目暂缓	政府决策风险;环境安全风险;第三方反对风险;生产技术风险
18	垃圾处理	东部	广州番禺垃圾焚烧项目	项目选址于人口密集区,对居民健康有潜在威胁,垃圾堆积导致的废气、废渣和粉尘影响周边环境,导致项目停建	政府决策风险;环境安全风险;第三方反对风险
19	垃圾处理	中部	郑州荥锦垃圾焚烧发电项目	电厂靠近居民区,垃圾臭味扰民;垃圾成分复杂,处理难度大;为避开收费站,垃圾运输车辆绕行导致成本增加	政府决策风险;环境安全风险;供应风险
20	垃圾处理	西部	昆明五华垃圾焚烧发电项目	5年内先后有5个电厂投入运营,设计处理量与供应量存在差距;项目技术与当地生活垃圾的投放特点不匹配;政府未能就垃圾处理收费与上网电价与电厂达成共识,导致项目投资方撤资	政府决策风险;生产技术风险;供应风险

资料来源:笔者整理得到。

三 公私合作制的风险清单

本书在整理和归纳相关资料的基础上，选取了包括城市供水、城市交通、管道燃气和垃圾处理行业在内的20个案例，从中总结导致这些项目出现问题的15个风险因素，具体包括政府决策风险、政府征用风险、法律冲突风险、项目执行风险、第三方延误风险、配套不足风险、政府履约风险、政策法规风险、项目唯一风险、第三方反对风险、项目违法风险、生产技术风险、环境安全风险、政府监管风险和原料供应风险。在此基础上，参考已有研究成果，结合选取案例，对上述风险的内涵进行界定，以建立风险清单（见表5-2），最后就案例风险的特点和规律进行具体分析。

（一）政府决策风险

政府决策风险是因实践经验缺乏造成的，在合约签订、项目选址、建设和运行以及项目配套等环节可能出现的决策失误，进而对PPP项目的顺利执行构成风险的潜在因素。如成都自来水公司第六水厂B厂项目，地方政府认为成都作为"西南地区科技中心、商贸中心、金融中心和交通通信枢纽"面临重要的发展机遇，并以此为依据与私人部门签订了18年的特许经营协议。由于特需经营期限过短，投资方为回收成本定价偏高，致使成都自来水公司执行协议蒙受巨额亏损（赵旭，2004）。在垃圾处理领域，地方政府往往忽视项目行业特性，对项目选址是否与周围居民区保持适度的空间范围，垃圾渗漏是否会污染附近水源地水域，项目的建设和发展是否与城市规划同步等考虑不足，致使项目建设过程中引发社会公众反对，造成项目延期或停工。如北京六里屯垃圾焚烧发电项目、广州番禺垃圾焚烧项目和郑州荥锦垃圾焚烧发电项目均存在这种情况。

（二）政府征用风险

政府征用风险是指在PPP项目执行过程中，政府主动提出终止特许经营合同，提前回购由私人部门建设和运行的城市公用设施而引发的项目执行风险。城市公用事业具有自然垄断性特征，为了吸引私人部门进入，政府一般会对特许经营权获得者做出非竞争性承诺，即一定时期和地域范围内赋予特许经营人独家经营的权力，保证其营运收入能够持续和稳定。但依照国务院办公厅国办发〔2000〕18号文件要求，2000年后各地政府开始进行道路、桥梁等基础设施收费改革，回购所有权不在政府手中的BOT项目。例如，在深圳梧桐山隧道项目案例中，深圳市政府提出"不上高速路，不收一分钱"的目标，将包括梧桐山隧道在内的道路、隧道等基础纳入收费改革范畴。为进一步推进改革，深圳市有关部门于2001年3月召开了"隧道通行费的价格听证会"，欲将隧道收费标准定性为政府定价范畴。最终由市政府补偿投资建设费用后收回产权（夏南凯，2002），PPP项目运作失败。泉州刺桐大桥和福建闽江四桥项目失败也是因政府征用而导致的。

（三）法律冲突风险

法律冲突风险是指在相关法律条款已经明示的前提下，地方政府和私人部门在签订特许经营合同时仍违背相关规定或程序，造成特许经营合同的合法性根基动摇，给项目运行和利益相关人的权利主张带来风险。《市政公用事业特许经营管理办法》规定，供气行业依法实施特许经营，应通过市场竞争机制选择投资者或经营者。而在海南中油昆仑港华燃气项目中，万宁市政府以批复的形式赋予投资人特许经营权，后因城市规划变更，又做出撤销投资人特许经营权的决定，造成纠纷。在终审过程中，法院认为该项目特许经营权的授予违反法定程序，依法撤销了投资人特许经营权，同时提出由万宁市政府采取相应的补救措施。在遵义南、北郊水厂项目中，代表政府的遵义市供排水公司在整个招投标过程中，并未按照《市政公用事业特许经营管理办法》规定召开社会听证会，为项目的后续执行埋下了隐患（刘先文，2004）。

（四）项目执行风险

项目执行风险是指因特许经营协议设计不合理，或生产技术选择偏差，致使项目执行预期会给利益相关人造成巨大损失，造成项目执行困难。如在城市供水PPP项目中，一般由代表地方政府的自来水公司与私人部门投资建设的水厂签订购销协议。在这种情况下，PPP项目运行的关键，在于购销数量和价格能否与市场供求保持大致平衡。然而在经济发展驱动和传统政绩观主导下，地方政府对市场需求的预测往往过于乐观，为了吸引私人投资者进入，地方政府在特许经营协议中一般会确定"最低购买量"和"最低购买价"。这实质相当于政府负担了项目运行的全部风险：市场需求预测一旦出现偏差，项目执行就会给购买方造成损失。在广东廉江供水项目中，特许经营协议规定廉江自来水公司购买项目公司的水量最低不少于6万吨，且随着项目公司供水能力的增长持续增加，而廉江市自来水的真实需求量仅在2.1万吨左右，供给远大于需求。在双方约定的"水价递升"逐年支付方式下，廉江自来水公司第一年就要亏损2400多万元，随着项目执行年限的增加，亏损额将越来越大。为此，合同双方进行了长达10年的谈判，地方政府最终以4500万元的价格回购（吴淑莲等，2014）。在成都自来水公司第六厂B厂、上海大场水厂、沈阳第九水厂等项目中，由于特许经营合同设计不合理导致的项目执行风险也均存在。

（五）第三方延误风险

第三方延误风险是指特许经营合同签订后，因特许经营招标人和中标人之外的第三方未能及时提供项目运行必需的配套设施，导致项目延误或暂缓。在山西永济市管道燃气项目中，特许经营权单位永济民生公司负责保障全市居民用气，但由于运营成本远高于收入，因此需要工业用户进行交叉补贴。但特许经营权单位按照约定完成设备建设，具备通气条件后，负责长输管线的山西压缩天然气集团有限公司为了追求利润，违背了山西省天然气营业范围划分规定，对永济民生公司经营范围内的5家大型铝工业企业直接供气。而其所属的分输站一直不予永济民生公司对接，造成项目被迫暂缓（韩文，2011）。

（六）配套不足风险

配套不足风险是指PPP项目完工后，配套设施和服务未能同步跟进，引发项目延期等风险。在实践中，大多数PPP项目是根据城市公用事业的技术特点和分工，选择整个产业链条中某些可模块化的环节开展公私合作。特别是城市供水、管道燃气和污水处理等网络型项目，均需要配套管网、分输站等设施实现产品输送，因此PPP项目能否顺利实施，不仅取决于项目本身的建设进度，也与项目上下游各配套环节的衔接程度有关。武汉汤逊湖污水处理项目和山西永济市管道燃气项目均是因为配套设施不到位，导致项目延期。此外，城市公用事业资产专用性特点，决定了城市公用设施的选址和建设须事先做好专项规划，项目选址建设后一旦发生变动，就有可能使项目资产变为沉没成本，给投资方带来损失。如海南中油昆仑港华燃气项目，在公私双方经谈判确定项目选址后，因城镇总体规划变更，导致项目建设和特许经营权发生纠纷，最终在其他因素作用下，造成项目被撤销。

（七）政府履约风险

政府履约风险是指公私部门签订特许经营合同后，政府拒不履行或变相履行合同，给项目运行带来直接或间接的风险。在实践中，政府履约风险表现为行政效率低下、配套设施供给不到位或不及时，拒付或延期支付费用，单方面改变合同条款等。例如，武汉汤逊湖污水处理厂一期工程建成后，由于相关政府部门未能及时解决配套管网和排污收费权问题，导致污水处理厂闲置一年多，最终不得不移交给武汉水务集团（王芳芳、董骁，2014）。长春汇津污水处理厂投产运行后仅两年，长春排水公司便开始拖欠污水处理费，此后长春市政府更是单方面废除了《长春汇津污水处理专营管理办法》，停止支付任何费用，截至2003年9月累计欠费约人民币9000万元，对项目运行造成极大的困难（张丽娜，2009）。在泉州刺桐大桥、深圳梧桐山隧道、福州闽江四桥和武汉白沙洲大桥项目中，地方政府均违反特许经营协议之规定，提前在项目公司经营区域内兴建道路、桥梁等竞争性项目，造成项目运营收入的大幅下滑。

（八）政策法规风险

政策法规风险是指特许经营协议签订后，在项目执行过程中由于政策变化或法律法规的颁布和修订，造成特许经营协议的合法性根基动摇或项目运行的市场环境发生变化。20世纪90年代以来，随着市场经济的发展和城市化进程的加快，各地为了吸引社会资本进入，以固定资产回报为特征，在城市供水、污水处理和城市交通领域广泛采用 BOT 模式，兴建了一批 PPP 项目。这些项目的固定资产回报大多在 10% 以上，部分项目甚至接近 20%，给政府财政带来巨大负担。1997 年亚洲金融危机爆发后，为了防止政府财政负担演变为债务危机，国务院于 1998 年下发了《关于加强外汇外债管理开展外汇外债检查的通知》，要求对地方政府担保的固定回报项目进行清理与修正。2002 年，国务院办公厅再次下发了《关于妥善处理现有保证外方投资固定回报项目有关问题的通知》，要求地方政府通过修、购、转、止等形式进一步纠正固定投资回报项目。在这种背景下，沈阳第九水厂、上海大场水厂、长春汇津污水处理厂等一批固定资产回报项目遭到清算。在地方政府层面，随着各地道路、桥梁等基础设施收费改革的推进，深圳梧桐山隧道项目、武汉白沙洲大桥项目等也承受着政策变动的风险。

（九）项目唯一风险

项目唯一风险是指政府违背特许经营协议，提前兴建与特许经营项目具有明显市场竞争关系的公用设施，造成特许经营项目的市场需求和竞争环境发生变化。私人资本投资城市公用事业是为了获得利润，因此维护稳定的经营环境，使其在特许经营期内能够以项目收益还本付息并获取收益，对于 PPP 项目的顺利运行至为关键。在实践中，特许经营协议通常会赋予投资者一定时间和地域范围内的专营权，以维护其相对稳定的运行环境。在经营期内，如果项目唯一性遭到破坏，便会极大影响项目收入的稳定性与持续性。如在福州闽江四桥项目中，在项目运营第七年，项目辐射范围内的福州市二环路三期路段就提前通车并实行免费通行政策，造成了大量车辆绕行项目收费站，项目公司收入下降超过 70%，失去清偿贷款的能力。项目公司多次与政府协商无果后要求终止特许经营协议执行，最终在国资委和福建省政府的直接协调下，双方终止合作。同样，泉州刺桐大桥建成后不久，福建省政府就将泉州大桥移交给泉州市政府，泉州大桥和刺桐大桥形成竞争关系。此后，政府还投资

第五章 城市公用事业公私合作制的风险分担机制 | 95

建设了两座新桥,并实行免费通车政策,刺桐大桥收入大幅下滑,项目经营陷入困境(吕秋红、王晓东,2011)。

（十）第三方反对风险

第三方反对风险是指在 PPP 项目选址、建设和运行过程中,由于各种原因导致社会公众利益受损,引起公众反对,迫使项目暂停或延期。城市公用事业事关社会公众的利益,部分项目因政府决策失误、选址不当或定价偏高,给社会公众的身体健康和生活成本造成较大影响,遭到普遍反对。为了维护社会稳定和公众利益,此类项目多数暂缓建设或停建。如深圳梧桐山隧道实行收费制度后,一直受到深圳市人大代表和社会公众的质疑。北京六里屯垃圾焚烧发电项目,在北京市环保局和有关专家明确表示不符合环评标准后,依旧选址于靠近京密引水渠和居民上风口区域,2006 年年底规划出台后,引发了周围居民的强烈反对,持续发生的上访事件最终迫使国家环保总局下令缓建此项目。同样,广州番禺垃圾焚烧项目选址于人口密集区,垃圾产生的臭味和渗液对居民健康造成重大潜在威胁,最终在居民反对下停建(刘凤元,2008)。

（十一）项目违法风险

项目违法风险是指在项目运行过程中,项目公司擅自排放未经处理或排放不达标的废水、废气、废渣等物质,违背国家法律规定和特许经营协议约定。城市污水、城市垃圾等具有显著的负外部性特征,对环境安全和公众健康具有重大影响,因此对于此类城市公用事业项目,必须执行严格的排放标准。而在本书选取案例中,长春汇津污水处理厂停产后将污水直接排入松花江,青岛威立雅污水处理厂擅自将污水处理厂回用水管道接到了自来水主管道上,回用水进入自来水主管道后污染了自来水的水质,均给公众健康和环境安全造成了巨大损失(郝远超,2007)。这种违反法律规定的行为,极易导致项目遭受法律清算。

（十二）生产技术风险

生产技术风险是指 PPP 项目采用的技术与地区、行业特性的匹配性不佳,或现有技术不足以处理原材料的复杂成分,导致原材料难以适应项目生产和运营的需要，从而影响项目运行的成本和收益状况。城市垃圾焚烧发电项目对垃圾的成分、热值、湿度等均有较高要求。随着居民消费水平的提升，中国城市垃圾的成分愈加复杂，而目前尚未有效实施垃圾分类制度，这就对垃圾焚烧发电项目的技术适用性和标准提出了较高要求。如在昆明五华垃圾焚烧发电项目中，投资方美国再生资源公司的技术设备只能处理分类收集后的垃圾，而当地居民难以做到生活垃圾的分类投放，因此项目技术"水土不服"，导致项目迟迟没有开工，后投资方不得已撤资（宋金波等，2010）。而北京六里屯垃圾焚烧项目的运行也面临区域居民生活垃圾热值低、湿度大的问题，焚烧发电成本较大。

（十三）环境安全风险

环境安全风险是指在 PPP 项目运行过程中，因项目设计规划或操作失误造成的环境安全或污染等外部性事件。尤其是城市污水处理和城市垃圾焚烧发电项目，由于需要以污水、生活垃圾为原材料，因此，原材料运输、储存、生产、废弃物排放等环节具有较大的负外部性特征。以垃圾焚烧发电项目为例，垃圾运输和储存环节易散发恶臭，垃圾渗漏会污染地下水、垃圾焚烧产生的灰尘均对环境安全和居民健康产生重大影响，如果处理不当将存在诸多隐患。如在北京六里屯垃圾焚烧发电项目、广州番禺垃圾焚烧项目和郑州荥锦垃圾焚烧发电项目中，垃圾厂选址、垃圾储运等环节均存在不合理之处，给周围居民身心健康造成重大威胁。而长春汇津污水处理厂和青岛威立雅污水处理项目，均在污水排放环节处理失当，造成当地水源和水质受到污染。

（十四）政府监管风险

政府监管风险是指在 PPP 项目建设或运行过程中，由于政府组织协调不力或者职能缺位，造成项目延期或环境污染事件的发生。城市公用事业具有公用性特征，政府在实施和推进 PPP 项目过程中，应创造沟通机制，协调各方利益，保障 PPP 项目的顺利实施。同时，在项目运行过程中，要防止私人部门违法行为，保障社会公众利益。但在当前城市公用事业监管法律缺失、体制不完善的环境下，政府组织协调不力或者职能缺位引发的PPP项目风险事件时有发生。例如在山西永济市管道燃气项目中，永济市政府未能有效组织和协调特许经营单位与负责燃气输送第三方的利益关系，结果私人部门和第三方争利导致项目延期。而在晋州市城市污水处理、长春汇津污水处理和青岛威立雅污水处理项目中，政府未能有效发挥监管职能，导致污染事件发生。

（十五）原料供应风险

原料供应风险是指在PPP项目生产过程中，因原材料成分不达标，或资源、机具设备、能源的供应不及时带来项目成本收益的变化。原料供应风险主要体现在城市垃圾处理领域，包括三个方面：一是垃圾处理能力过剩导致垃圾供应不足，如在昆明五华垃圾焚烧发电项目中，五年内先后有五个电厂投入运营，设计规划处理量与供应量存在巨大差距。二是垃圾成分不符合焚烧发电标准，造成设备利用率不足，如在北京六里屯垃圾焚烧发电项目和郑州荥锦垃圾焚烧发电项目中，垃圾成分复杂、含水量高导致达不到焚烧要求的热值条件。三是其他外部影响，造成垃圾运输成本过高，如在郑州荥锦垃圾焚烧发电项目中，垃圾运输车辆需通过郑州和荥阳间的收费站，抬高了项目运行的成本，后虽专门修建了新线路，但车辆需绕行，运输成本依旧偏高。

20世纪90年代以来，随着中国城市化进程的加快，城市公用事业建设和运营资金短缺、能力不足及效率低下的问题逐渐凸显。PPP模式通过引入私人资本，不仅能够提供城市公用事业发展急需的资金，而且借助私人资本先进的技术手段和管理经验更可以提高公用设施的利用效率，于是在城市公用事业领域，PPP成为一种替代传统公共服务供给的有效模式，并在实践中取得了一定成效。但PPP在中国毕竟尚属新兴事物，地方政府和私人部门的经验普遍缺乏，对一些关键风险因素的分担不当和管控失调，进而引发了诸多问题。本部分正是基于中国城市公用事业典型PPP案例，对这些案例存在的问题进行分析，并从中总结出15项关键因素，最终形成的风险清单及其含义解释，如表5-2所示。

表 5-2　　　典型 PPP 案例风险清单及其含义解释

序号	风险名称	含义解释
A	政府决策风险	在实施和推进公私合作制过程中，政府在合约签订、项目选址、建设和运营、配套等环节出现决策失误
B	政府征用风险	在项目运行过程中，政府主动提出终止特许经营协议，提前回购项目设施
C	法律冲突风险	特许经营合同或协议与国家法律法规冲突，给合同执行或权利主张带来风险
D	项目执行风险	按照特许经营协议执行项目，将造成利益相关人重大损失
E	第三方延误风险	第三方未能及时提供配套设施或服务，造成项目延误
F	配套不足风险	项目建成后，配套设施或服务未能同步跟进，导致项目延误
G	政府履约风险	政府拒绝履行合同约定或变相改变合约条款，给项目带来直接或间接风险
H	政策法规风险	国家法律、法规或政策变化，导致特许经营协议的合法性，或公私部门利益关系发生变化
I	项目唯一风险	政府在特许经营内建设其他商业竞争性项目，使特许经营人的非竞争环境发生变化
J	第三方反对风险	项目选址、建设和运行阶段，因环境安全等引发社会各界和公众等反对或质疑，导致项目暂缓或延期
K	项目违法风险	项目运行过程中，特许经营者违反法律规定，给环境安全和公众利益造成重损失
L	生产技术风险	技术方案不成熟，导致生产效果难以达到预期效果，给项目运营造成困难
M	环境安全风险	项目运行违法或操作失误造成的安全或污染等负外部效应
N	政府监管风险	项目实施过程中，因政府组织、协调和监管不力，造成项目延期或环境损失
O	原料供应风险	因原材料不符合生产标准，或资源、机具设备或能源的供应不及时，造成项目成本收益变化

根据对城市供水、污水处理、垃圾处理和管道燃气领域典型 PPP 案例风险频次统计（见表 5-3），结合前面对典型案例具体风

险的分析，中国城市公用事业公私合作制中的风险具有以下规律和特点：

表 5-3　　典型 PPP 案例关键风险频次统计

案例编号	A	B	C	D	E	F	G	H	I	J	K	L	M	N	O
1	★		★				★								
2	★	★	★												
3	★		★	★											
4		★	★			★	★								
5		★	★			★	★								
6		★				★	★	★							
7		★				★		★	★						
8						★	★	★							
9							★	★							
10						★	★				★		★	★	
11					★	★									
12	★										★		★	★	
13						★						★	★	★	
14				★	★									★	
15	★			★			★								
16				★			★	★							
17	★							★			★	★			★
18	★							★				★			
19	★							★				★			★
20	★											★			★
频次	9	5	6	2	1	3	11	9	4	4	2	3	6	4	3

注：案例序号和风险编号的含义参见表 5-1 和表 5-2。

第一，风险因素广泛存在于各个城市公用行业，但某一特定风险又呈现行业关联特征。尽管各城市公用行业的具体特征存在较大差别，但在公私合作制实践过程中，共同的制度背景和近似的运行环境使这些行业均存在诸多同质性风险，所有案例无一例外地具有3个（含）以上风险。从风险分布的业务环节看，既有规划设计阶段的政府决策风险，也有项目运营阶段的政府履约风险、项目唯一风险，同时还包括项目终止阶段的政府征用风险，可见风险均几乎蕴藏于项目建设、运营和管理的各个阶段。与此同时，特定风险又呈现出一定的行业关联性特征。如城市供水和污水处理领域的政府履约风险起源于政府对PPP项目运行后的市场需求预测过于乐观，并与私人部门签订具有较高固定回报的特许经营协议，但在项目执行尤其是政府换届后，政府及其代理企业发现执行特许经营协议将承受巨大的财政压力甚至巨额损失，于是要求变更或停止执行特许经营合同，造成合同纠纷。在城市交通领域，政府违背合约条款单方面改变市场竞争格局造成的项目唯一风险则较为集中。

第二，在所选的20个PPP案例中，有11个案例都曾发生政府履约风险，是唯一发生频次超过半数的风险。事实上，这既与城市公用事业的行业特征有关，又与中国当前的制度环境密切相连，并不必然代表政府公信力的缺乏。城市供水等城市公用事业具有显著的公用性和基础性特征，对经济社会的物质生产和居民生活具有重大影响，尤其是收费、环保等敏感问题备受关注。在项目选址或建设过程中，如果出现与社会公众利益或地方经济发展相悖的情况，地方政府很难不顾及民生或经济社会稳定而继续执行协议。如本书选取的城市交通PPP案例中，地方政府违反特许经营协议修建竞争性项目，多数也是出于经济社会发展需要。此外，地方政府处于强势地位，制度环境不完善等转型期的特殊环境，也在一定程度上造成了政府履约风险的发生。尽管如此，应注意到随着中国市场经济法治进步，鼓励、支持和保障私人资本参与城市公用事业的制度环境正逐步改善，政府履约风险在中国的严重性排名大幅下降，一个直接的例证就是标准普尔公司正在逐年上调对中国政府的信用评级。

第三，政策法规风险出现频次较高，表明中国当前公私合作制的法制环境还不完善。与经济发达国家"以立法为先导"的市场化改革理念不同，中国城市公用事业改革走的是一条"先试验，再推广，总结经验再实践"的渐进式道路，立法明显滞后于改革实践。20世纪90年代以来，国务院及相关部门制定了一系列与城市公用事业市场化改革相关的规章制度，其核心是引入民间资本等多种所有制经济进入城市公用事业领域，以公私合作的模式实现对传统公共服务供给模式的有效替代。但从实践效果上看，这些规章制度不具备法律意义上的强制性和权威性，难以为政府和其他市场主体提供稳定的预期，有效规范市场主体尤其是政府行为，引发了诸如政府履约风险缺失、项目执行风险及政府征用风险等问题。由此可见，建立与中国国情相适应的法规政策体系势在必行。

第四，由具体行业特征所决定，不同行业领域的关键风险和风险类型呈现明显的聚集特征。如城市供水领域早期的PPP项目多数采取了BOT的运营模式，为了吸引私人资本投资建设，通常会设置比较高的投资回报率，在这种情况下，项目执行就会给自来水的购买方造成亏损，由此引发项目执行困难。在本书选取的城市供水案例中（案例编号1—5），项目执行风险成为行业的共同风险（风险序号D）。在城市交通PPP案例中（案例编号6—9），由于政策法规变化导致项目唯一风险，进而引发政府履约风险成为行业的普遍特征（风险序号G—I）。在城市污水和垃圾处理领域，由于项目运行的投入品均为市场主体产生的废弃物，具有负外部性特征，由此引发的环境安全风险成为这两个领域的关键风险。与其他领域稍显不同，管道燃气等PPP项目的风险较为分散，这一方面是由于管道燃气行业公私合作制的实践较晚，案例有限（仅为3个，案例编号14—16）；另一方面也与不同地带间（东、中部）的经济社会发展状况相关。即便如此，由于配套不足引发的政府履约风险（风险序号F、G），也在管道燃气行业案例中占据相当比重。

第五，PPP项目的风险因素虽复杂多样，但这些风险因素却具有一定的因果关联性。一方面，根源性风险会引发连锁反应，导致多种风险因素暴露。比如政府决策作为贯穿于PPP设计、建设、运营和管理等环节的必经程序，其风险因素的暴露会引发社会公众反对风险，造成工程延期或暂缓，进而带来项目执行风险。另一方面，结果性风险可能有多种起因，如政府征用风险一旦发生，就意味着PPP项目的终止或失败，风险后果最为明确。但是政府征用有可能因政策法规变化导致，也可能是项目运行违法遭致法律清算的结果。除此之外，一些具有明显因果联系的风险因素还呈现出强烈的伴生性特征，如政府决策风险发生后，作为应对这种决策的理性选择，政府部门一般会在项目实施过程中变相执行或单方面改变合同条款，进而造成政府履约风险。由此可见，在PPP项目设计和建设的初始阶段，通过科学周密的考察与评估，防范政府决策失误等根源性风险的发生，对于整个项目周期内风险因素的管控具有极其重要的作用。

第二节　城市公用事业公私合作制归责明确风险的分担机制

风险清单明确了城市公用事业公私合作制的关键风险，奠定了公私部门风险分担的基础。然而构建公私合作制公平合理的风险分担机制，仍需建立合理的逻辑体系与分析思路。基于上述思路，本部分在公私合作制风险分担影响因素对比研究的基础上，引入归责机制，通过案例风险事件的事实还原，确定风险因素发生的原因，构建公私部门间风险因素分配的基础框架。

一　归责机制与风险起源

在以往的研究中，学者们从不同的研究视角出发，提出过不少风险分担的基本原则。拉特格斯（Rutgers，1996）、杨萍（2005）等学者提出，PPP项目风险的分配应体现参与主体对特定风险的控制能力，如果双方都难以或无力控制，则由双方共担。卡塔姆

（Kartam，2001）提出，私人部门参与城市公用事业的目的是获取投资回报，而从风险—收益的角度出发，获得收益的基本前提就是承担相应的风险，因此风险因素在公私部门的配置应该依据双方的收益进行。克拉姆普斯和埃斯塔彻（Crampes and Estache，1998）认为，项目参与者对风险的态度对风险分担格局具有重要的影响，在通常情况下，私人部门持风险偏好态度，以获取投资收益，而政府部门则保持风险中立态度。但当私人部门是风险规避型，而又无须考虑成本因素时，政府部门将承担更多的风险。柯洪（2014）则在总结前人研究的基础上，系统提出了风险分担的主要准则，即风险分担应与各方风险控制力、项目收益、投资参与程度等相称。

上述研究提出的风险分担原则虽然在语义上简单明了，但在实际应用中却存在诸多问题。一方面，上述风险分担原则均未给出衡量的标准，具有较大的模糊性。如风险由控制力较强的一方承担，如何衡量哪一方对特定风险"更有控制力"？即使各方的风险控制力可以衡量，那么特定风险是全部由一方承担，还是存在一定的分担比例？另一方面，部分原则在执行上难以协调，甚至与实际案例的风险分担格局相悖。比如，成本—收益原则，私人部门的项目收益越大，就应该承担更多的风险，但这一原则可能会刺激私人部门反向操作，即为了获取收益忽略风险的可控性而盲目承担某些自身无法控制的风险。此外，阿恩特（Arnd，1998）、汉弗里（Humphery，2003）等学者基于案例的研究表明，政府为了激励私人部门投资基础设施产业，往往在承担某些私人部门厌恶风险的同时，让渡相应的收益。这说明对于城市公用事业风险分担机制而言，并不存在绝对的原则。

正如前文所言，研究方法的选择应基于研究问题的本质及其导向。归责机制作为法律上常用的争端处理方法，通过对案例事实的还原，探寻某一风险发生的原因，以此作为判定责任归属的基本依据，对于本书基于案例研究构建的风险分担机制具有较强的借鉴意义。因此，为了进一步分析城市公用事业公私合作制的风险分担机制，本部分在前文研究的基础上，对表 5-2 中各个案例风险因素的起源进行了分析，由此得到表 5-4。

表 5 – 4　　　　　　　　典型 PPP 案例的风险起源

风险因素	风险起源
政府决策风险	政府在需求评估、特许经营合约设计及项目选址等前期工作中出现偏差
政府征用风险	政府以强制力清退私人投资者
法律冲突风险	特许经营合同签订未遵守相关法律法规的有关规定，合法性不足
项目执行风险	合同条款或生产技术设计失误，造成项目执行的成本—收益明显失衡
第三方延误风险	合作的第三方不配合或不履约造成项目推进困难
配套不足风险	地方政府或第三方未能及时提供配套设施或服务，项目难以执行
政府履约风险	政府拒不履约、拖延履约或变相履约，造成项目延期或运营困难
政策法规风险	法律法规变更，致使特许经营合同中的部分条款失去合法性基础
项目唯一风险	政府违约自建或者批准其他投资者在临近区域新建了一个竞争项目
第三方反对风险	项目收费超过公众预期或选址不合理，导致社会公众等第三方反对
项目违法风险	特许经营者违法运行，造成环境损害和公众利益损失
生产技术风险	投资者经验不足，选用技术不合理
环境安全风险	项目设计规划或操作失误造成环境污染等负外部效应
政府监管风险	地方政府监管不到位
原料供应风险	供应商供应不及时或者原材料质量不过关

由表 5 – 4 可以看出，虽然中国城市公用事业 PPP 项目的风险因素复杂多样，但部分风险因素产生的制度背景或外部环境却有一定的相似性：

第一，从宏观层面看，中国城市公用事业公私合作制的发展与改革开放，尤其是与中国城市化发展的历史背景密切相连。改革开放以来，中国经济社会体制改革的重点逐步由农村转向城市，并逐渐确立了"城市导向"的发展模式，城镇人口迅速增加，建成区面积初步扩大。在这种背景下，传统公共财政支持的城市公用事业投资、建设和管理体制受到极大挑战。20 世纪 90 年代以来，在经济发达国家的示范作用下，公私合作制作为一种新型的城市公共服务供给模式逐步在中国得到应用和推广。早期的 PPP 项目多采用 BOT 模式，由于这种模式需要私人投资建设和运营，并在一定的经营期内回收投资成本和获得收益，因此具有较高的融资成本（Yescombe，2011）。但中国作为一个由计划经济逐步向市场经济转型的发展中国家，对 PPP 项目的认识程度、实践经验和管理能力也较为有限，而经验丰富的境外投资者利用地方政府急于招商引资，发展经济的迫切心情，在公私合作的合同中设置了大量不合理的条款，如过高的固定投资回报、过高的收费标准、较长的特许经营期等。这些问题的根源在于政府决策能力不足、监管能力有限，而不合理的合同条款又造成项目执行困难，并进一步引发政府征用风险、政策法规风险和法律冲突风险。

第二，从 PPP 项目所处的市场环境看，部分风险因素的发生与城市公用事业的技术特点密切相关。城市公用事业具有自然垄断特性，为了获得规模经济特征，城市供水、管道燃气和污水处理等网络型产业大多根据可分割性和可模块化的原则，选择非垄断性的生产环节作为公私合作的领域。但从技术角度看，城市公用事业是一个门类众多、技术复杂的行业，各个环节前向、后向和纵向关联程度极高，因此，PPP 项目的开展不仅取决于自身的建设进度，也受制于其上下游环节的配套跟进和服务对接状况，这些环节一旦出现问题，就容易引发原料供应风险、第三方延误风险和配套不足风险。而对于桥梁、隧道等城市交通领域的 PPP 项目而言，桥梁、隧道等基础设施的修建实质上在一定的区域内构建了城市交通的物理网络，为保证其顺利运行，一个基本的前提就是按照自然垄断性的要求，在特定期限内进行排他性经营，否则就会因竞争项目的出现，出现经营风险（即项目唯一风险）。另外，由于城市公用事业涉及国计民生，一旦出现问题也容易遭致社会公众等第三方反对，对项目运行造成威胁。

第三，在特定制度背景和行业特征下，PPP 项目运行必然会出现部分风险因素。如生产技术风险的表面原因在于投资者选用技术不合理，但其深层次原因则是投资者经验不足，或市场环境不完善。再如，环境安全风险被定义为环境污染、安全威胁等外部性影响，其原因多是 PPP 项目规划设计阶段选址不合理，或者 PPP 运营阶段政府监管不足。项目执行风险既可由特许经营合同设计不合理引起，也可能来源于生产技术风险。项目违法风险虽然在语义上昭示了风险的实施主体，但作为社会公众利益的代表者，如果政府监管到位，诸如青岛威立雅污水排放事件也可有效避免。而政府征用作为PPP项目终止的标志，显然也是多种风险因素的必然结果。

二 不同层级风险的归责

哈斯塔克（Hastak，2000）、Wang（2004）和周和平（2014）等学者指出，PPP项目的风险因素可归纳为国家级风险、市场级风险和项目级风险（见图5-1），并且具有层级关联特征。其中国家级风险是指某一国家或地区特定制度背景和宏观环境潜在的风险，如经济转型和社会转轨过程中，政策法律的完善程度与执行力度、政府决策能力与约束机制、政府监管体系及其运行等蕴含的风险因素。从影响程度上看，国家级风险因素是公私合作制的根源性风险因素，不仅能够引发其他可能风险因素，而且可通过执行法律直接决定项目能否开展和持续。市场级风险是指在特定制度背景下，因项目经营主体或诸如原料供应商等其他利益相关人行为，造成PPP

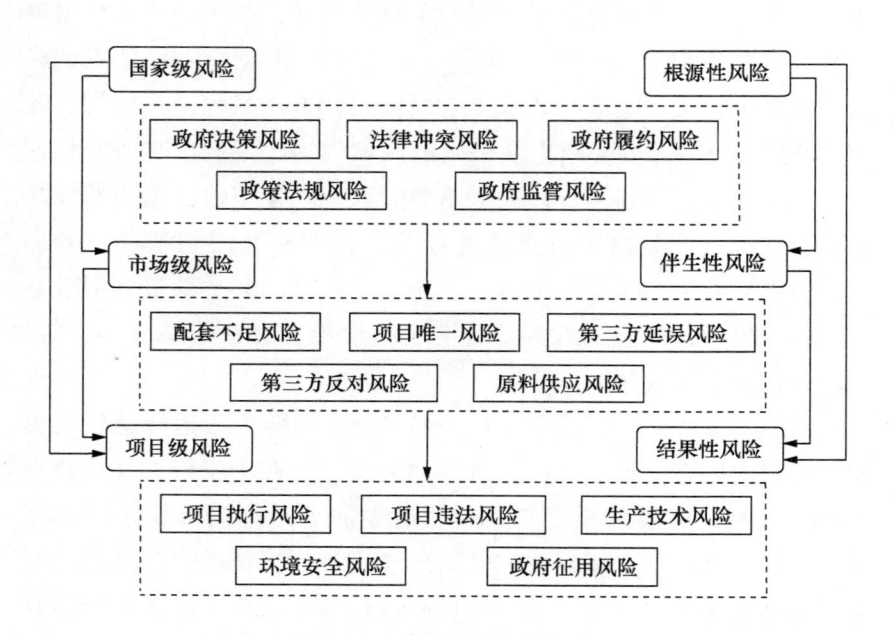

图5-1 典型PPP案例风险因素层级归纳

项目建设与运营偏离预设目标,直接导致 PPP 项目运营成本和收益的变化。市场级风险一般由国家级风险引发,因此可以看作是国家级风险的伴生性风险。这类风险虽然会改变 PPP 项目的成本—收益对比,但一般不会导致项目的终止。项目级风险是指某一特定 PPP 项目运行中可能潜在的风险因素。项目级风险因素既可由国家级风险引发,也可能伴随市场级风险暴露。由于项目级风险一旦发生,就会直接导致项目终止,因此是一种结果性风险。尽管这种基于相似制度环境或外部环境的层级划分并不等同于风险因素之间的因果关系,但从整体上看,对于深刻理解某些风险因素的起源,明确风险管理的优先顺序,确立风险因素的责任归属却具有重要的启示作用。

根据表 5-4 对风险起源的分析,以及图 5-1 风险层级的归纳,可以发现国家级或根源性的风险大多可归责于地方政府。其中政府决策风险、政府履约风险和政府监管风险仅从其字面意义便可看出,其实施主体和来源均可归结于地方政府。法律冲突风险是指在相关法律法规已经明示的条件下,地方政府和私人部门签订特许经营合同时仍然违背法律条款或法定程序,对 PPP 项目的合法性造成冲击。虽然从市场层面看,政府和私人部门作为签订合同的平等主体,均应遵守法律规定。但在城市公用事业 PPP 项目中,政府部门作为公私合作制的发起人,实质上主导着特许经营合同的框架设计,并对相关条款具有最终解释权。在这种情况下,特许经营合同的条款仍然违反法律规定和法定程序,责任主要应归结于地方政府部门。政策法规风险的起因较为复杂,泛指政府公共部门与私人部门签订特许经营合同后,因更高层级的法律法规变化导致合同条款的合法性遭到动摇,给项目执行带来困难。虽然按照归责机制,可将这类风险的实施主体界定为更改政策法规的部门,但从合约角度看,变更政策法规的政府部门并未与特许经营合同双方建立契约关系,因此难以向其主张权利。因此,在实质上,政策法规风险类似于不可抗力,对 PPP 项目的公私双方而言,其归责对象并不明确。上述分析说明,公私合作制虽然意味着政府公共部门向私人部门让渡了部分城市公用事业运营的权力，同时将运营过程中的风险转移至私人部门，但并不意味着采用PPP模式就是要把尽量多的风险都转移至私人部门。由于中国公私合作制运行的制度环境尚不完善，为保证PPP项目的顺利运行，政府公共部门应根据归责机制和风险可控原则，主动承担由于法律制度不完善和自身行为过失可能引发的各种风险。

市场级风险的归责主体多为与PPP项目建设、运营相关的第三方。其中原料供应风险是由PPP项目生产过程中原料供应的不及时，或者原料的质量标准不符合生产技术特点而引起的成本—收益偏差，其归责主体应为原料供应方。但需要注意的是，原料供应方是一个综合性的主体概念，其责任归属需要根据原料供应的承担主体具体确定，既可以是私人部门，又可能是政府公共部门，还可能是第三方部门，因此其归责主体并不明确。类似地，配套不足风险与城市公用事业复杂的产业链相关，因此其归责主体也具有模糊性特征。相对而言，项目唯一风险和第三方延误风险的责任主体相对单一，前者在于PPP项目独占经营的市场格局因政府违约发生变化，后者是由特许经营合同之外第三方的过失行为引发，因此其归责主体分别为地方政府和第三方。在市场级风险中，第三方反对风险通常因PPP项目损害社会公众等第三方利益引发，但从风险可控角度看，无论是政府公共部门还是私人部门，对此类风险都没有充足的信息和防范措施，因此其归责主体也存在模糊性。

项目级风险作为一种结果性风险，其本身难以构成一个独立起源的风险事件，而一般由多种市场级或国家级风险引发，因此造成其归责主体的模糊性。如项目执行风险和环境安全风险，既可以由公私双方的非合作或违约行为引发，也可能与政策环境的变化密切相关。政府征用风险的行为主体虽是地方政府或中央政府，但征用的原因既可能是项目本身的合同条款违背法律法规要求和程序，也可能是私人部门的过失行为危及环境安全和社会公众利益而遭致法律清算，还可能由地方政府违约造成，因此该风险的具体归责对象并不明确。相对上述风险而言，项目违法风险由项目公司违法行为引起，生产技术风险起因于投资者选用技术失当，因此这两类风险的归责主体均为私人部门。

三 风险分担及其层级关联

由不同层级风险的归责分析可以看出，公私部门承担的风险具有明显的聚集特征，且与特定层级的风险密切相连（见图5-2）。

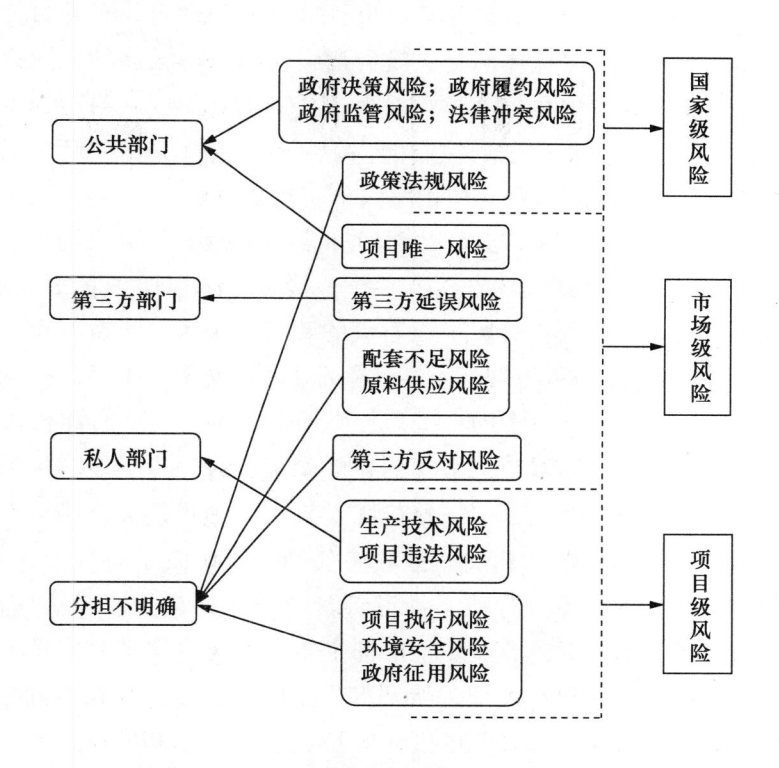

```
公共部门 ──→ 政府决策风险；政府履约风险    ┐
            政府监管风险；法律冲突风险     │  国家级风险
                                         │
            政策法规风险                  ┘

            项目唯一风险                  ┐
第三方部门 ──→ 第三方延误风险              │
                                         │  市场级风险
            配套不足风险                  │
            原料供应风险                  ┘

私人部门 ──→ 第三方反对风险

            生产技术风险                  ┐
            项目违法风险                  │
分担不明确 ──→                            │  项目级风险
            项目执行风险                  │
            环境安全风险                  │
            政府征用风险                  ┘
```

图5-2 公私合作风险的层级关联

由图5-2可以看出，归属不同经济主体的风险在其层级分布上，呈现出明显的聚类特征。在本书列示的15个PPP项目的风险因素中，根据归责机制，由政府公共部门承担的风险总共有5个，其中有4个属于国家级风险。项目唯一风险虽属于市场级风险，但从其风险起源看，也是由政府履约风险而导致的PPP项目市场竞争格局发生变化，由此也说明，国家级风险属于根源性的风险，具有明显的诱发机制。从风险可控性角度看，相对于私人部门，政府对国家级风险的控制力也更强。

在所有 PPP 项目的风险因素中，由私人部门承担的风险仅为两个，分别为项目违法风险和生产技术风险，且均属于项目级风险。这是因为在公私合作制下，城市公用事业项目由各方组成的项目公司负责 PPP 项目的运营，虽然政府也可能以参与者身份在项目公司中承担部分职能，但总体而言，投资建设城市公用设施的私人投资者在项目公司中占据主导地位，对生产技术的选用、项目运作的流程具有最终决策权和较强的控制能力。从这一角度看，PPP 项目运行中相对独立的风险事件，应由私人部门承担。

需要注意的是，除了由公共部门和私人部门承担的风险外，无法确定分担对象的风险因素共有 7 个，接近全部风险数量的半数。从风险层级上看，既有归属于国家级的政策法规风险，也有市场级的原料供应和配套不足风险、第三方反对风险，还有项目级的项目执行风险、环境安全风险和政府征用风险，呈现一定的随机性特征，但从其构成主体看，又呈现明显的聚集特征，市场级和项目级风险占据其中的大多数。这一分布特点与 PPP 项目的制度构成与不同层级的风险属性密切相关。由城市公用事业的技术特征所决定，PPP 模式除了公共部门与私人投资者参与外，还包括原料供应商、项目承建者、项目运营者等多个市场主体，这就决定了 PPP 项目的制度构成包含多种契约类型，涉及多元主体的利益。而在不确定的市场环境下，风险因素具有随机性的特点，存在于 PPP 项目利益网络中任意节点，加之风险因素具有传染效应和诱发机制，因此，对于市场级风险而言，多数情况下并不能充分界定归责对象。

相对于国家级和市场级风险而言，项目级风险虽然也有一定的传染效应，但这种效应的波及范围一般仅限于项目过程中，如生产技术风险可能导致项目执行困难，但通常意义上并不会引发国家级和市场级风险。同时，项目级风险一旦发生，就有可能造成项目停滞或终止。由以上两点可以看出，项目级风险属于结果性风险，这就意味着这类风险一般是由其他风险引发；而且在多数情况下，

PPP项目某一结果的发生，可能有多个风险来源。如政府征用风险的暴露代表着PPP项目的终结，因此是典型意义上的结果性风险。但从其风险起源看，政府决策失误、政府履约不足、社会公众反对、项目公司违法和环境安全问题均可能导致政府征用风险。因此，项目级风险的一果多因特征，造成其责任的模糊性，因而难以根据归责机制确定某一风险的承担主体。

第三节 城市公用事业公私合作制归责不明确风险的共担机制

城市公用事业公私合作风险分担机制的核心在于，根据风险可控、风险偏好、交易成本原则，确定特定风险的归责主体（程连于，2009）。从前文分析可知，一些风险具有内部不可分割的特征，比如对于城市公用设施建设和运营中的风险，通常由承担建设和运营的市场主体承担。如果将此类风险分割、由不同主体承担，不仅人为增加了风险防范的交易成本、降低防范效果，而且在风险暴露时，难以根据归责机制确定风险承担主体。因此，这类风险适合分担给公共部门或私人部门单独承担。除此之外，由城市公用事业的技术特征、PPP项目的复杂性所决定，城市公用事业PPP项目中还有部分风险难以在公私部门间根据归责机制进行配置，从而对PPP项目的建设和运营提出了挑战，对于这类风险一般倾向于公私双方共担。通过一定的方法，明确归责不明确风险在公私部门间的分配比例及其必备条件，对于建立完善的风险分担机制十分重要。这将构成本部分的主要研究内容。

一 归责不明确风险的主要特征

总体来看，归责不明确的风险泛指难以通过归责机制确定风险起因，进而明确风险承担主体的一类风险。在城市公用事业领域，此类风险除了具备发生随机性、来源广泛性等共同特点外，还具备以下与城市公用事业技术特征、PPP项目复杂性等相关的特征：

第一，从可控性角度看，公私双方对此类风险均不能完全独立控制。风险可控是风险管理和风险归责的首要原则，是指在信息优势下，某一市场主体通过一系列措施，能对特定风险进行有效的事前识别和预测，进而防范风险的发生或减少风险发生后的损失。如在相关法律法规已经明示的前提下，公共部门对于特许经营条款的合法性都具有完全独立的控制能力，一旦因违背法律法规规定而发生法律冲突风险，公共部门就需承担相应的损失。然而由于风险因素发生的随机性和来源的广泛性，某些风险并非由公私双方的过错行为直接引发，其责任主体往往是难以归责的社会公众或中央政府。例如在城市垃圾焚烧发电 PPP 项目中，由于垃圾散发臭味、垃圾渗液污染环境等经常引起公众反对，造成项目暂停或延缓。对于公共部门与私人部门而言，社会公众反对类似于不可抗力，公私双方均难以对此进行预测和防范。再如，由于国务院办公厅下发《关于妥善处理现有保证外方投资固定回报项目有关问题的通知》，诸如上海大场水厂等一批固定资产回报项目遭到清算，对于地方政府和私人投资者而言，政策法规变化属于外生性事件，双方不仅难以进行有效控制与防范，更不可能将中央政府作为归责主体而向其主张权利，因而容易引起风险分担的纠纷。

第二，从风险起源看，公私双方对此类风险的发生都有部分过失。归责机制的关键是通过对风险事件的还原，明晰风险发生的起因，以此确定特定风险的承担主体。然而，从风险起因上看，公私双方对于某些风险事件的发生均负有部分过失责任。如项目执行风险是指因项目执行的成本—收益匹配失当造成项目停建或延期的风险。从风险起源上看，项目执行风险通常由特许经营合同条款设计不当引起。在早期的城市供水 PPP 项目中，特许经营合同条款通常围绕"最低购买量"和"最低购买价"展开，这种条款一方面体现了政府吸引私人资本投资建设的强烈意愿，另一方面也反映出私人资本逐利的动机，其实质是由政府承担全部风险，给项目执行埋下隐患。由以上分析可知，公私双方在特许经营合同中均未有效遵守风险和收益匹配的基本市场法则。再者，垃圾焚烧发电、城市污水处理等城市服务以城市生产生活废弃物为投入品，这些物品具有典型的负外部性特征，一旦处置不当，就容易引发环境安全事件。从本书案例看，环境安全事件的发生，从表面上看，是由于私人投资者选址不当或生产过程违规引起，但政府公共部门未能有效地进行事前规制，也是此类事件发生的重要原因，因此，诸如上述风险事件一旦发生，公私双方均应为其决策偏差承担相应后果。

第三，从影响范围看，风险事件的发生对公私双方均有明显的负面效应。在中国城市公用事业 PPP 项目中，由于多数项目采用的是 BOT 标准模式，私人投资者须负责项目的融资、建设、运营和维护等任务，因此，多数风险的直接影响对象都是私人投资者。但对于规则不明确的风险而言，其风险事件的发生对公私双方均有明显的负面效应：一方面此类风险事件发生会进一步导致其他风险事件的发生，甚至造成政府征用，使私人投资者蒙受较大损失；另一方面，公共部门对此类事件的处理不当，也会对政府公信力造成巨大损害，甚至引发群体性事件。比如在广东廉江水务项目中，双方在 2001 年签订了以固定投资回报为基准的合约，给项目执行带来隐患。后来中央政府清理固定投资回报项目，公私双方进行了长达 10 年谈判，最终私人投资建设的水厂以亏损 4000 万元的代价转让给当地国有企业，而廉江市政府也背上了"不诚信"和"破坏投资环境"的骂名，一定程度上阻碍了其他私人投资者进入当地市场，对城市公用事业公私合作制的持续发展造成了负面影响。

正是具有以上特征，因此在城市公用事业领域，归责不明确的风险在实践中通常采用双方共担的模式。但在风险事件发生的情况下，按照归责机制将难以确定责任主体，容易引发公私双方风险分担纠纷。对由计划经济向市场经济过渡的经济转型国家而言，城市公用事业长期采取由政府提供财政补贴，以保障国有企业主导经营的形式，私人部门的进入改变了市场竞争格局，更易引发风险分担纠纷（Medda，2007）。由于城市公用事业建设投资具有资产专用性特征，一旦发生纠纷造成项目建设停滞，私人部门将蒙受巨大损失。

二 风险共担的最终要约仲裁机制

欧盟（2003）《成功实施公私合作制操作指南》提出，公私合作制中的风险分担应该按照可控性和最低成本的原则进行分配，即对于特定风险而言，由最有能力或能以最低成本控制该风险的一方承担。但在实践中，依照这两条原则往往难以归结为同一个风险承担主体。具体而言，最有能力掌控风险的一方可能并不是以最小成本承担该风险的部门。对于归责不明确的风险而言，由于公私双方都难以独立地控制某些特定风险，且风险成本难以度量，难以按照欧盟的原则进行分担。因此公私合作制的风险分担，尤其是归责不明确风险的分担，难以按照常规原则和思路来进行。

从成本—收益的视角看，PPP 项目风险分配的目的，是通过借助公私双方对特定风险的管控优势，更有效实现各自的成本—收益匹配。在风险分配的理想模式下，公私双方通过风险转移和管控，能够将风险治理的交易成本降至最低。而不合理的风险分配方案则使公私双方风险治理的交易成本偏高，进一步导致 PPP 项目的融资成本和公共产品收费水平的提升。在风险事件发生的情况下，双方势必会对最初的风险分配方案进行协商谈判。但是，在通常情况下，城市公用事业 PPP 项目谈判过程是一个耗时费力的过程，谈判期间 PPP 项目的生产停滞不仅加速了固定资产设备的折旧，也对城市公用产品的供给造成重大影响，因此并不是一种经济的方式。①当然，谈判失败后也可通过法律途径解决，但以法律强制力的方式解决纠纷，不仅交易成本较高，而且也一定程度上损害了双方继续合作的信任基础，因此，在各种纠纷解决机制中，法律诉讼一般都是最后选项。而仲裁机制作为一种更快捷、更经济和更温和解决纠纷的处理方法，应用领域越发广泛（Bernstein，1993）。

最终要约仲裁（The Final Offer Arbitration，FOA）是解决双边纠纷的一种典型机制，是指纠纷双方在谈判解决无果的前提下，将纠

---

① 例如，广东廉江供水项目，公私双方围绕政府征用价格，进行了长达 10 年的谈判，期间投资过亿的现代化水厂始终处于停产状态。

纷事件交由一个谈判双方之外的第三人，此时第三方便可成为仲裁人。为了达成双方一致的仲裁方案，纠纷双方需各自独立地向仲裁人提供一份纠纷的最终解决方案，仲裁人从中选择一份他认为更加合理的方案作为纠纷双方的最终定约，其中，纠纷双方提交的最终方案也被称为其各自的期望定约（Farber，1980）。这样，纠纷双方的期望定约博弈将决定最终定约的选择。在 FOA 机制下，纠纷双方都有激励针对自己的特点提供合理的最终方案，以期望被仲裁人选中为最终定约，从而在信息不完全的情况下，有效约束纠纷双方的机会主义行为。

由于归责主体不明确，某些风险需要公共部门和私人部门共担。在实践中，为了维持双方合作的局面，公私双方一般都持风险厌恶态度，但是对特定风险的厌恶程度存在差异，即总有一个部门更加厌恶风险。比如，对于政府征用风险，公共部门显然比私人部门更容易应对此类风险，因此，公共部门属于轻度厌恶风险的一方。根据风险可控性原则，轻度厌恶风险的一方更有能力掌控风险，对风险具备更高的承受力。然而事实上，即使是轻度厌恶风险部门，也总是寻求转移一部分风险给重度厌恶风险部门分担，以避免独自承担风险的损失（Li Bing，2005）。但是，为了让重度厌恶风险部门承担一部分风险，轻度厌恶风险部门在转移风险的同时会付给对方一笔保证金，以激励其共担风险。然而，一方面轻度厌恶风险部门寻求提供最少的保证金来节省费用，另一方面重度厌恶风险部门会寻求得到尽可能多的保证金来减少回报的不确定性，当以上矛盾难以协商解决时，纠纷就会出现，就需要引入 FOA 机制。

三 归责不明确风险分担的博弈分析

为了便于叙述和表达清晰，本书将以政府征用风险为例对归责不明确的风险分担进行分析。在模型设计上，本书借鉴了梅达（Medda，2007）的研究框架，但与其不同的是，本书并没有将风险视为离散变量，而将其视为整个项目生命周期内的连续变量，以便使公私部门围绕特定风险报价的博弈过程更加清晰。根据前文对公共部门（G）和私人部门（P）风险偏好的假定，FOA 的实施程序

如下:

首先,公私部门需要对政府征用风险分担进行估价。对于公共部门而言,这一估价相当于其转出一定比例风险的出价(y_g),代表着风险转移后的成本节省;而对于私人部门而言,则相当于承接同样比例风险的要价(y_p),代表着私人部门承接风险的耗费。在FOA机制下,无论是公共部门的出价,还是私人部门的要价,都被称为要约,并且都是风险转移比例的函数,即转移的风险比例越大,要约值越大。

其次,仲裁人通过考察已经认定一个合理的定约值 a,这个公平值仅与双方谈判的外部环境有关,但与双方行为无关。换言之,a 是公私双方行为的外生变量,双方都不知道的值,而仅知道是一个概率密度即为 $f(x)$ 的随机变量。仲裁的规则是仲裁人选择双方最终报价中接近于公正值的为最终定约(y_f)。

需要说明的时,y_f 是介于私人部门最低出价和公共部门最高出价之间的连续变量。仲裁机制是在公私双方协商谈判失败后进行的,假定协商谈判失败时,公共部门对于转移风险的最高出价为 y_g^*,私人部门对于承接风险的最低要价为 y_p^*,则必有 $y_g^* < y_p^*$,否则协商谈判就成功,无须仲裁人介入。因此,仲裁人应保证最终定约(y_f)落在 $[y_g^*, y_p^*]$ 区间上。若落在这一区间左侧,则对私人部门来说还不如在协商谈判时接受 y_g^* 为定约;若落在区间右侧,则对公共部门来说还不如在协商谈判时接受 y_p^* 为定约。对于 $y_g^* \leq y_g \leq y_p \leq y_p^*$,有:

$$|y_g - y_f| \leq |y_p - y_f| \qquad y_f \in [y_g^*, (y_g + y_p)/2] \qquad (5-1)$$

$$|y_g - y_f| \geq |y_p - y_f| \qquad y_f \in [(y_g + y_p)/2, y_p^*] \qquad (5-2)$$

根据可行区间的定义和仲裁规则,式(5-1)表示公共部门的出价被仲裁人选为最终定约,式(5-2)表示私人部门的要价被仲裁人选为最终定约,于是最终仲裁值的期望为:

$$E(y_g, y_p) = y_g \int_{y_g^*}^{\frac{y_g+y_p}{2}} f(x)\,dx + y_p \int_{\frac{y_g+y_p}{2}}^{y_p^*} f(x)\,dx \qquad (5-3)$$

作为政府征用风险转移的出价人,公共部门追求最终仲裁期望值的最小化，因此选择的 y_g 须满足：

$$\min_{\forall y_g} \max_{\forall y_p} E(y_g, y_p) = \min_{\forall m}[y_g + \max_{\forall y_p}(y_p - y_g)] \int_{\frac{y_g+y_p}{2}}^{y_p^*} f(x) \mathrm{d}x$$
(5-4)

而作为风险承接的要价人，私人部门追求最终仲裁期望值的最大化，因此选择的 y_p 须满足：

$$\max_{\forall y_p} \min_{\forall y_g} E(y_g, y_p) = \max_{\forall y_p}[y_g + \min_{\forall y_p}(y_g - y_p)] \int_{y_g^*}^{\frac{y_g+y_p}{2}} f(x) \mathrm{d}x$$
(5-5)

由于 $f(x)$ 在 $[y_g^*, y_p^*]$ 上连续，则式（5-4）和式（5-5）所描述的最优化问题可通过极值理论进一步描述为：

$$\begin{cases} \left[(y_p - \overline{y}_g) \int_{\frac{y_p+\overline{y}_g}{2}}^{y_p^*} f(x) \mathrm{d}x\right]'_{y_p} = 0 \\ \left[(y_g - \overline{y}_p) \int_{y_g^*}^{\frac{y_p+\overline{y}_g}{2}} f(x) \mathrm{d}x\right]'_{y_g} = 0 \end{cases}$$
(5-6)

求解式（5-6），可得：

$$\int_{\frac{\overline{y}_p+\overline{y}_g}{2}}^{y_p^*} f(x) \mathrm{d}x = \int_{y_g^*}^{\frac{\overline{y}_p+\overline{y}_g}{2}} f(x) \mathrm{d}x = \frac{\overline{y}_p - \overline{y}_g}{2} f\left(\frac{\overline{y}_p + \overline{y}_g}{2}\right) \quad (5-7)$$

由 $f(x)$ 及其积分的定义易知，对于任意的 $x \in [y_g^*, y_p^*]$，均有：

$$\int_{y_g^*}^{x} f(x) \mathrm{d}x + \int_{x}^{y_p^*} f(x) \mathrm{d}x = 1$$
(5-8)

那么，也必然存在 $x = q \in [y_g^*, y_p^*]$，可将 $x = y_g^*$，$x = y_p^*$，$f(x)$ 及其与 x 轴围成的区域平分为两部分，此时：

$$\int_{y_g^*}^{q} f(x) \mathrm{d}x + \int_{q}^{y_p^*} f(x) \mathrm{d}x = \frac{1}{2}$$
(5-9)

若令 $\overline{y}_g$ 与 $\overline{y}_p$ 关于 $x = q$ 对称，则 $\overline{y}_g + \overline{y}_p = 2q$，于是得到：

$$\frac{\overline{y}_p - \overline{y}_g}{2} f\left(\frac{\overline{y}_p + \overline{y}_g}{2}\right) = \frac{1}{2}$$
(5-10)

进一步求解式（5-10），可以得公私双方的期望定约均衡

$(\bar{y}_g, \bar{y}_p)$ 为:

$$\begin{cases} \bar{y}_g = q - \dfrac{1}{2f(q)} \\ \bar{y}_p = q + \dfrac{1}{2f(q)} \end{cases} \quad (5-11)$$

上述均衡结果表明，在 FOA 机制下，公私双方期望定约均衡仅取决于仲裁者公正值的概率密度函数 $f(x)$，而与公私双方的出价和要价无关。在这种情况下，公私双方若要使自己的期望定约被选中为最终定约，就必须准确地估算 $f(x)$，而不是试图获取对方的风险承接/转移价格。如此一来，公私双方围绕风险转移出价和风险承接要价的博弈过程，实质上就成为双方以 $f(x)$ 为基准不断趋向均衡的过程，在此过程中，公私双方就特定风险分担比例的分歧逐渐弱化，而这也正是公私合作制风险分担的本质所在。

第六章 城市公用事业公私合作制的收益分配机制

公私合作制本质上是一系列契约关系的组合,这些契约把不同的市场主体连接起来,为城市公用事业的建设、运营和管理配置资源(陈帆,2010)。公私合作制组织存在的根本原因,在于各个市场主体通过契约关系参与合作的剩余,应超过各自保留要素的收益。但在利益最大化动机驱使下,公私合作制中的契约主体可能趋向于非合作博弈,使城市公用事业的运行陷入困境。摆脱这一困境的关键则在于构筑有效的收益分配机制,实现合作各方由非合作博弈向合作博弈的转变。

第一节 城市公用事业公私合作制的契约关系分析

在公私合作制下,私人部门参与城市公用事业的建设、运营和管理,必然会打破公有企业垄断公共产品生产与供给的市场结构。从组织治理角度看,这一变化将促使城市公用事业的生产和管理模式从传统的独家企业主导,转向不同性质企业联合生产与管理的模式。相应地,城市公用事业项目的治理形式也由企业内部治理变为不同企业间的契约关系治理。而在公私合作制下,合作剩余的创造尤其是分配是维持契约关系的关键所在(Ménard,2004)。

一 公私合作制的契约属性

作为一种典型的混合生产组织形式,公私合作制的本质属性可由企业的性质推演。科斯以前的新古典理论，仅把企业视为一个由技术因素决定的生产函数，这一观点因忽视企业内部的组织和激励问题，被科斯称为"黑箱"。为了有效地解释企业的本质属性，科斯创造性地引入了交易成本的概念，提出企业作为市场交易机制的有效替代，能够借助契约关系的连接，将市场交易成本内部化，从而减少交易摩擦。由此，企业行为被视为不同利益主体相互博弈产生的均衡结果（Coase，1937）。此后，威廉姆森（1976）、克莱因（Klein，1978）、格罗斯曼和哈特（Grossman and Hart，1986）等学者分别从资产专用性、不完全合约和纵向一体化视角阐述了企业的性质。尽管这些观点存在一定差别，但均将企业视为一种契约关系的组合。

作为多种所有制性质企业间的一种组织安排，公私合作制本质上也是一系列契约关系的组合。与单个企业组织不同，公私合作制是不同利益主体在契约连接下形成的一个具有团队生产性质的组织系统。具体而言，就是公私部门围绕城市公用事业的建设、运营和管理，基于自身的比较优势，让渡自身的部分生产要素，在契约关系下对这些要素进行重新配置，推动项目更具效率地运转。作为让渡要素的补偿，参与公私合作制的各方必然要求对合作剩余进行分配。从这个角度出发，公私合作制也可视为要素所有者创造和分配合作剩余的一种契约安排。

把公私合作制视为不同利益主体结成的一组契约，反映了这一组织形式与市场及企业的共性。但正如本书所揭示的那样，作为一种介于市场和企业之间的混合组织形式，公私合作制的契约属性有其特殊之处。城市公用事业具有投资数额大、建设周期长、投资见效慢、技术工艺复杂、设计专业面宽等特点，这一特性决定了单一主体难以独自承担项目建设、运行、管理等全部环节的主要任务，即使可以独自承担，出于分散风险的考虑，通常情况下，也会吸引其他部门共同参与。为保障城市公用事业PPP项目的有效运转，必须采取不同于市场和企业的治理形式。一般而言，企业更多地依靠科层制组织，进行商品或服务的生产，而市场交易则以价格信号为

"指挥棒",在不同的市场主体间配置资源。而公私合作制下的组织系统不仅具有生产功能,提供产品和服务,同时还具有资源配置和收益分配的功能。在治理形式上,公私合作制组织既要通过价格机制配置资源,又要建立威权结构维持组织的稳定性。以上两方面体现了公私合作制的"混合"性质。借助梅纳德(2000)对契约特性的四维分析框架,可进一步分析公私合作制契约的特殊性。

  首先,从存续时间看,公私合作制契约虽不及企业契约,但比一般的市场契约存续时间长,且具有明显的周期性特点。存续时间之所以重要,是因为契约期限越长,契约主体面临各种不确定性和风险的概率就越高。但在城市公用事业领域,契约周期性所造成的不确定性会因项目固有的特征得以减弱:一方面,公共需求的稳定性和长期性为建立稳定的合作关系奠定了基础;另一方面,通过构建适宜的风险分担机制也可有效抵御各种风险因素的冲击。这样,就可确保城市公用事业 PPP 项目具有类似于公司契约长期性的特点。

  其次,从契约的完全程度看,由城市公用事业特性所决定,城市公用事业 PPP 项目契约的不完全程度较之市场更高。第一,多数城市公用事业 PPP 项目的契约都在 20 年以上,少数项目可达到 30 年甚至更长时间,因此难以对未来可能发生的各种事件提前预见。第二,城市公用事业本身具有的资产专用性特征,从而使项目运行后可能面临机会主义行为。第三,城市公用事业 PPP 项目通常都涉及至少两层委托—代理关系,其所表现出来的不确定性更为突出。

  再次,从契约的激励程度看,公私合作制契约的激励效应介于市场和企业之间。契约的激励程度与组织的治理形式密切相关:在市场机制下,由于价格信号反映了供需双方的偏好,信息更为完全,激励程度也就更高;而在企业治理下,更多依靠科层制的控制—命令形式,激励程度相对较弱。而公私合作制组织的运行既需要依靠市场机制配置资源,也要借助一定程度的控制—命令模式维护组织的稳定性,其实质是融合了市场和科层制两种治理形式的功能,因此在激励程度上,公私合作制契约虽不及市场机制,却优于企业契约。从另一个角度看，这种特征也使公私合作制契约比市场机制更具制度化，同时也比公司契约更具有弹性。

最后，从契约的实施方式看，公私合作制契约融合了企业的自我履行机制和市场契约的第三方调解机制。由契约的组织形式所决定，企业作为一个独立的法人，其契约的执行多数依靠企业内部制度和科层机构。而市场契约作为不同主体之间的交易形式，其履行多要借助第三方的力量，如第三方裁决机制等。相比之下，作为一种融合市场与企业治理机制的混合组织形式，公私合作制契约既需要依靠自我履行机制执行协议，在某些环节也需要第三方仲裁或执行机制作为补充。

在以上四个维度中，契约的存续时间和完全程度是根本性的衡量尺度。一般而言，契约的存续时间越长，契约主体面临的不确定性风险也就越高，契约的完全程度也就越差，强激励机制的适用性就越低，从而在契约实施形式上也就更依赖自我履行机制；反之亦然。同时，上述四个维度所体现的特征越明显，市场主体就越倾向于建立基于信任的合作关系。在这种情况下，公私合作剩余能否合理分配，对于维系各契约主体之间的信任关系和合作的稳定性就至关重要。

二 公私合作制契约关系分类

在契约关系模式下，城市公用事业 PPP 项目能否顺利运行，关键在于能否借助契约关系，汲取各方优势建立互补性的合作关系。换言之，即基于特定的城市公用事业项目，通过融资契约、支付契约等缔约安排实现项目收益的合理分配，从而激励各方更有效率地提供公共产品。但公私合作制契约涉及多层委托—代理关系，对这些关系进行合理分类与定位，对于把握公私合作收益分配的重点具有指导性作用。

公私合作制，从其字面看包含公共部门与私人部门两大主体，但在实践中，由于城市公用事业建设、运营和管理的专业性和复杂性，公私部门尤其是私人部门一方往往又包含更为细致的分类，从而构成了公私合作制的多元参与主体。在合作契约下，每个主体都会通过让渡部分物质资本和人力资本，与利益相对者缔结相应的契约，以最大化自己的收益。由此，围绕特定城市公用事业项目，不同利益主体形成了一张契约关系网。尽管这些契约关系的性质存在一定差异，但总体上可以分为四类：一是城市公共部门与私人投资者缔结的特许经营契约；二是私人部门为项目公司提供的融资契约；三是项目公司与各类承包商缔结的工程契约，包括工程设计、施工、监理供应等，以及为推动PPP项目有效运行而与运营商订立的各种管理契约；四是为PPP项目公司提供各种保障性金融服务、与银行部门和保险公司签订的贷款和担保契约（见图6-1）。由此，城市公用事业PPP项目的建设、运营和管理过程是一个多元产权主体相互博弈的过程。

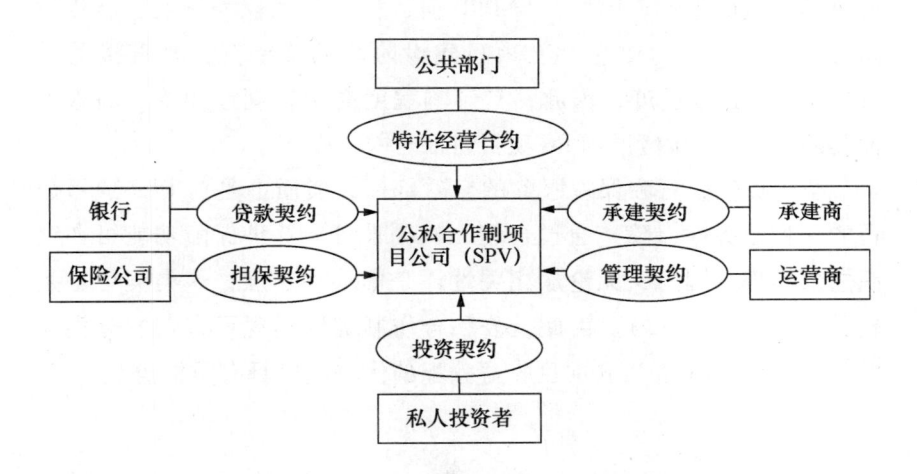

图6-1 公私合作制契约关系示意

在公私合作制契约关系中，各主体的行为会受到两方面的影响：一方面受自身利益最大化的驱动，另一方面也受追求利益时各种约束条件的影响，这就使得每一个契约主体与其利益相关者的关系错综复杂。而在资源有限的情况下，合作收益的创造与分配不仅需要处理好这些利益关系，更需要把握矛盾的主要方面，以合理的分析框架确立利益关系的优先次序。所谓的矛盾主要方面，一方面是指特定契约主体之间的关系对PPP项目运行的影响力,另一方面指契约主体利益与PPP项目的相关程度。从这两个方面出发,公私合作制四类契约关系的地位存在明显差异:公共部门的特许经营契约和私人部门的融资契约是PPP项目公司成立的基础,同时受资产专用性的影响。公私合作制的运行对这两类契约的影响极为重要,因此居于核心地位。需要注意的是,由于特许经营契约一般包含了对私人投资方式和数量的规定,因此私人投资契约本身可作为特许经营契约的重要组成形式。

各种工程契约对PPP项目建设进度具有重要影响,但影响程度显然不及以上两类契约。不仅如此,作为专业性的技术支持和管理咨询公司,这些契约主体可有效通过开展多种业务化解PPP项目运行对其收益的影响,因此,与PPP项目相关性也较为有限。但相对而言,工程性契约作为PPP项目建设阶段的重要支撑,直接关系PPP项目的建设进度,因此,其影响程度高于管理性契约,而管理性契约的形式和内容与PPP项目特征有关。

至于提供金融和保险服务的金融部门,实质上是对PPP项目公司的一种服务性保障,通过合理的机制设计,这种保障功能可在组织内部实现,因此,无论从相关性还是影响性角度,这类契约都是较弱的(见图6-2)。由此,公私合作制契约实现了有效的分类与定位,这对于确立PPP项目收益分配的优先次序具有重要意义。

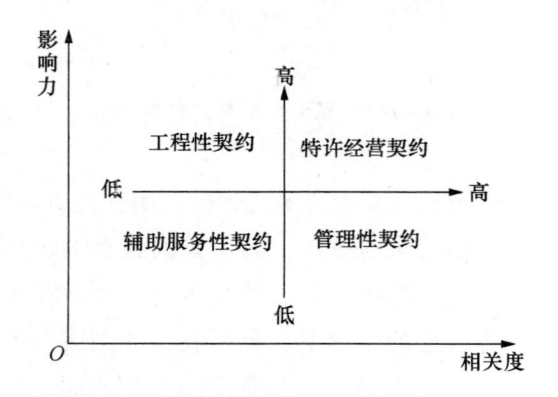

图6-2 公私合作制契约分类

从以上分析不难看出，虽然在理论上，公私合作制契约网中的各个利益主体分享公私合作剩余的机会是平等的，但是在现实中，由于各方实力差异、要素重要程度等差异，从而各个契约主体在公私合作组织中的地位存在较大差异。这种差异性与城市公用事业公私合作制兴起的制度背景密切相关。在城市化快速发展的背景下，中国城市公用事业发展面临的主要矛盾是，现有的城市基础设施无法满足日益增长的公共需求，而单纯依靠政府财政支持不仅资金缺口巨大，而且运营效率低下。由此，打破原有的政府公共部门垄断供给和经营的市场格局，吸引私人投资者进入，以弥补城市公用事业建设资金的不足，提高运营效率就构成了当前城市化发展的主要方向。因此，在公私合作制多元利益主体中，如何在公共部门和私人投资者之间实现有效的收益分配，就成为公私合作制契约关系的核心所在。

三　公私合作制剩余及其分配

公私合作制的契约属性表明，城市公用事业 PPP 项目在组织形式上表现为一系列契约关系的组合，其中公共部门和私人投资者之间合作剩余的分配，成为城市公用事业各利益主体缔约的根本动力。因此，城市公用事业 PPP 项目可理解为要素所有者为取得更多收益而结成的关于合作剩余分配的契约组合。

从其表现形式看，公私合作制剩余表现为在契约关系框架下，要素所有者让渡部分要素的使用权给利益相对者，进而取得的 PPP 项目运营的收益大于非合作状态下各契约主体保留要素收益的差额，这一差额就是由公私合作制组织创造的利益。由此可见，公私合作剩余是一个机会成本的概念，由此也构成了要素所有者参与合作的一个约束条件，即如果公私合作制的收益小于非合作状态下参与主体保留要素的收益，理性的契约主体会退出公私合作组织，重新回归市场契约状态。

从价值构成看，PPP 项目的产出可分为三个部分，即补偿物质资本投入（如管道铺设、分输站建设等）的固定资本 c，项目建设、运营和管理中生产资料、劳动力等可变资本 v，以及项目带来的增

值部分 m。因此，从项目整体角度看，合作剩余的创造是 PPP 项目存续的关键，在资本逐利天性驱动下，私人部门参与公私合作制的根本动因就在于分享合作剩余（m），从而得到比保留要素（$c+v$）更多的收益。如果剩余价值不足甚至小于零，公私合作制组织就可能面临解体。从这个意义上说，合作剩余的创造和分配是城市公用事业公私合作制运行的核心所在。但在实践中，由于城市公用事业具有公益性特征，为了保证普遍服务，公共产品的价格甚至私人部门的收益一般受到政府规制，在某些情况下，确实存在 $m<0$ 情况，此时政府作为社会公益的代表一般会对项目进行补贴，从而使得 $m>0$。

然而，合作剩余的创造只是 PPP 项目存续的必要条件之一，从项目组织形式和运营角度看，如何对合作剩余进行有效的分配更为关键。合作剩余分配合理，则对各契约主体具有正向的激励作用，可有效促使团队成员为项目目标而努力；分配不合理，则会削弱团队成员之间的信任程度，不利于公私合作制组织的稳定性。虽然在理论上，所有者按照其要素贡献分配收益可使项目整体收益的配置达到最佳状态，但在实践中，由于资产专用性、谈判实力以及制度环境的差异，各契约主体间的收益分配难以按照理想状态进行，更多的还是一个基于各自实力和地位的博弈过程。如此一来，团队成员之间的博弈可能导致项目偏离最优的目标。

第二节　城市公用事业公私合作制的治理与合作困境

公私合作制是由多元利益主体缔约形成的混合组织形式，在这个以项目为载体、以契约为纽带的项目组织中存在多层委托—代理关系，不可避免地存在着利益冲突和协调问题。同时，受城市公用事业技术经济特征的影响，公共部门与私人部门的价值定位存在显著差异甚至冲突，以上两方面的原因皆可能导致公私部门间的非合作博弈。由此可见，以收益分配机制为核心，促成公私部门间由非合作博弈转向合作博弈，将成为城市公用事业公私合作制健康发展的关键。

一　委托—代理与公私合作制治理

城市公用事业 PPP 项目在组织形式上可视为不同利益主体结成的契约组合。契约作为一种激励和约束机制，对 PPP 项目的有效运行发挥着组织治理的功能。公私合作制组织治理问题源于不同契约主体间的委托—代理关系，由此决定了其治理目标是实现不同契约主体之间的利益平衡。

从理论上看，企业所有权和控制权相分离将不可避免地带来委托—代理问题（Berle and Means, 1932）。在两权分离的背景下，实际负责企业经营的管理者有可能利用自身的信息优势，牺牲企业所有者利益以追求自身利益最大化，因此公司治理所要解决的就是两权分离导致的委托—代理问题。随着股份所有制制度的发展，现代企业治理不仅面临着全体股东和经营者的利益冲突，也要协调大股东和小股东之间的利益关系。随着知识经济发展，信息、专利、人力资本等非物质资本在企业中的地位越发重要，协调企业不同生产要素所有人之间的利益关系，也成为企业治理面临的重要问题。这样现代企业治理要解决的问题不仅存在于两权之间，而且还要协调企业所有人内部各种复杂的利益关系。城市公用事业公私合作制作为一项专业性强、分工明确、制度安排周密的联合生产组织，同样也面临着大量委托—代理问题，因此需要协调处理多种利益关系。

首先，在城市公用事业领域开展公私合作制，本身就意味着打破原有国有企业垄断经营的市场结构。在合作形式上，城市公用事业公私合作制采取让渡一定时期内公共项目的经营权，即特许经营的形式。但是，城市公用事业具有自然垄断性、公益性和外部性的特征，决定了政府必须掌控城市公用事业的所有权。在特许经营期内，城市公用事业的建设、运营和管理均会面临政府和私人部门之间的委托—代理问题。如何协调好公私部门之间的利益关系，是公私合作制发展面临的首要问题。

其次，私人部门取得特许经营权后，出于技术需要，通常会与其他部门再次订立契约，以提高城市公用事业项目建设、运营和管理的效率，由此形成私人部门与其他部门间的委托—代理关系。随着中国城市公用事业对社会资本的开放，非城市公用事业领域的社会资本将逐步涉足城市公用事业的建设、运营和管理，这种跨部门的合作形式更易出现多种委托—代理关系。即便是具有城市公用事业经营经验的企业，在选择跨地区、跨行业经营时，也会同专业化的设计、施工、监理和管理等部门缔结契约，以分散风险、节约交易成本。这种专业化的技术分工和管理虽然对于提升项目运作效率具有积极作用，但也会不可避免地产生委托—代理问题。

需要说明的是，委托—代理问题只是城市公用事业PPP项目治理问题产生的必要条件之一。由于交易环境的不确定性和技术的复杂性，PPP契约具有不完全性的特点，为了防范风险，理性的市场主体自然会将自身难以管控的风险转移，委托具有信息优势的一方管理。如果各个参与主体之间能以较低的交易成本签订一个完全契约，即使不存在严重的代理问题，组织治理也将成为难题。因此，只有委托—代理问题存在，而契约又是不完全的情况下，城市公用事业PPP项目的治理问题才是重要的。此时，不同契约主体间利益关系的协调，尤其是公共部门和私人投资者之间利益关系的协调，将是PPP治理面临的核心问题。

二 公私部门的利益冲突及平衡

在传统城市公用事业生产经营模式下，国有企业负责项目建设、运营、管理等几乎所有环节的工作，其本质上类似于企业内部治理，不存在不同主体间的利益冲突及平衡问题。随着私人部门的进入，城市公用事业国有企业垄断经营的格局被逐步打破。与此同时，城市公用事业的投资主体也逐步多元化：虽然在管网等具有自然垄断性质的环节，出于维护规模经济效益和社会公益的需要，需要以垄断形式组织公共产品的生产，但在连接管网的站点、厂房和设备上，私人部门投资越来越多。因此，从总体上看，城市公用事业PPP项目的资金来源于公共部门和私人部门两部分。作为投资者，公私部门虽然都追求一定的投资收益，但是城市公用事业的技术经济特征却决定了公共部门的利益追求与私人部门存在较大差别，甚至产生利益冲突。从产生原因看，公私部门间的利益冲突来源于两者价值目标的差异。

公私合作制虽然意味着公共部门原有的部分职能和权力向私人部门转移，但由于城市自来水、管道燃气、公共交通等公用行业涉及社会公众的普遍利益，对城市经济的稳定与发展具有强烈的外部性，因此，公共部门更多地需要体现其公共服务职能。当面临社会公共利益和项目利益的权衡取舍时，公共利益通常会被置于优先位置。如在城市垃圾焚烧发电领域，一旦因选址不当引发广泛的社会公众反对，即便公共部门为选择特许经营人付出了一定的交易成本，政府一般也会暂停或终止项目建设。而对于私人投资者而言，借助公共产品的稳定而长期的市场需求，获得稳定的投资收益是其参与公私合作制的根本动力。为了追求利益最大化目标，私人部门的短期行为有可能危及社会公众利益，从而与公共部门的价值目标产生冲突。

在公私合作制下，作为政府代理人的公共部门具有双重身份。一方面，公共部门与私人部门共同作为项目投资人，享有投资收益的权利，这与一般性的市场主体无异，体现了市场经济条件下"私权利"。另一方面，公共部门作为PPP项目的规划者和发起者，代表政府负责特许经营协议的设计，其实质是代表公权力行使行政管理职能。在制度环境不完善的条件下，若公共权力的行使不受约束，就有可能在PPP项目推进过程中出现利用公权力追求私权利、以公权力侵犯私人部门利益的现象，这不仅违反契约精神，也打破了原有的利益格局，引发利益冲突。如在本书第五章列示的案例中，部分地方政府单方面改变特许经营协议使私人部门收益蒙受了巨大损失。

在一个规范的公私合作制契约中，以有效的制度安排建立与PPP项目适度的股权结构是平衡公私部门利益冲突的有效途径。对于此类问题，鲁宾斯坦（Rubinstein，1982）证明了在一个只有两个参与人的博弈模型中，只要双方想维持合作的局面，必然存在一个唯一的子博弈纳什均衡解。由此可见，在公私合作制框架下，只要博弈是可重复的，公私部门对于项目所有权份额，即股权结构的安排会实现最优。相比之下，如果PPP项目的合作剩余分配（即收益分配）不合理，则有可能进一步加剧利益冲突，甚至导致合作终止。从这一角度也可看出，构建合理的收益分配机制对于平衡公私部门间的利益冲突也极为重要。

三 公私合作制博弈中的"两难选择"

传统西方经济理论认为，市场经济机制犹如一只"看不见的手"，在其指引下，个体追求自身利益最大化的行为将引导整个经济社会实现最大化的福利，并达到资源配置的帕累托最优状态。换言之，市场经济机制能够自动引导个体利益和社会效益的协调和统一（Smith，1887）。然而，在公私合作制下，由于公共部门和私人部门的利益存在摩擦和冲突之处，如果各契约主体仅从自身利益最大化出发，城市公用事业PPP项目就会处于利益对抗、风险转嫁的局面，甚至导致索赔、仲裁乃至诉讼。这一过程可借助如下博弈过程进行分析和论证。

为了简化分析，假定公私合作制契约中仅存在公共部门G和取得特许经营授权的私人部门P，公共部门与私人部门都从追求自身利益最大化出发做出相应的行为决策。由于市场交易环节具有不确定性，公私双方都不能在特许经营合约中对所有的权责利进行详尽描述和约定，即契约是不完全的。如此一来，除了明确的信息外，部分权利对于合作双方而言都是所谓的"公共领域"，缔约双方都可通过占有"公共领域"的权利实现自身利益最大化。

在上述规则下，在公共部门G和私人部门P面临的选择集均有两个。从公共部门角度看，它既可以采取合作策略C，充分考虑私人部门的利益，为其提供与项目收益相适应的报酬和保障，也可以采取非合作策略NC，以最少的报酬支付赢得私人部门付出最大的努力，这样公共部门就可实现自身利益最大化。同样，私人部门既可以为项目付出最大的努力，也可以在项目建设、运营和管理过程中采取任意措施保障自身最大化利益。公共部门和私人部门的收益矩阵可用表6-1表示，第二列靠左边的数字表示私人部门的收益，第二列靠右边的数字表示公共部门的收益。

表6-1　　　　公共部门与私人部门博弈的收益矩阵

P/G	C	NC
C	15, 15	3, 20
NC	20, 3	5, 5

从私人部门P的角度看，如果公共部门G的行动策略是合作C，此时私人部门P选择C策略的得益为15，而选择NC策略的得益为20，显然，NC是其占优策略；如果公共部门的选择为NC，那么私人部门P选择NC的收益大于选择C的收益（5＞3），因此其占优策略仍是NC。同样地，从公共部门G的角度看，无论私人部门的行动策略是C还是NC，私人部门的占优策略还是NC。换言之，（NC，NC）不仅是一个纳什均衡，还是一个占优策略均衡。其结果是，公私双方从自身利益最大化做出策略选择的收益，却小于放弃自身利益最大化行动而选择合作的收益。因此，虽然公私双方选择合作最有利于合作剩余的创造，但由于不符合个体理性原则，却无法实现帕累托最优。

在公私部门博弈过程中，双方目标关系的类型是竞争还是合作，对博弈主体之间的沟通及最后的成果具有重要影响（Aoki，1984）。所谓竞争性目标就是形成"厚此薄彼、此多彼少"效应的目标。或者说，对方目标的实现会成为己方达成目标的障碍。当博弈双方发现彼此目标存在竞争关系时，在利益最大化动机驱使下，就会采取"拆台式"策略，防止对方目标先于己方实现，因此很难形成真正意义上的合作关系。在这种情况下，为了维护合作关系的进行，需要借助强有力的外部约束。城市公用事业公私合作"两难选择"产生的根源，就在于公私部门利益追求差异，导致合作目标呈现竞争性关系。此时，通过构建合理的收益分配机制，消除公私部门因价值目标对立带来的负面效应，建立基于合作与信任的伙伴关系，对于合作剩余的创造将有积极的促进作用，反过来也会强化收益分配的正向效应。

第三节 城市公用事业公私合作制收益分配机制的博弈分析

公私部门利益冲突导致的合作困境，反映了个体理性与团体利益之间冲突的本源。在这种情况下，如果欲利用公私合作制的优势提高城市公用事业的运营效率，就必须研究公私合作制剩余分配，或者是公共部门与私人部门之间的收益分配问题。由于事后收益分配必须以事前资本投入为基础，因此应首先明确公私合作制投资和收益分配契约的特征，而后根据事后收益情况的差异，设计相应的收益分配机制。

一 公私合作制契约资金安排

虽然在名称上公共部门与私人部门的任意合作形式都被称为公私合作制，但从其具体形式和内涵上看，城市公用事业PPP项目却并非一个固定模式，而是各种公共部门与私人部门缔结成的一个具有团队生产性质的联合体，即公共部门将原有的部门建设和运营权力转移给私人部门，由私人部门负责城市公用事业项目的运营和管理，同时作为回报和补偿，私人部门拥有合作剩余的索取权，但必须为项目的建设和运营提供及时、充足的资本。正是从这一角度出发，城市公用事业PPP项目具有私人融资特性，英国、美国等经济发达国家典型的城市公用事业PPP项目，如PFI、BOT等均采用了私人融资形式。从政府和公共部门角度看，这一特性有助于缓解公共财政的压力，尤其对于快速城市化国家和地区来说，私人融资特性成为政府大力推行公私合作制的重要动力。因此，充分考虑公私合作制的私人融资特性，对于明确城市公用事业PPP项目的资金安排，进而构建合理的收益分配机制具有重要启示作用。基于上述分析，本书拓展了贝蒂格尼斯和罗斯（Bettignies and Ross，2009）公共项目融资安排模型，结合中国制度不完善的实际，通过对公私部门期望效用的分析，深度刻画公私双方合作收益分配的博弈过程。

假定在一个城市化快速发展的区域，随着城市区域的扩张和城市人口的激增，城市公共需求迅速膨胀。为了适应公共需求的变化，同时提高城市公用事业运营的效率，政府 G(Government) 决定采取公私合作形式，选择具有一定资质的私人部门 P(Private) 并与之建立合作关系，签订 PPP 合约。合约规定，民营企业和政府将共同负责城市公用项目的投资、建设和运营，为此必须在合约中约定投资方案 IP(Investment Plan) 和收益分配方案 AP(Allocation Plan)。假设政府投资城市公用事业以社会公众利益为优先目标，实现公共资金价值的最大化（Value for Money），而私人部门则是以实现自身利益最大化为目标。由于双方地位和配置资源的能力存在差异，公私部门风险态度存在差异。假设政府持风险中性态度，私人部门持风险厌恶态度，这样公私部门的效用函数 U(Utility) 就具有不同的性质。

一般而言，城市公用事业 PPP 项目要取得收益，需要历经投资、建设和运营阶段。假设以"0"表示项目建设起始时点，以"1"表示项目建设完工的时点，以"2"表示项目运营结束的时点，则根据前面的表述，收益分配是在 2 点之后进行。2 点之前的各期，则表明为取得合作剩余、进行收益分配之前的资金安排（见图 6-3）。

假定在 0 点以前，即项目筹划阶段，为促成项目建设，需要筹集一定数量的投资 I (Investment)。为了简化分析，假定公私部门通过周密的市场调研，能够较为准确地预测到特许经营期内市场需求的变化，并且有能力通过资源调配，使公共产品的供给达到需求上限。这样在制订投资计划时，就能够根据与需求上限匹配的生产能力进行一次性投资，而无须在项目运营期内再次进行投资建设。同时，由于项目建设和运营的连续性，在筹划阶段还必须考虑到项目运营的成本，假设这一成本为零。忽略运营成本的理由在于城市公用事业普遍具有资本密集的特点，即与项目建设阶段大规模的资金投入相比，运营和维护成本相对很少。在实践中，城市公用事业 PPP 项目的初始投资会包含一定的银行贷款，但由于银行贷款固有固定收益性质，即以项目运营后的收益进行固定补偿，因此可预先将其从总投资中扣除。这样，I 就成为扣除银行贷款的净投资部分，即必须以政府和公共部门的自有资金投入的资金数量，且最迟在 0 点筹得。假定经过谈判后，双方约定私人部门承担的投资分配系数为 $\beta(0<\beta<1)$，则私人部门的投资数量为 βI，政府需要进行的投资就为 $(1-\beta)I$，由此确立的投资方案 $IP=[\beta I,(1-\beta)I]$。

在投资完成后，在 0—1 时点间，项目进入假设阶段。为节省项目建设成本、提高效率，私人部门需付出一定的努力 e（effort）。在实践中，只有当私人部门预期收益为正，才会将技术创新、管理改进等努力付诸行动，因此私人部门的实际努力水平存在一个临界值 e_0，私人部门有效激励的努力水平满足 $e>e_0$。由于努力成效的不确定性，该努力是事前不可缔约且事后不可验证的，这样就排除了根据私人部门实际努力水平 e 进行缔约的可能性。假设创新与生产活动一样，需投入一定的物质资本和人力资本从而产生成本，且其成本水平与努力程度相关，成本函数为 $e^2/2$。

项目完工后进入运营阶段（即 1—2 时点间）。在这一阶段中，项目运营将会生产并供给公共产品，借助使用者付费原则可收回部分投资。由于项目运营所获得总收益面临各种不确定性和风险因素，准确预见总收益的具体数额几乎是不可能的，其本质是一个风险收益（Venture Benefit，简化为 v）。但根据各种先验信息，可预测总收益 v 的概率密度函数 f。由于项目运营主要依靠私人部门，这一概率密度函数的形式与私人部门努力水平 e 相关，由此可将其表示为 $f(v|e)$。一般而言，私人部门努力水平越高，获得高收益的概率也就越高。为了体现私人部门努力水平 e 对总收益 v 的影响，假定 $f(v|e)$ 具有单调似然性特征，于是总收益 v 的实际水平就成为一个随机变量。为了简化计算，假设城市公用事业 PPP 项目在运营阶段的总收益存在高收益 v_H 和低收益 v_L 两种可能，对应于私人

部门的努力水平 e，项目运营取得高收益 v_H 的概率为 e，取得低收益的 v_L 概率为 $1-e$，则项目的期望收益可表示为：

$$\bar{v} = ev_h + (1-e)v_L \tag{6-1}$$

由于私人部门参与公私合作制的约束条件是获得大于保留资本的收益，因此，项目的投资收益属性应满足 $v_L \leqslant I \leqslant v_H$，即项目收益至少不低于总投资。同时，城市公用事业项目的运营必须取得一定的公共效益 B_0（Benefit），如满足公众需求、支撑城市经济发展等，于是从政府角度看，项目的投资收益属性还应满足 $B_0 + v_L \geqslant I$，即在最低收益水平下，项目取得的公共效益与项目收益之和不低于项目总投资。

在 2 点以后，项目通过运营阶段的收入取得总收益，并按照约定的收益分配方案 AP 在公私部门间进行收益的分配。由此，在进行收益分配前，公私合作制契约的资金安排如图 6-3 所示。

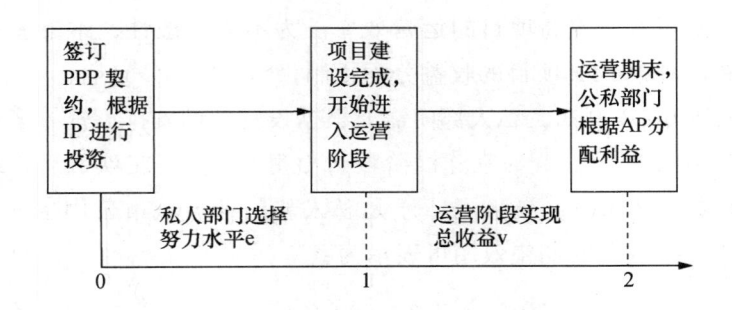

图 6-3 公私合作制契约的资金安排

二 收益可验证的分配机制

城市公用事业 PPP 项目运营结束后，项目进入收益分配阶段。假定在项目投资计划启动之初，公私部门通过各种先验信息，能够准确估计市场需求和公共产品价格等关键信息的变化，并且能够通过运营阶段公共产品的生产适应这些变化，进而较为准确地预估项目运营的总体收益，那么在这种情况下，收益就是可事后验证的。此时，政府就可根据初始的公私合作制契约制订项目收益分配方案

AP。假设在运营阶段总收益 v 的基础上,政府分配给私人部门的收益为 B(v),则项目收益分配方案就可表示为 AP = [B(v), v - B(v)],其中,v - B(v) 表示政府保留的项目收益。一般而言,项目总收益 v 的增加意味着私人部门付出了更多的努力,因此分配到的收益 B(v) 也应越高,因此 B(v) 是 v 的增函数。从城市公用事业 PPP 项目收益分配的实践看,B(v) 的形式有两种:一种是政府根据项目运行的绩效表现给予一定数额的财政补贴,此时私人部门分配到的收益不限于 B(v);另一种是政府不对项目进行事后补贴,此时满足约束条件 0 < B(v) < v。其中,财政补贴形式主要针对项目收入不能覆盖投资成本和收益,但具有良好社会收益的 PPP 项目。事实上,项目的经济性收益是保证其产生良好社会效益的基本条件,许多案例表明,如果项目经济性收益不足,将在很大程度上挫伤私人部门生产积极性,也很难保证其社会收益。随着中国城市公用事业公私合作制的不断深化,减少政府对项目运营和收益分配的过多干预,更有利于提高项目的运营效率。为不失一般性,本书主要分析非政府补贴 PPP 项目的收益分配机制。

由图 6-3 可知,私人部门需要根据投资契约安排投资方案进行数额为 IP 的投资,同时在建设阶段付出努力 e,并在项目运营结束后获得数额为 B(v) 的收益。于是私人部门参与城市公用事业 PPP 项目所获净剩余的期望效用可表示为:

$$E_P = U[R(v_H) - IP]e + U[R(v_L) - IP](1 - e) - \frac{e^2}{2} \quad (6-2)$$

进而可求得私人部门的最优努力选择为:

$$e^* = U[B(v_H) - IP] - U[B(v_L) - IP] \quad (6-3)$$

令 $U[B(v_H) - IP] = U_H$,$U[B(v_L) - IP] = U_L$,则上式可进一步化简为:

$$e^* = U_H - U_L \quad (6-4)$$

私人部门在最优努力水平,还应满足其参与约束条件,即参与 PPP 项目的期望效用不小于其保留资源的效用,由此得到:

$$E_P = U_H e^* + U_L(1 - e^*) - \frac{(e^*)^2}{2} \geq U(0) \quad (6-5)$$

将式 (6-4) 代入，进一步化简上述参与约束条件可得：

$$\frac{(U_H - U_L)^2}{2} + U_L \geq U(0) \quad (6-6)$$

当市场竞争充分时，式 (6-6) 将以等式形式存在，即私人部门参与 PPP 项目的期望效用等于其保留资源的效用。另外，如果假设贴现率为零，从项目整体性和投资收益角度看，公私部门合作关系的建立还应满足以下资金约束条件：

$$v_H e + v_L (1 - e) \geq IP \quad (6-7)$$

在公私合作制中，政府部门追求社会整体效用最大化，其效用函数可表示为：

$$U_G = \int [v - B(v)] f(v|e) dv - (1 + \theta) I_G + B_0 \quad (6-8)$$

由式 (6-8) 不难看出，政府效用函数由三部分组成。其中，等式右侧第一项表示政府将收益分配给私人部门后的收益留存，即政府作为项目投资者获得的经济性收益。第二项表示政府在公私合作制中的实际投资成本，θ 表示政府在筹集资本时所耗费的额外成本，如将财政资金用于项目投资的机会成本，以及为维持 PPP 项目稳定性等追加的投资等。第三项表示项目运营可带来的社会公众满意度提高、城市经济发展等社会性收益。从式 (6-8) 看，在其他变量值固定不变的情况下，θ 越大则政府部门的效用函数值就越小。从社会整体利益出发，由私人部门承担更多的投资份额显然有利于降低政府部门的实际投资成本，因此 θ 实质上代表了政府的资金约束状况，θ 越大表示政府的资金约束越强。考虑私人部门收益函数的分布性质，并将 $I_G = I - IP$ 代入式 (6-8)，则可进一步化简政府的效用函数，即：

$$E_G = e[v_H - B(v_H)] + (1 - e)[v_L - B(v_L)] - (1 + \theta)(I - IP) + B_0 \quad (6-9)$$

将私人部门的最优努力水平代入，得到政府的最优效用函数为：

$$E_G^* = \max(U_H - U_L)\{(v_H - v_L) - [B(v_H) - B(v_L)]\} + [v_L - B(v_L)] - (1 + \theta)(I - IP) + B_0 \quad (6-10)$$

同样，式（6-10）也应满足私人部门参与约束条件，如式（6-6）所示。利用式（6-6），对式（6-9）求关于 IP 的一阶导数并令其等于 0，可得政府部门最优效用函数水平应满足的条件，即：

$$\partial E_G / \partial IP = (U'_L - U'_H)\{(v_H - v_L) - [B(v_H) - B(v_L)]\} + (1 + \theta)$$
$$= 0 \qquad (6-11)$$

$$U'_L - U'_H = \frac{1 + \theta}{[B(v_H) - B(v_L)] - (v_H - v_L)} \qquad (6-12)$$

此时，需要综合政府的效用函数及其最优化条件，判断其函数主要组成部分与私人部门投资 IP 的关系，从而明确 PPP 项目收益分配与公私合作制投资安排的内在联系。从政府最优效用函数看，在私人部门收益函数 B(v) 既定且满足 $v_H - v_L > B(v_H) - B(v_L)$ 的条件下，根据对 U_H 和 U_L 的定义可知，私人部门效用函数的组合形成的新函数为 $U_H - U_L$，其自变量之差 $|[B(v_H) - IP] - [B(v_L) - IP]|$ 并不随着 IP 的变化而变化。而私人部门的效用函数又为凹函数，因此当 IP 增大时，$U_H - U_L$ 随之增大，即 $U_H - U_L$ 是 IP 的增函数。此外，$-(1+\theta)(I-IP)$ 也为 IP 的增函数，这样政府最优效用函数就为 IP 的增函数。这意味着政府的最优选择是让私人部门尽可能多地承担城市公用事业 PPP 项目的投资。同时，为满足私人部门参与约束条件，私人部门收益 B(v) 应随着 IP 的增加而增加。

从 IP 的一阶最优条件看，若 $v_H - v_L > B(v_H) - B(v_L)$ 时，则 $\partial E_G / \partial IP$ 恒大于零，进一步验证了前面对政府最优效用函数的分析，即政府若使其效用函数最大化，需选择 $IP^* = I$ 的最优化条件。同样，由于私人部门的效用函数为凹函数，且自变量之差不随着 IP 的变化而变化，因此可判断式(6-10)左边是 IP 的增函数。而在 B(v) 既定且满足 $v_H - v_L > B(v_H) - B(v_L)$ 的条件下，这就意味着随着 θ 越大，政府最优效用函数对应的 IP^* 也越大。由此可见，政府的资金约束越大，公私合作制投资契约中私人部门承担的比例就越大，这与政府推动公私合作制的初衷是一致的。同时，$v_H - v_L$ 越大，则 IP^* 越大，这说明在风险较大条件下，政府具有提高私人部门投资份额转移项目风险的动机,这也是政府推动公私合作制主要动因之一。此外,$B(v_H) - B(v_L)$代表了公私合作制契约的激励强度,其值越大,表明私人部门承担较大风险的激励越高;反之亦然。然而根据前面的假定,私人部门是风险厌恶者,于是当$B(v_H) - B(v_L)$较高时,IP^*反而越小。这也在一定程度上说明了公共部门与私人部门潜在的利益冲突。

在现实中,公私部门之间的收益分配通常需要设定一个收益分配系数λ,则私人部门获得的收益可表示$B(v) = \lambda v$,$0 < \lambda \leq 1$。此时,政府最优效用函数可改写为:

$$\max(U_H - U_L)[(1-\lambda)(v_H - v_L)] + (1-\lambda)v_L - (1+\theta)(I - IP) + B_0 \quad (6-13)$$

根据前面对上述约束条件的分析,IP越大,作为投资和收益补偿,政府为私人部门提供的收益分配系数λ也就越高。此时,对式(6-13)求λ的一阶条件可得:

$$(U'_H v_H - U'_L v_L)(1-\lambda) - (U_H - U_L) - \frac{v_L}{v_H - v_L} = 0 \quad (6-14)$$

于是最优收益分配系数λ^*满足:

$$[U'(\lambda^* v_H - IP)v_H - U'(\lambda^* v_L - IP)v_L](1-\lambda^*) - [U'(\lambda^* v_H - IP) - U'(\lambda^* v_L - IP)] = \frac{v_L}{v_H - v_L} \quad (6-15)$$

根据前面的分析易知式(6-15)左边是λ^*的增函数,因此,当$v_H - v_L$增大时,λ^*也增大。这说明当PPP项目的风险提高时,私人部门收益分配系数也应相应提高。

三 收益不可验证的分配机制

虽然在理论层面,城市公用事业PPP项目的收益可以根据城区面积的增长、城市人口的变化、市场需求的变化做出实现的预估,但由于项目运营面临外部环境的不确定性,项目运营的真实收益可能出现较大偏差。尤其在制度环境不完善的发展中国家和地区,私人部门的合法收益有时难以得到有效保障。以上两方面决定了城市公用事业PPP项目的收益一般具有不可验证性的特征。从政府角度看，在公私合作制下，私人部门对 PPP 项目的收益具有更多的信息优势，在利益驱使下，有可能利用这种优势将部分收益转移至已方，这种情况更进一步加剧了进行事前收益预估的难度。在现实约束下，政府和私人部门难以在公私契约中缔结收益分配方案，通常情况下政府只能将项目运营的收益权完全交给私人部门。需要说明的是，与收益可验证情形相一致，此处分析也排除了政府事后对 PPP 项目进行财政补贴的可能性。事实上，这种收益分配方案在实践中具有很强的代表性。比如，在国家体育场（鸟巢）项目中，国资公司代表政府对项目的建设进行必要的资金支持，而私人部门中信联合体取得项目 30 年的特许经营权，全权独立负责项目的运营和维护，在此期间，对项目收益进行独立分配，政府既不参与分红，也不负责亏损补贴（王子朴，2012）。

与收益可验证情形不同，收益不可验证的公私合作制契约制主要规定事前的投资方案，而事后的收益权及相关风险则全部转交给私人部门。此时，由于政府不参与事后的收益分配，由前面的分析可知，$B(v) = v$，从而 $B(v_H) - B(v_L) = v_H - v_L$。同时，$IP^* = I$，即在满足私人部门参与约束的条件下，政府最优决策是将城市公用事业 PPP 项目的全部投资交由私人部门完成。此时，私人部门的最优努力水平为 $e^* = U_H - U_L$，根据前面的分析，$U_H - U_L$ 是 IP 的增函数，这也就意味着私人部门的努力水平达到了 $[0, I]$ 区间上的最大值。由于假定 $f(v|e)$ 具有单调似然性特征，且 $p(v = v_H) = e$，$p(v = v_L) = 1 - e$，因此可得到 $v = v_H$ 发生概率的最大值和 $v = v_L$ 发生概率的最小值。不难看出，上述收益分配机制是有效的。因为在事后收益不可验证的情况下，政府将 PPP 项目全部投资转移给私人部门，同时赋予私人部门完全的收益分配权符合政府最大化效用。此时，$IP^* = I$，$B(v_H) = v_H$，$B(v_L) = v_L$ 三个条件得到同时满足。同时，这种收益分配机制可以激励私人部门选择最大努力水平 e^* 来保证 PPP 项目运营效率的最大化。

然而，在制度环境不完善的情况下，还必须考虑到另一种导致最优收益分配机制发生变化的情形。即政府利用公共权力和城市公用事业的公益性特征，在项目运营后强行分享 PPP 项目收益。从中国城市公用事业 PPP 项目的实践看，这种情形时有发生。如在一些城市桥梁、道路等公共交通 PPP 项目后，部分地方政府单方面违反事前约定，在特许经营期内通过建设新的桥梁和道路，人为改变了 PPP 项目的唯一性特征，对 PPP 项目的收益造成巨大影响。这种情况实质上变相地分享了 PPP 项目收益。此时，根据前面的分析，政府效用函数可表示为：

$$U_G = \int [v - B(v)] f(v|e) \mathrm{d}v - (1 + \theta) I_G + B_0 \qquad (6-16)$$

从式（6-16）这一函数的形式构成看，在私人部门承担 PPP 项目所有投资的情况下，虽然政府的投资成本（等式右侧第一项）为零，但由于不参与事后收益分配，其经济性（等式右侧第二项）也为零，因而仅能获得项目创造的社会性收益 B_0。而从中国现实情况看，在"GDP 锦标赛"机制下，由于地方之间存在竞争，基于财政收入最大化目标和地方政府官员绩效目标最大化考虑，政府可能根据自身目标采取策略性行为（周黎安，2007），此时公私合作制契约的资金安排将发生变化（见图 6-4）。

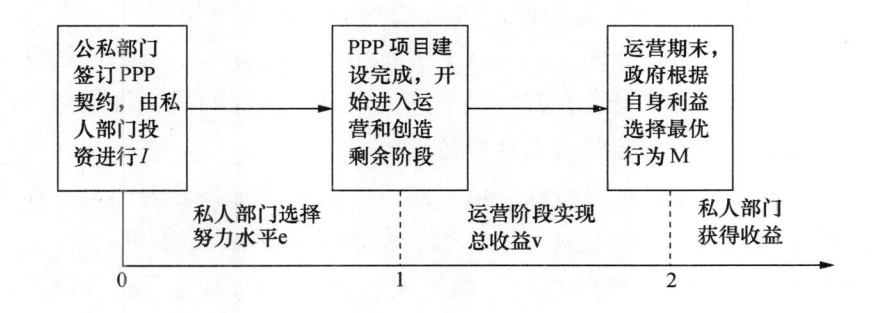

图 6-4　收益不可验证时公私合作制契约的资金安排

由图 6-3 及图 6-4 可以看出，与收益可事前验证的公私合作制契约相比，收益不可验证时公私合作制契约安排有两处明显变化：其一，在项目投资开始进入建设的 0 点，投资计划安排由公私部门分担变为私人部门独自承担；同时由于收益信息不可事前验证，初始的公私合作制契约不包括收益分配方案；其二，在项目运营结束的 2 点后，由于私人部门将获得完全的收益，但政府部门会根据自身利益选择最优行为 M（Move），从而打破双方约定的收益分配机制。假定项目运营后，政府将获得关于收益水平 v 的信息，且针对项目收益的最优行为 M 有两种：如果政府选择遵守事前契约，赋予私人部门全部的项目收益，则 M = 0；如果政府选择违反事前约定，以公权力获得项目的部分实际控制权，则 M = 1，同时政府将获得相应的收益 μv。其中 μ 可以视作政府依据其公权力获得项目控制权的份额，或者 PPP 项目公益性的衡量；μ 越大，说明政府 PPP 项目的公益性越强，政府利用公权力所能获取的项目控制权和收益的份额也就越大。此时，政府的效用函数为：

$$\max U_G = \max_M (\mu v - C) + B_0 \qquad (6-17)$$

其中，C 表示政府违约时承担的成本，其大小与法规、政策等制度条件的完善程度和执行力度有关，制度越完善、执行力度越强，政府违约的成本就越大；反之亦然。政府选择违约，即 M = 1 时，必有 $\mu v_L \geq C$，否则政府违约将不能获得正的经济性收益。同时，为了激励私人部门保持合作关系，保证私人部门在政府部门违约时的高收益，必然高于保证事情的收益分配方案可执行的低收益，即 μ 还应满足 $(1 - \mu) v_H \geq v_L$，即 $\mu \leq 1 - v_L / v_H$。当然，如果 $\mu v_H < C$，由于政府违约的成本高于违约收益，理性的政府将遵守约定，只保留 PPP 项目的社会性收益。

如果政府存在违约动机，私人部门的收益状况将分为两种：如果项目经营取得高收益 v_H，私人部门能得到的份额仅为 $(1 - \mu) v_H$。而当项目经营取得低收益时，假定政府选择违约非但不能补偿其违约成本（即 $\mu v_L < C$），而且可能导致公私合作关系破裂，这时理性的政府将选择遵守约定，由此私人部门将获得全部收益 v_L。据此约定，在政府违约的情况下，私人部门的收益将从 v_H 下降到 $(1 - \mu) v_H$，如果私人部门预期政府会违约，其最优的努力水平也将下降。根据式（6-3），政府违约下的私人最优努力水平可表示为：

$$e^* = U[(1-\mu)v_H - IP] - U[v_L - IP] \qquad (6-18)$$

根据式（6-18）可得到政府违约下的私人部门期望收益为：

$$E_P = U[(1-\mu)v_H - IP]e + U[R(v_L) - IP](1-e) - \frac{e^2}{2} \qquad (6-19)$$

显然，μ 越大则私人部门的期望收益就越小，于是项目满足私人参与约束的激励性就越差。此时，一旦 μ 高至满足 $U[(1-\mu)v_H - IP] = U[v_l - IP] < U(0)$，即政府违约参与项目收益分配后，私人部门在 PPP 项目高收益下的风险效用与低收益状态下的风险收益效应相等，不但私人部门的努力水平降至为零，使得 PPP 项目的运营效率下降，而且由于期望收益小于保留资源的效用，私人部门的投资 PPP 项目的动力也将失去。

综上所述，当政府对于 PPP 项目的收益事前不可验证但运营结束后可获得信息时，制度环境不完善将促使政府选择最优行为 M，不执行将 PPP 项目的收益权完全转移给私人部门的约定，此时政府选择的最优行为是 $M^* = 1$，在 $v = v_H$ 时将挤占私人部门数量为 μv_H 的收益，私人部门的最优努力水平 e^* 和期望收益 E_P 都会降低。一旦 μ 高至满足 $U[(1-\mu)v_H - IP] = U[v_l - IP] < U(0)$，不但私人部门的努力水平降至为零，而且将打破私人部门参与 PPP 的约束条件。

四 城市公用事业收益分配机制的现实例证

本部分通过数理模型对城市公用事业公私合作的收益分配问题进行了系统研究，主要结论在中国城市公用事业公私合作制的实践中得到了支持。

首先，地方政府的资金约束越大，引入私人资本的激励就越强。并且，城市公用事业项目的风险越高，地方政府推动公私合作制的动力也就越大。这与斯帕克曼（Spackman，2002）、Yehoue（2006）、马斯金（Maskin，2008）等人研究结论保持一致。从中国城市公用事业的实践看，城市公用事业公私合作制快速发展时期，恰好与中国城市化快速发展的历史进程密切相关。根据 2014 年《中国统计年鉴》计算得到数据，2013 年中国城镇人口占总人口数的比重已超过半数，达到了52.73%，并且随着国家城市化发展战略的推进，城市化水平将持续提高，这一阶段正处于"城市化过程曲线"的加速阶段（Northam，1979），如果城市基础设施和公共服务不能有效支撑城市化的发展，将引发城市交通拥堵、环境恶化等"城市病"（姜爱华、张弛，2012）。虽然在实际中，中国一直由地方政府通过发行城投债募集公共财政资金，支持城市公用事业的发展，但在城市化快速发展的背景下，城市基础设施和公共服务资金建设的缺口越来越大，预计到2020年达到20万亿元。加之巨量的城投债对国民经济发展存在诸多潜在风险，因此寻找其他城市公用事业发展资金的来源势在必行。在此背景下，从2002年建设部《关于加快市政公用行业市场化进程的意见》颁布开始，中央政府密集出台了一系列政策文件，推动城市公用事业公私合作制的发展。此外，分散风险也是政府引入私人资本的重要因素，由于城市公用事业技术上的复杂性和专业性，需要引入更为专业的私人部门共担风险。

其次，在不确定的条件下，收益信息的不可验证性激励政府将PPP项目的收益权转移至私人部门。事实上，包括特许经营、BOT、PFI等相对成熟的公私合作制模式均采用了此种方式。从促进效率角度看，这种模式有利于激励私人部门努力提升其生产效率和管理水平，进而改善城市公用事业的运营效率，因此，本结论也再次确认了公私合作制的关键优势——促进项目效率（Hart，2003）。这一点在中国城市公用事业PPP项目的实践中也得到了印证。在成都自来水公司第六水厂B厂BOT项目中，私人运营商威立雅公司创新性地将混凝、絮凝和沉淀三个阶段集成为一体，辅以集约式斜板技术，大大提升了沉淀效率，创造出40万吨/日的生产能力。同时，借助取水口和进水口的自然落差，采用了全重力流设计，节省了大量电力成本（王正儒、张小盟，2011）。

最后，具有自利性倾向的政府可能采取策略性行为，分享PPP项目收益份额，导致私人部门的最优努力水平和投资数额降低，政府的违约风险成为阻碍公私合作制健康发展的一个重要问题。由于制度不完善，政府违约成本有限，当政府违约的经济性收益大于违约成本时,就会选择违约侵占部分私人利益。而私人部门在理性预期下,就会降低最优努力水平和投资数额,从而使得PPP项目的运营效率下降,甚至造成项目失败。以杭州湾大桥PPP项目为例,由于地方政府在项目中占据绝对控制权,私人部门联合体未能获得预期投资相应的权利。杭州湾大桥完工不足两年,地方政府违反约定,在距离杭州湾大桥仅50公里处兴建新的跨江大桥,极大地影响了杭州湾大桥的收益,最终导致私人资本退出,私人资本所占股权的比重也由50.26%下降为29.38%。因此,在城市化发展的背景下,通过规范政府行为降低项目收益分配的不确定性,将成为吸引私人资本进入城市公用事业领域的关键所在。

第七章　城市公用事业公私合作制的规制需求及政策框架

在公私合作制下，政府将城市公用事业的部分运营权力授权给私人部门，由私人部门负责城市公用事业项目的运营，实现了所有权与经营权的分离。这一制度变迁不仅有利于充分发挥私人资本资金筹措和运营管理方面的优势，而且借助其敏感的市场边际反应能力，有助于扭转传统模式下城市公用企业技术创新不足的劣势。更为重要的是，私人部门之间为获取专营权进行竞争，公私部门对合作风险分配进行理性谈判和选择，能够充分体现出不同主体（特别是私人部门）的效率（邸晶鑫，2014）。总体来看，公私合作制是以效率提升为导向的制度安排。即便如此，公私合作制并不排除公共部门的作用。一方面，城市公用事业的自然垄断性和公益性特征，决定了政府必须保证公共产品的有效供给和普遍服务；另一方面，私人资本具有逐利的天性，如果相关调控政策缺失，私人部门的短期行为可能会侵害社会公众利益。

综观各国实践可以发现，公私合作制要求政府必须转变职能，建立符合市场经济规律的规制政策体系。国内学者研究表明，监管制度的缺失是导致我国城市公用事业公私合作运营失败的主要原因（刘佳丽、谢地，2015）。例如，在震惊全国的湖北"浊水事件"中，南漳政府在城市自来水市场化改革过程中缺乏必要的规划，主导自来水民营化的私人部门竟然不是一家专业的自来水企业，导致社会公众利益蒙受损失。在当前经济增速放缓、土地财政下滑、地方政府债务压力巨大的情况下，公私合作制已俨然成为地方政府缓解财政压力、增加公共产品供给的重要途径，在此背景下，如果缺乏必要的政府规制政策，公私合作制不仅可能沦为地方政府快速套现的工具，甚至会引发新一轮地方政府债务危机，造成宏观经济的剧烈波动。基于上述分析，设计科学合理的规制政策体系对城市公用事业公私合作制的顺利运行至关重要。

第一节　公私合作制下政府规制需求的理论依据

公私合作制是以提升效率为导向的制度安排。然而在资本逐利天性的驱使下，私人部门凭借其垄断经营地位，可能制定垄断性价格，损害社会公众利益。此时，规制作为一项重要的政府职能，应发挥其保障社会公众利益的作用。在公私合作制框架下，把握公私合作制下政府规制需求的来源，对于明确政府规制目标，进而提炼适宜的政策工具都具有重要的启示作用。

由于城市自来水、管道燃气等产品是居民、企业生产与生活必需的消费品，具备准公共产品特征，因此，维护其公益性成为除自然垄断之外政府规制的又一重要理论支撑。在自然垄断理论演进的带动下，有关城市公用事业的政府规制的理论依据也经历了由规制公益理论到规制私益理论，再到"物有所值"的变化，客观上推动了政府规制下城市公用事业组织形式的演进。

一　规制公益理论：保障社会公众利益

经济学理论表明，城市自来水、管道燃气、轨道交通等公用事业具有自然垄断性、准公共品性和强外部性等特征，因此，依靠私营组织的市场化经营活动难以保障公用事业的公益性特征，造成市场机制失灵。20世纪20年代，由于过度放任市场自由竞争导致经济危机。在这种背景下，凯恩斯主义学派主张政府对经济运行实施干预，并将公用事业纳入政府向民众提供福利的范畴，公用事业的组织形式也逐步从私人提供转向政府"公营"。公营意味着政府干预经济运行，并为公营产业创设专门机构。作为应对经济危机的措施，包括英国在内的世界各主要资本主义国家逐步将城市公用事业收为国有。美国虽然信奉自由竞争，但凯恩斯主义主导下的"罗斯福新政"却使"政府管制"成为经济学的新概念，并引导了经济学研究发展的新方向。美国政府通过实施价格管制和进入规制，维护了城市公用事业垄断经营的组织形式，以此保证公用事业的公益性，由此衍生的"规制公益理论"为城市自来水、电力等公用事业垄断经营提供了正当性论证。

规制公益理论的产生有着深刻的历史背景，1929—1933 年，放任自由竞争引发世界性的经济危机，使得政府干预经济具备了正当性。与此同时，规制公益理论确立了特定私营组织承担公共产品生产和提供的垄断地位，政府通过限制进入、控制价格等措施维持其垄断地位。在这一理论指导下，政府对于公共产品将采用税费补贴等公法形式提供，而不是私有化下的自由交易的方式。此时，政府对有偿使用公共产品的收费权属于公权力，以提升社会福利水平。总而言之，规制公益理论以市场失灵作为逻辑起点和规制动因，强调政府是完全理性的，规制目的是提高资源配置效率，维护公众利益。同时，政府将以特定的垄断形式，按照社会公众的整体需求来提供公共产品，并通过税收或费用分摊向使用者募集公共产品的生产成本，公共事业资产所有权不能转移，也不能实行私有化。

二 规制私益理论：对规制公益理论的质疑

在规制公益理论下，政府通过限制进入和控制价格维持特定企业组织的垄断地位，目的是弥补市场失灵的缺陷，维护公共利益。但政府管制下的企业组织显示出强大力量，进而"俘房"政府规制机构，使政府规制措施朝着有利于企业组织经营的目标发展。这时，政府规制机构沦为产业利益的"保护伞"，受规制的企业组织利用独占的市场地位制定高价，牟取暴利。面对强势企业，消费者维权成本甚至超过其损失，形成"边际无谓成本"。这时政府实质上已经成为产业私利的保护者，而非维护公共利益。

20 世纪 60 年代以来，许多实证研究表明对自然垄断产业的经济性规制难以达到预期效果，甚至造成生产和资源配置无效，损害社会公众利益。如施蒂格勒和弗里德兰（Stigler and Friedland, 1962）对 1912—1937 年美国各州对电力公用事业规制效果进行了检验，研究发现不受规制公司和受规制公司的收费水平并没有实质性差别。施蒂格勒（1971）对其他行业的研究也表明，政府规制甚至会扭曲价格，降低产品质量，抑制创新，造成社会福利损失。另外，在现实世界中，规制者难以掌握受规制企业成本、财务、项目计划等关键信息，信息不对称导致政府规制难以达到预期效果（Laffont, 1993）。以上分析说明，政府基于公益理论采取的规制措施，并没有增进社会公益，反而增加了消费者负担，造成社会福利损失。规制机构因被产业"俘虏"，导致政府规制的公益性丧失。

规制私益理论否定政府垄断城市公共事业的正当性，否认规制公益理论。但解决"规制失灵"的职责仍由政府负担，"边际无谓成本"的存在揭示出民众维权成为不可能，改变这一状况的合理路径就是以社会公众参与城市公用事业为基础，实施"再规制"，即通过多种多样社会资本的参与，在城市公用事业领域重塑市场竞争机制，以阻止垄断企业利用"边际无谓成本"获取暴利。最终，在规制私益理论指导下，放松甚至放弃规制成为应对规制失灵的主要手段。

20 世纪 70 年代以后，在美国、英国、德国等经济发达国家的引领下，以放松进入规制，引入市场竞争机制、赋予企业部分定价权的城市公用事业民营化风潮在全球范围内展开。"民营化"逐渐成为公用事业改革的主要方式。在内容上，民营化主要表现在两个方面，一部分原先被国有化的公用事业重新由私人组织掌控（私有化），但在城市供水、轨道交通、电力电信等基础设施领域更多采取了公私合作模式，公共产品通过引入价格机制变为可收费的产品，"使用者付费"的原则被认为比规制公益理论下的税收补贴更具公平性。私营组织收费权的法律属性也逐渐模糊，不再强调其公权力属性。

三 物有所值：多元合作视角下政府规制的新标准

"规制公益理论"认为，市场机制下私营组织的竞争无益于保障城市公用事业的公益性，因此，主张采取政府垄断经营的组织形式。"规制私益理论"否认了政府垄断的公益性标准，提出只有借助市场竞争机制才能消除"规制俘虏"现象，保障公众利益。从逻辑思路和政策取向看，上述两种理论均以对方各自内在的缺陷为前提，其政策药方必然是以己之长取彼之短，将政府与市场置于二元对立的局面。然而，从政策效果看，两者都并非尽善尽美。

基于规制环境的不确定性和复杂性，制度经济学从更广泛层面提供了探求规制与竞争的广阔空间。以科斯（1972）为代表的新制度经济学派通过引入"交易成本"的概念，独辟蹊径地揭示了政府规制失灵的根本原因，即无论是"规制公益理论"主张的政府垄断，还是"规制私益理论"提倡的私营竞争，都忽略和忽视了多元主体间的交易成本，"市场失灵"和"政府失灵"都是因为交易成本的增加。贝肯巴克等（Bickenbach et al., 1999）将市场机制和政府规制视为契约及其治理结构，提出市场机制与政府规制的比较实际上是对约束条件下次优的制度方案进行权衡，其结果取决于市场机制与政府规制哪一方更能有效地治理这些关系。以交易成本为理论基石，新制度经济学以"物有所值"（Value for Money）作为判断公共产品公益性的新标准，并将其导入公共行政过程中。

"物有所值"通常可细化为3E原则，即经济性（Economy）、效率性（Efficiency）和有效性（Effectiveness）。经济性衡量的是支出节约的程度，力图以最低的成本购买到一定质量的产品；效率性是指以最小投入获得最大产出，即是否符合生产效率；有效性要求产出与组织的目标密切相关，即是否达到目标（高鹤，2014）。这一理念的核心是，城市公用事业和公共行政领域的改革要注重企业精神和竞争机制，积极将私人部门的经营理念引入到公共组织中，强调政府和私人组织合作的重要性。在这一理念下，政府规制不再是城市公用事业公益性的唯一保障，"物有所值"理念成为确保公益性的新标准，公用事业收费成为"物有所值"的核心要素。从实施绩效看，与城市公用事业传统提供方式相比，公私合作制可以使政府规制目标与私人部门的利益目标相吻合，更容易实现"物有所值"的目标（Lam and Javed，2013）。

城市公用事业具有自然垄断性和公益性特点，其建设和运营既要保障社会公众的公共利益，也要体现效率原则，因此政府与市场都可以发挥作用，同时又彼此制约。2008年全球金融危机爆发以来，基于对危机原因的深刻反思，越来越多的学者在政府与市场的关系上达成了共识，即无论是市场机制还是政府干预，都是资源配置的一种手段，都是推动经济社会发展不可或缺的手段。政府与市场的作用和经济发展所处的阶段密切相关：在经济运行正常时应发挥市场的基础性作用，而在危机时刻政府干预就成为必要的政策选择（庞明川，2013）。在这种情况下，政府部门、非营利组织、私营部门甚至公民个人都可以在城市公用事业中发挥各自的作用，形成多元合作的网络（Ostrom，2011）。

从上述分析不难看出，城市公用事业政府规制理论经历了规制公益理论、规制私益理论，再到"物有所值"的变化。虽然具体内容和主要观点存在差异，这些理论均强调特定组织形式下，政府规制对城市公用事业发展的重要作用，由此也构成了公私合作制下对城市公用事业进行政府规制的理论依据。

第二节 公私合作制下政府规制的客观需求

从效率角度看，私人部门的进入有利于优化资源配置，提高城市公用事业的运营效率。然而在资本逐利天性的驱使下，私人部门可能依靠一定期限内的垄断经营地位，制定垄断性价格，损害社会公众利益。此时，规制作为一项重要的政府职能，应发挥其保障社会公众利益的作用，城市公用事业公私合作制客观上仍需要政府制定合理有效的规制，以规范私人部门的行为，维护社会公共利益。总体上看，在推行公私合作制后，城市公用事业的规制需求表现为以下几个方面：

一　维持有效竞争格局

经济理论认为，城市公用事业是典型的自然垄断行业。虽然自然垄断的判断标准先后经历了规模经济、成本弱增性、可竞争性、网络经济性的变化，但城市自来水产业的经济技术特性决定了它仍需政府进行规制。从生产和产品运输环节看，多数城市公用事业具有显著的资产专用性特征，要借助专用网络传送、运输和销售其产品或服务，而专用网络的初始建设必须进行一次性的大规模投资，且投资回报期较长。在推行公私合作制后，虽然在政策导向上应采取激励性措施，鼓励多种多样的私人资本进入城市公用事业领域，但如果不加限制地任由企业自由进出，极有可能造成资源浪费和产能过剩，影响公共产品的稳定供给。一方面，潜在进入企业凭借其实力有可能将在位企业排挤出市场，而在位企业退市将使其专用性资产转为沉淀成本，不仅造成资源浪费，也会在一定时期内影响公共产品供给。另一方面，在市场容量有限的区域内，如果不加限制地任由企业间竞争，则可能造成生产低效率。因此，为了实现规模经济与市场竞争兼容的有效竞争局面，仍需控制经营城市公用事业的企业数量。同时，城市公共服务关系国计民生，必须保证其稳定供给，这同样需要对经营城市公用事业的企业退出设立壁垒，防止企业在无利可图或其他投资机会吸引下，自由退出造成公共产品供给的波动。

二　维护社会分配效率

城市公用事业，特别是网络型公用事业的一个突出特征就是自然垄断性，即在成本弱增范围内，由一家企业向城市或城市特定区域的用户提供公共服务，比两家或两家以上企业提供同等数量的公共产品具备更高的生产效率。因此，对于多数城市公用事业而言，某一城市或大城市的特定区域通常由一家企业垄断经营。但在公私合作制下，私人部门凭借政府授权取得垄断经营地位。如果不存在任何外部约束机制，经营城市公用事业的私人部门就会成为市场价格的制定者而不是价格接受者，这样，它就有可能借用垄断地位制定垄断价格，将一部分消费者剩余转化为生产者剩余，进而损害社会福利水平，扭曲资源分配效率。这就需要政府对城市公用事业实施价格规制，以促进社会分配效率，维护社会公众利益。价格规制的目的是通过政府强制性或激励性措施，在一定程度上缓解市场机制失灵的影响，使公共产品或服务的价格能够反映资源的稀缺程度，成为反映市场供求关系，优化资源配置的有效机制。价格规制作为现代国家运用公共权力规范市场竞争行为，调节市场供求的核心手段之一，对公私合作制的运行具有关键作用。

三 有效管理外部性

城市自来水、管道燃气等公用产品不仅是城市居民日常生活的必需品，对居民的身体健康具有重要影响，而且是城市经济不可或缺的投入品，具有极强的产业关联，这种特性决定了城市公用事业具有极强的外部性。一方面，城市公用事业的外部性特征可表现为正向作用，如城市自来水和管道燃气的合理布局与发展，将为城市化健康发展和城市经济发展提供有力的支撑作用，这时需要政府制定合理的城市发展规划，合理引导私人部门进入城市公用事业领域。另一方面，在利益最大化和效率原则下，私人部门的经营行为有可能产生负外部性特征，例如，在长春汇津污水处理项目中，私人部门汇津公司将未经处理的污水排入松花江，给沿江企业和居民的生产和生活造成了较大的负面影响。在这种情况下，政府部门需要对公共产品的质量进行有效规制，防止经营城市公用事业的企业生产不合格的产品，给经济社会造成负面效应。可见，促进正外部性，抑制负外部性也要求在推行公私合作制的同时，加强对城市公用事业的规制。

第三节 城市公用事业政府规制的政策框架

在实践中，为实现特定的政府规制目标，通常需要制定相应的规制政策。同时，为了实现多个目标，往往需要建立包含市场准入与退出、价格、质量、安全、标准、市场竞争等在内的规制政策体系。一个合理的规制政策体系既可以包含所有的规制政策，也可能只包含部分政策，其构成不仅需要考虑城市公用事业的具体行业特征，更需要反映政府规制政策的预期目标。这就启示我们，可从政府规制需求和规制目标出发，构建城市公用事业政府规制的政策框架。

总体上看，维持有效竞争格局、促进社会分配效率、控制外部性构成了政府对城市公益事业进行规制的客观需求。换言之，政府规制的目标就是实现三者之间的动态协调。这些目标不仅是规制政策制定的可行空间，同时也构成了规制政策的约束空间。如果分别以 C、A、E 表示有效竞争、社会分配效率和外部性，则上述三维政策目标体系可用如图 7-1 所示的向量空间表示。

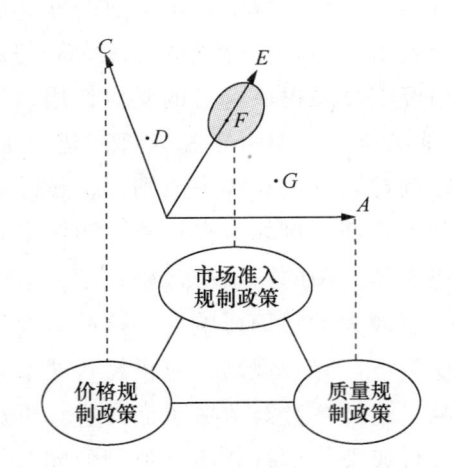

图 7-1　政府规制的三维目标及其政策框架

在如图 7-1 所示的三维向量空间中，D、G、F 代表着不同的政策目标组合，反映了规制者对不同规制目标的偏重。图 7-1 中的 D 点表示规制者比较重视维护城市公用事业有效竞争和控制外部性目标，但对社会分配效率关注不足；G 点的规制政策组合虽重视社会分配效率和外部性，但不足以维护有效竞争格局；只有以 F 点为代表阴影区域的规制政策组合，才使政府规制的三大目标较为协调。虽然在实践中，维持有效竞争格局、促进社会分配效率、控制外部性的规制目标并非相互矛盾的，但不可否认的是，实现城市公用事业政府规制的多重目标，需要多种政策的有效组合。实际上，Tinbergen 早在 1965 年就曾指出，现实中几乎不存在一箭双雕、两全其美的政策工具，可以同时实现几个独立的经济目标。换言之，一个政策目标对应一个政策工具，更有可能有效兼顾不同政策工具的优势，实现政策目标之间的有效平衡。诚然，政策目标与政策工具一一对应的观点看似简单，比如，维护社会公众利益，不仅需要政府控制经营城市公用事业企业的数量，也需要加强公共产品质量规制，但其重要意义却在于化繁为简，从复杂多样的政策体系中挑选最为符合政策目标的政策工具，提高规制政策的针对性。

选择何种政策工具来实现城市公用事业政府规制的特定目标，需深入分析这些目标背后的问题指向。维持有效竞争格局，保证公共产品供应稳定，实际上是一个产品供给数量问题。从理论角度看，公共产品的有效供给主要取决于生产者的数量；从实践角度看，城市公用事业领域推行公私合作制，也是在城市化快速发展背景下应对城市公用产品供给不足的可行策略。从以上两方面出发，维持有效竞争格局，保证公共产品供应稳定可归结为控制城市公用事业经营企业的数量，即市场准入规制问题。需要说明的是，抑制企业退出也是稳定公共产品供应的有效手段，但在当前中国城市化快速发展的背景下，城市公用产品供给的主要矛盾是投融资主体单一，在一定的历史时期内，从源头上吸引符合特定标准的私人企业进入，将是保障城市公用产品有效供给的主要途径。

维护社会分配效率，本质上是一个资源配置问题。传统的经营城市公用事业的国有企业作为政府部门的代理人，在财政支持下不存在竞争压力，这导致城市公用事业运营效率低下。在这种背景下，城市公用事业引入私人部门参与，不仅是为了缓解城市公用设施建设资金的缺乏，更重要的是借助私人部门对市场需求的敏锐反应和科学的管理经验，提高城市公用事业的运营效率。在市场经济条件下，市场价格能够反映资源的稀缺程度和市场供求情况，对于优化城市公用事业的资源配置，提高运营效率具有至关重要的作用。然而在利润驱使下，私人部门能够借助垄断经营地位制定高价，谋取垄断利润，这实质上剥夺了部分中低收入者享受公共服务的权利，造成资源配置失当，因此必须借助价格规制维护社会的分配效率。

外部性所体现的问题本质与城市公用事业产品的质量标准密切相关。一方面，如自来水作为城市居民日常生活的必需品，必须符合一定的安全饮用标准，否则就会对城市居民的身体健康造成潜在威胁。另一方面，部分城市公用行业，如城市污水处理和垃圾处理等是以城市生产生活产生的废弃物为投入品，这些废弃物本身就具有一定的负外部性，如果在生产过程中不遵循一定的质量标准，极易对环境安全造成重大危害。此外，由于私人部门以私人收益为主要目标，较少考虑社会收益，其生产过程中的行为偏差也可能使城市公用产品偏离特定的质量标准，造成负外部性效应。不难看出，对城市公用产品进行质量规制，是公私合作制下控制城市公用事业外部性的重要手段。

综上分析，本书从城市公用事业政府规制目标的问题导向出发，提出了实现城市公用事业规制目标的针对性政策工具。在政策设计上，城市公用事业的规制政策也应由这些政策工具构成。在图 7-1 中，这一逻辑可由政策目标出发，通过目标分析映射到相应的政策工具，进而构成城市公用事业的政策框架。需要说明的是，本书将城市公用事业的政策框架定义为市场准入、价格和质量规制政策的集合，并非否认其他规制政策（如竞争秩序规制政策）的作用。一方面，从规制政策的逻辑层级上看，市场准入、价格和质量规制政策在政府规制中占据核心位置，其他政策从总体上看是这几个政策的细分（如标准规制可视为质量规制的具体表现形式）；另一方面，从政策目标的匹配性角度出发，这些政策也是直接实现城市公用事业政府规制客观需求的工具。因此，总体上看，本书构建的城市公用事业政策框架包含市场准入、价格和质量规制政策。

第八章　公私合作制下城市公用事业的市场准入规制政策设计

市场准入规制是城市公用事业引入市场竞争机制，推行公私合作制的首要环节。虽然在城市化快速发展背景下，鼓励私人资本进入城市供水、污水处理、管道燃气等公用事业领域，能够有效缓减城市化建设资金相对缺乏的局面，但由于城市公共事业具有自然垄断性、公益性和外部性等特征，为了获得规模经济、保障社会公众利益，仍需要对私人部门的进入适度控制，以避免重复建设造成资源浪费。特别是在当前经济增速放缓、土地财政下滑、地方政府债务压力巨大的情况下，PPP模式的融资功能存在被过度放大的倾向，甚至引发新一轮地方政府债务危机，造成宏观经济的剧烈波动，因此更需设计有效的市场准入规制政策，以引导社会资本有序进入城市公用事业领域。需要注意的是，在公私合作制下的市场准入规制政策并非传统意义上的进入限制，为此须在明确政策总体导向的基础上，对公私合作制下市场准入规制政策的实质进行解析，据此提出可行的政策建议。

第一节　公私合作制下市场准入规制的总体导向

与传统的国有企业垄断经营模式不同，公私合作制的关键就在于通过模拟市场竞争机制，使城市公用事业的经营主体自发地进行技术革新和管理创新，提高运营效率。因此，在总体导向上，市场准入规制政策是逐步消除城市公用事业各种进入壁垒，促使有资质的私人部门推动城市公用事业由垄断性市场结构向竞争性市场结构转变。总体来看，公私合作制下城市公用事业的市场准入规则政策应明确以下基本导向：

一　塑造竞争性市场格局

传统自然垄断理论认为，城市自来水等公用事业具有规模经济特征，为了维护大规模生产优势，必须维持城市公用事业原有的垄断经营格局，限制企业进入。然而可竞争理论认为，自然垄断本身并不能作为维持垄断的必要条件，在现实中，由于城市公用事业垄断企业的价格受到政府规制，由于政府规制调整的滞后性，在市场需求发生变化的条件下，垄断企业的价格难以根据产量迅速调整。此时，如果规制者允许企业自由进入，往往会造成垄断企业垄断地位的不可维持性。即使是自然垄断的产业，只要沉淀成本为零（即退出无障碍），潜在进入者的压力也会约束在位者制定竞争性定价，从而保证生产效率（Baumol，1982）。

可竞争理论虽然因诸多建设条件脱离现实而饱受争议，但这一理论对公私合作制下城市公用事业市场准入规制政策的制定具有极为重要的导向作用。可竞争理论所强调的是，当企业进入和退出市场没有障碍时，即便是市场内只有一家企业垄断经营，潜在竞争者进入的威胁也会使在位企业自动降低成本，提高效率，否则就会承担新企业进入后的市场份额损失和利润损失。由此可见，城市公用事业由垄断性向可竞争性格局转变，是吸引私人部门进入，在城市公用事业领域推行公私合作制的先决条件。政府可制定有效的市场准入规制政策，在城市公用事业领域形成可竞争的市场。例如，政府可在总体上对城市公用事业进行结构重组，对于竞争性的业务领域，可放松甚至取消进入壁垒，允许符合资质的私人部门进入；对于自然垄断性的业务领域，可通过特许经营权招投标形式，在行业进入上模拟市场竞争机制，促使企业合理定价，提高效率。

二 消除市场进入壁垒

城市公用事业可竞争的市场格局形成后,私人部门的进入势必造成原有企业市场份额下降甚至利润降低。为了保持市场垄断地位,经营城市公用事业的国有企业会本能地通过某些策略性行为,阻止私人部门的进入。而私人部门参与城市公用事业建设、运营和管理的根本动机,是期望获得比保留现有资源更多的收益。因此,只有当私人部门进入市场后的预期收益大于预期成本时,私人部门才会选择进入市场。因此,城市公用事业领域的国有企业为了阻止私人部门进入,会通过一系列策略性行为,动摇私人部门的收益预期。比如,在位企业做出可置信的威胁,使私人部门相信待其进入市场后,在位企业会做出强烈的反应,比如大幅压低价格,从而使私人部门进入市场无利可图。或者,在位企业可寻求一定的技术手段,比如事先购买某项新进企业必需的技术专利,使新企业难以获得有竞争力的技术,进而使私人部门相信其产品难以获得竞争优势(Gilbert and Newbery, 1982)。此外,广告、品牌和产品差异也可能成为在位企业阻止私人部门进入的策略性行为。以上分析说明,仅构建可竞争的市场结构不足以真正地推动市场竞争机制的运行。为了推动公私合作制的发展,还需要制定合理的规制政策,促使城市公用事业国有企业消除进入壁垒,进而降低私人部门的进入成本,稳定其收益预期。

三 培育市场竞争力量

城市公用事业具有资产专用性强、投资数额大的特点。尤其是城市公用事业运营必不可少的管网设施,不仅需要大量的专用性投资,而且对管网铺设的技术性要求极高。在公私合作制的背景下,许多原先并不从事城市公用事业建设、运营和管理的私人部门进入这一领域,与在位的国有企业相比,它们缺乏开展其业务的网络系统,生产和经营的管理经验也相对不足。而在位企业经过多年的经营管理,不仅建立了相对完整的业务网络,而且经验丰富,因此,具备相当的市场优势地位。在这种情况下,新进私人部门与在位企业的市场地位是不对称的。此外,为了占据一定的市场份额,私人部门往往需要通过投放广告等吸引消费者，这也进一步强化了其与在位企业的不对等地位。此时，为了推动城市公用事业市场竞争机制的有效运行，使其与市场地位不对称相适应，政府应在私人部门和在位企业之间构建不对称规制政策，即在一定条件下，通过给予新进私人部门在投资、税收、补贴等方面的优惠政策，扶持其成长。需要说明的是，不对称规制政策只是一种短期性政策，当私人部门经过扶持和发展具备一定的竞争力量后，不对称规制政策就应逐步消除，转而实行适用于所有经营主体的普适性政策，保障城市公用事业经营主体公平竞争。

四 保障城市公用产品或服务的稳定供给

这就需要在把握好市场准入规制政策的同时，制定相应的市场退出规制政策，防止私人部门在城市公用事业利润下降时，被更优的投资机会吸引任意退市，造成城市公用产品或服务的波动。这一方面要求政府在私人部门特许经营期限已满时，能够通过有效的方式选择新的经营者，另一方面也要求规制机构应建立自我约束机制，防止因政府信用风险导致私人部门提早退出。然而正如前文分析，在当前中国城市化快速发展的背景下，公共财政资金不足与城市公用产品需求激增成为城市公用事业面临的主要矛盾，为缓解财政压力，地方政府可能盲目引入私人成本，从而再次过度竞争，反过来就会影响公共产品的稳定供给。因此，建立适度的准入规制，也是保障公共产品稳定供给的需要。

综上分析，公私合作制下市场准入规制政策的总体导向是创造可竞争的市场环境，吸引私人部门进入，使其成为缓解城市公用事业领域建设资金不足，提高运营效率的可行策略。

第二节 公私合作制下市场准入规制的关键问题

公私合作制不仅可以减轻政府财政负担，而且通过导入市场竞争机制，可以使价格信号发挥作用，提高运营效率。然而这些目标实现的基本前提在于能否设置合理的市场准入规制政策，从源头上把控好进入关。因此，设计准入规制政策的关键问题就是进入多少、由谁进入和如何进入。

一 进入多少

进入多少，是指在特定区域范围内，针对某一具体的城市公用行业，需要对私人部门进入的规模和数量进行适度控制。20世纪90年代以来，随着中国城市化进程的加快，原有的城市供排水管网、管道燃气、轨道交通等公用设施的辐射半径难以惠及城市新增区域内人口的需要；同时早期建设的部分城市公用设施还存在着工艺落后、管网老化、管理不善等问题，技术上有待改进。但传统的依靠公共财政支持的城市公用事业建设模式不仅难以适应城市化快速发展的需要，而且国有企业垄断经营的模式也存在运营效率低下的弊端，这些均成为城市公用事业公私合作制发展的重要制度背景。在这一背景下，部分地方政府急于通过引入私人资本来减轻政府财政压力，同时期望通过城市公用事业的发展带动地方经济的发展，但未能对私人部门进入规模进行有效评估。如在部分城市供水PPP项目中，政府对于市场需求预测过于乐观，导致PPP项目运营后的生产能力远远超过实际需求，在这种情况下，作为政府代理人的国有自来水厂按照特许经营协议消化这些生产能力，要么需要关停其他水厂，要么就要承担巨额亏损。在昆明五华垃圾焚烧发电项目中，在引入私人部门建立公私合作制的同时，地方政府又批准另外五个电厂在短期内集中投入运营，导致PPP项目市场供求失衡。

二 由谁进入

由谁进入，是指对私人部门的资质进行有效监审，以保障城市公用产品或服务的稳定供给，维护产业安全。城市公用事业人多面广，对城市经济发展和居民生活具有重大的影响。同时，城市公用事业具有集成系统性强、安全标准高和技术复杂的特点。如城市供水行业，必须在原水汲取、水净化处理、水质检测与分析等环节达到一定的安全卫生标准，才能成为供城市居民、企业、各类事业单位使用的自来水。城市管道燃气也对易燃、易爆、有毒有害气体的检测与防范有着特殊的专业要求。在城市化快速发展的背景下，如果不加甄别地放任私人企业盲目进入，一旦部分企业不具备相应资质和运营经验，将为城市公用事业的安全运营埋下重大隐患。在公私合作制下，私人部门成为城市公用事业建设、运营和管理的实质性主体，是掌握信息优势的一方。在一定的行业技术安全标准下，能否准确地找到合适的私人合作伙伴，对于城市公用事业的安全运营至关重要。因此，在制定公私合作制市场准入规制政策时，应对私人部门的资本实力、从业经历、行业专长、内部管理等进行有效监审，防止部分有资本无实体、有经历无业绩、有关联无技术的私人部门仅出于利益追求而进入城市公用事业领域。

三　如何进入

如何进入，是指选择何种方式吸引私人部门进入城市公用事业领域。公私合作制的核心要义，是借助私人资本产生"鲇鱼效应"，激活财政资金的效力和活力，进而提高城市公用事业的运营效率。而能否产生上述效应和结果，关键在于市场准入环节能否有效地模拟市场竞争机制，选择既有资金实力又具有运营效率的私人合作伙伴。从经济发达国家的基本经验看，特许经营可以在市场进入环节模拟类似于竞争性市场的环境，通过特许经营权招投标竞争，消除了传统政府管制政策难以解决的企业垄断信息优势的问题。在特许经营权招投标过程中，为了在竞争中胜出，理性的参与企业会根据自身的成本等信息提供有竞争力的报价，这样就实现了竞争决定价格而非规制者决定价格。但需要注意的是，依靠特许经营制度吸引私人部门进入，必须建立公开、公正、公平的市场环境和招投标程序，保证各类私人主体能够在统一的标准下参与竞争。这一方面需要破除传统的以所有制性质身份歧视私人部门，尤其是对民营企业设立各种"玻璃门"和"弹簧门"的现象；另一方面为实现特许经营权招投标的充分竞争，在符合相关技术标准的前提下，应鼓励相当数量的企业参与竞争，防止投标者数量过少导致私人部门间合谋现象的发生。

第三节 公私合作制下市场准入规制的政策建议

作为公私合作制推行的基础，在技术上，城市公用事业应形成可竞争的市场环境，以便为私人部门进入创造必备条件。同时，针对市场准入规制的关键问题，市场准入规制政策的核心部分可围绕进入多少、由谁进入和如何进入三个方面展开。这样，公私合作制下的城市公用事业市场准入规制政策就构成了一个相对完善的逻辑体系（见图8-1）。

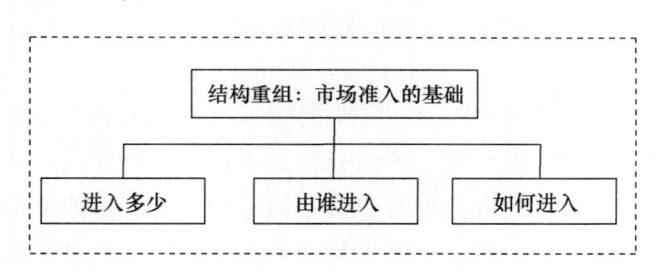

图8-1 城市公用事业市场准入政策体系

依据上述思路，本书设计的市场准入规制政策建议包括以下六个方面：

一 对城市公用事业进行模块分割与重组

从技术角度看，城市供水、污水处理、管道燃气、集中供热、城市公交（尤其是轨道交通）等公用产品或服务的生产、传输和销售活动都是围绕物理网络展开的。这些物理网络资本密集程度高、资产专用性强，具有显著的自然垄断性特征，这些部门也因此被称为自然垄断性行业。然而，这并不等于这些行业的所有业务都具备自然垄断性质。事实上，随着技术进步，城市公用产品的生产、运营和销售环节都可形成标准化的模块端口，从行业整体中分离出去，从而为城市公用事业的结构重组奠定基础（见图8-2）。

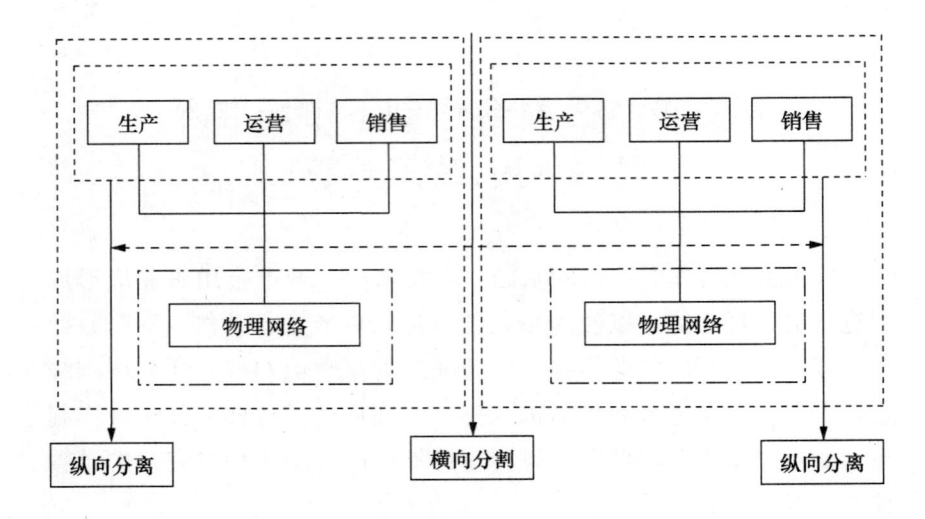

图 8-2　城市公用事业的结构重组

由图 8-2 不难看出，城市公用事业产业重组总体上可分为横向分割和纵向分离两种形式。横向分割是指在一定区域内，将包括物理网络在内的特定城市公用行业从整体分割出来，形成新的城市公用事业运营实体。这种组合形式的优点在于能够继续享有纵向一体化的好处，同时，为实现区域性竞争创造条件，但由于分割边界难以确定，容易造成规模经济损失。纵向分离是指对原有城市公用事业的产业环节进行拆分，将生产、运营、销售等环节从物理网络中分离出来，形成以物理网络为核心的产业模块集合。这种分离与组合方式可有效地用市场竞争机制代替纵向一体化下的行政配置，有利于实现各个模块之间的有效竞争。需要指出的是，纵向分离后的物理网络仍在产业链条中居于垄断地位，可借助其市场地位对上下游环节榨取剩余，因此仍需要政府对其进行有效规制。这两种产业重组方式本质上没有优劣之分，而是需要根据特定产业的性质和特征、产业发展阶段选择适宜的模式。从经济发达国家的实践看，纵向分离可操作性强，是各国城市公用事业公私合作制的主要形式，对中国城市公用事业市场准入规制政策的设计也具有较强的指导意义。

根据纵向分离的理念，城市公用事业以物理网络为核心，可分为网络型业务领域和无网络业务领域。无网络业务领域，如城市自来水、管道燃气等公用产品的生产、运营和销售环节，虽然是从生产到消费整个"产业链"中必不可少的环节，但其本身只是物理网络的节点，在产业链中处于从属地位。在一定条件下，这些环节可放松甚至取消市场准入规制，成为吸引私人部门进入的主要业务领域，逐步使其成为竞争性业务领域的经营主体。而对于物理网络环节，由于需要以巨大的资本投入和相当的市场容量作为保证规模经济和范围经济的必备条件，因此，在产业链中居于核心地位，对产业运行乃至产品供给具有决定性影响。在一定时期内，仍需要借助国有资本的控制力实施垄断经营，政府则需要有针对性地制定规制政策。然而，即使在物理网络等具有自然垄断性的业务领域，也需要保证其竞争活力，在一定的资质标准下，政府也应放松进入规制，允许私人部门以参股等形式参与企业经营，形成混合所有制企业经营模式。这样，在维护自然垄断业务领域规模经济和范围经济效应的前提下，既发挥了私人部门的优势，也增强了国有资本的运行效率。总体上看，政府应逐步破除国有企业垄断所有业务领域的纵向一体化模式，在产业模块化和纵向分离重组的基础上，针对不同业务领域的性质和特征，实施分类进入的市场准入规制政策。

二 构建关键设施运营的资质标准与管理体系

城市公用事业关键设施运营和维护是保证PPP顺利推进的重要因素。特别是在城市化快速发展，城市公用事业PPP快速推进的背景下，强化私人部门进入的资质监审，不仅有利于防止一些地方政府以突进式的方式将PPP作为迅速套现、缓解债务负担的手段，也有利于抑制私人资本盲目进入带来的安全和运营风险。为强化私人部门进入的资质监审，首要任务就是以立法或部门规章的形式，明确从事城市公用事业运营、管理等企事业单位应具备的资质条件，并逐步建立资质监审、定期抽检和信息披露制度。在立法层次上，可采取自上而下的方式，先由中央层面制定针对城市公用事业的总体性资质标准规范；作为配套性措施，财政部、住建部等相关部门可进一步对行业性资质标准做出规定；在地方政府层面，可由省级人民代表大会依据国家有关法律法规制定地方性法规；城市政府则根据上级法规政策，建立和完善城市公用事业资质评审体系，对具体PPP项目中的私人部门资质进行监审。在监审内容上，一是根据私人部门的从业经历、经营业绩、技术实力、运营方案等综合评估项目合作伙伴的专业资质、技术能力和管理经验；二是根据私人部门的实有资本、财务状况、银行资信，综合评估其财务实力。同时，逐步完善城市公用事业经营资格预审和资格后审制度，以确保能够选择诚实守信、安全可靠的私人合作伙伴。

三 对现有城市公用设施的产能进行分类整合

城市公用事业的自然垄断特征，决定了在一定城市区域或范围内，由一家或少数几家企业负责城市公用事业的运营，才能实现规模经济效应。因此，政府与私人部门合作建设、运营和管理城市公用事业项目，需充分论证项目建成投产后的生产能力和市场容量，按照最小规模经济（Minimum Economic Sale, MES）要求，对城市公用设施的产能进行有效整合。对于已建项目，特别是城镇及其郊区的小型自来水厂、污水处理厂和供气站等公用设施，随着城市区域的扩张，可通过管网归并整合、捆绑出让等方式，交由具有整体运营能力的单一或少数企业经营和管理，实现规模化运作。对于新建项目，应根据建成区增长速度和城市人口变动情况，科学预估未来的市场容量，并在项目设计和建设初期，预留一定的扩建与改造空间。对于已经审批的规模偏小、项目分散、技术不足的项目，可通过出让特许经营权等形式，统一由一家企业建设、运营和管理。由于不同PPP项目其特征、技术水平存在差异，将多个项目整合出让，这对企业的运作水平和政府监管能力提出了更高的要求。

四 探索多元主体参与的私方合作者遴选机制

改革开放初期，中国曾给予外资企业超国民的待遇，以吸引其到国内投资。然而由于相关制度不健全，外资企业进入并未产生应有的"鲇鱼效应"，促使国内同类企业发展，反而在某些领域，如城市供水与排水等市场，形成外资一家独大的局面，使其成为PPP

的首选私方合作者。此外，受所有制观念影响，部分地方政府对民营企业持怀疑甚至歧视态度，有意或无意地设置一些门槛，使得国内民营企业难以公平参与市场竞争。为此，应制定倾斜性政策，在同等条件下，促使地方政府优先选择国内企业尤其是民营企业作为私方合作伙伴，推动国内民营经济发展。对于联系政府与社会资本的行业协会、消费者组织和社会团体，可通过财政补贴、税收优惠、优先采购等政策，充分发挥其信息咨询、产权交易、金融服务等方面的优势，在条件成熟、资质健全的前提下，使之逐步参与城市公用事业改革并成为PPP私方合作者之一。对于境外资本和国际组织，可与之建立作业外包、委托运营等合作形式，由其负责部分设施的运营、维护，这样，既发挥了境外资本和国际组织的专业优势，又能借鉴和学习其先进的市场理念和技术手段，同时PPP项目的所有权也未发生变化。对于国有企业，应充分利用其资本、市场运作和商贸流通等方面的优势，就项目设计、运营管理、产品营销等方面开展广泛而灵活的合作。

五 基于项目特征完善公私合作的匹配机制

由于私人部门参与方式、项目建设形态（存量、新建、改扩建）、行业竞争性等存在差异，政府与社会资本合作的具体形式包含建设—运营—移交（Build-Operate-Transfer，BOT）、移交—运营—移交（Transfer-Operate-Transfer，TOT）、建设—移交（Build-Transfer，BT）等多种形式，并适用于不同的城市公用项目。为此，应基于项目特征，逐步完善城市公用事业PPP模式的匹配机制。对于新建项目，由于项目投资巨大，为弥补政府一次性巨量财政支出的不足，可采取BOT等特许经营模式，通过将项目的经营权授予私人部门，引导其分担项目投资，同时允许私人部门在合同期限内向使用者收费补偿其投资。对于已建成的项目，由于前期投资已经完成，公用设施的产权和物理边界都较为清晰，为了提高运营效率，可采用作业外包、委托经营等PPP形式，将一些辅助性或后续业务转移至私人部门。对于改扩建的城市项目，可采取BOT与TOT相结合的形式，将新项目的建设与已有项目的运营相结合。在充分试点与科学论证的基础上，相关部门可建立城市公用事业 PPP 项目指导性目录，引导地方政府和私人部门建立符合项目特征和地方实际的合作形式。

六 合理选择城市公用事业的市场准入形式

城市公用事业具有自然垄断特征，为了提升城市公用事业的运营效率，需要在市场准入环节模拟竞争机制，以促使经营城市公用事业的企业不断改进技术，降低成本，最终使消费者能以公允的价格消费必要数量的产品或服务。然而由于城市公用事业的行业构成与具体业务环节差异较大，因此需合理选择城市公用事业的准入形式。在模式选择上，除一些可竞争的非核心类业务，如设备采购和维修等可适当采用拍卖形式外，其他业务环节应尽量避免采用协议或拍卖形式。由于缺乏公开性和透明性，协议形式极易滋生腐败。特别对于私人部门尤其是民营企业而言，协议形式在相当程度上扼杀了其进入城市公用事业领域的机会。而特许经营权竞标不仅能够有效模拟城市公用事业市场准入环节的竞争机制，也可有效规避协议和拍卖形式的不足，因此，可作为完善城市公用事业市场准入竞争的长效机制。但在政策设计上，当前特许经营权竞标机制也应努力克服以下不足：一是进一步降低民营企业进入的门槛，真正促成城市公用事业领域多元主体有效竞争的格局；二是通过完善关键事项听证制度、项目信息披露与公开机制，增强特许经营权招标的监督机制。

第九章 公私合作制下城市公用事业的价格规制政策设计

价格机制是市场经济的核心机制。城市公用事业领域引入公私合作制后，价格信号在一定程度上反映了公共产品或服务的稀缺程度。但城市公用产品的公益性特征决定了必须对公共产品或服务的价格进行有效规制（Savas，2000），否则就会因价格上涨过快影响城市居民的基本生活。但公私合作制的实质是，在近乎垄断或者竞争很弱的产业领域与业务环境，通过引入外部竞争者，建立一种模拟市场竞争的机制，以刺激在位企业不断进行技术革新、提升生产效率（汤吉军，2015）。因此，在公私合作制下，价格规制不仅要保障社会利益，承担政府普遍服务的职能，更重要的是，以激励性的手段刺激企业优化生产要素组合，加快技术创新，降低生产成本，最终提升生产效率，因此公私合作制下城市公用事业的价格规制政策必须明确价格规制的总体导向和关键问题，并制定合理化的对策建议。

第一节 公私合作制下价格规制的目标体系

城市公用产品或服务的价格需要兼顾政府、私人部门和社会公众三方的利益目标。对于政府而言，规制价格是维护资源配置效率、保障社会公众利益和促进资源节约利用的政策工具；对于私人部门而言，一定的价格水平是实现投资收益的基础；对于社会公众而言，价格对于维系可承受的消费水平至关重要（王俊豪，1997）。

由此不难看出，城市公用产品或服务价格的形成过程，实质上是政府、私人部门和社会公众三方围绕促进社会分配效率、激励企业生产效率、维护企业发展潜力的目标相互博弈的结果。上述三维目标体系不仅是规制者的价格政策制定的可行空间，同时大体勾勒出公私合作制下价格规制的可行边界（见图9-1）。

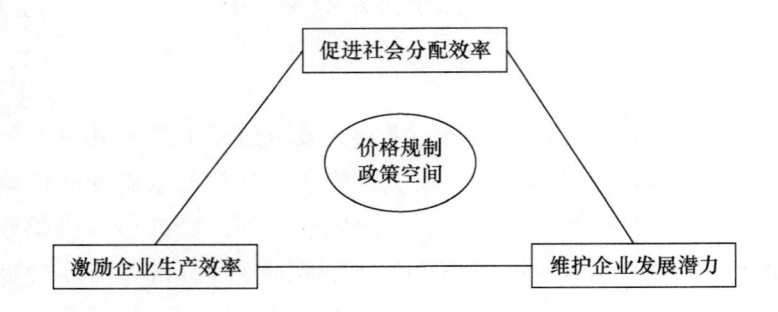

图9-1 价格规制目标体系与政策选择空间

一 促进社会分配效率

城市自来水产业一个突出的特征就是自然垄断性，即在成本弱增范围内，由一家城市供水企业向城市或城市特定区域的用户提供自来水服务，比两家或两家以上企业提供同等数量的自来水具备更高的生产效率。因此，一般而言，某一城市或大城市特定区域通常由一家供水企业垄断经营。但在拥有市场垄断地位的条件下，如果不存在任何外部约束机制，城市供水企业就会成为市场价格的制定者而不是价格接受者，这样，它就有可能借用垄断地位制定垄断价格，将一部分消费者剩余转化为生产者剩余，偏离帕累托最优状态，损害社会福利水平，扭曲资源分配效率。这就需要政府对城市自来水产业实施价格规制，弥补市场机制失灵的缺陷，以促进社会分配效率，维护社会公众福利水平。这是政府对城市自来水产业实施价格规制的第一个目标。

二 激励企业生产效率

城市自来水产业需要借助专用网络传送、运输和销售其产品或服务，而专用网络的初始建设必须进行一次性的大规模投资，且投资回报期较长。因此，这种投资具有极强的专用性，易形成大量的沉淀成本，客观上阻碍了潜在企业的进入。但在垄断情况下，由于外部市场竞争压力小，企业就会放松内部管理和技术创新，加之垄断企业一般机构庞大，内部层级多，关系复杂，往往使其费用最小化和利润最大化的经营目标难以实现，导致企业内部资源配置效率降低，即 X—非效率（Leibenstein，1966）。在这种情况下，政府通过实施价格规制，可以建立一种类似于竞争机制的体系，以刺激企业不断优化其生产要素组合，充分发挥其规模经济性，同时激励企业不断进行技术革新和管理创新，努力实现最大生产效率。这便是政府对城市自来水产业实施价格规制的第二个目标。

三　维护企业发展潜力

按照经济学基本原理，为促进资源合理配置，实现帕累托最优状态，最优的定价方式是按照产品的边际成本确定价格水平。但是，城市自来水产业一般具有显著的规模经济特征，在一定的产量范围内，成本曲线是向右下方倾斜的，而且边际成本曲线位于平均成本曲线的下方。此时按照边际成本定价虽然在理论上可保证分配效率，但会使企业发生亏损，损害企业发展潜力，更不可能达到提升企业生产效率的目标。这时采取财政补贴的措施虽可维护企业的发展潜力，但由于企业利润取决于补贴数额，这就会诱使企业"寻租"获取更多的补贴，不但不会激励企业提升生产效率，反而导致激励扭曲。这样在设计价格规制工具时，需要考虑到使城市供水企业具备一定的发展潜力，能够自主地进行大规模基础设施投资，以适应国民经济发展，尤其是城市化快速发展对城市自来水加速增长的需求。这样，维护企业发展潜力便构成政府对城市自来水产业实施价格规制的第三个目标。

综上所述，促进社会分配效率、激励企业生产效率、维护企业发展潜力就构成了政府对城市自来水产业实施价格规制的三维目标体系。这一体系不仅是规制者的价格政策制定的可行空间，同时也是其价格规制政策的约束空间，限制着规制价格的选择范围。此外，城市供水、管道燃气的生产源于水、天然气等不可再生资源，近些年实施的阶梯水价等措施具有明显的节约资源导向，这一目标主要与国民经济发展尤其是城市化快速发展的背景相关。

第二节 公私合作制下价格规制的关键问题

城市公用事业的特性决定了公私合作制下的价格规制政策，需同时兼顾公平与效率目标。但在实践中，受政策导向不清、契约不完全性等因素影响，公私合作制下价格规制仍存在目标难以兼顾，公共产品的价格与收费混淆，成本依据不足等关键问题。

一 现有模式难以兼顾多重目标

在中国城市公用事业公私合作制的实践中，政府通常在给定企业定价权的基础上，设定一个"公平、公正"的资本收益率来限制私人部门的收益水平，防止私人部门利用市场支配地位制定垄断高价。固定投资回报价格规制模型的基本形式为：

$$R(p, q) = C(q) + S \times RB \qquad (9-1)$$

在式（9-1）中，R 为私人部门的收入函数，它取决于产品价格（p）和销售数量（q）；C 为私人部门的生产成本，包括燃料成本、人工成本、上缴税金和折旧费等；S 为规制者确定的投资回报率；RB 为投资回报基数，即私人部门的资本投资总额。在既定的收入水平下，规制价格等于企业总收入（R）和销售数量（Q），即 $P = R/Q$。投资回报率价格规制模型允许对私人部门补偿其投资成本并获取一定的投资回报，这有助于激励私人部门进入城市公用事业领域。从模型构成看，规制机构能否精确地搜集和分析各种信息，以确定哪些资本是可计算的成本，哪些资本是不被计入资本范围的"不谨慎"投资，进而掌握私人部门的真实成本，确定合理回报水平。投资回报价格规制模型虽然能够有效抑制城市公用产品价格上涨过快，维护社会公平分配，但对私人部门却是一种低效能的激励机制。因为这一模型会激励私人部门过度投资，以期通过投资基数的扩大来获取较多的绝对利润（Averch and Johnson，1962），从而导致低效生产。

为了激励私人部门提高生产效率，一系列替代性的价格规制模型被陆续提出并用于实践，其中应用最为广泛的是起源于英国的最高限价规制模型。该模型将规制价格与社会零售价格指数和生产效率挂钩，力图将城市公用产品价格控制在一个既不失公平，又能刺激企业提高生产效率的水平上。最高限价规制模型的基本形式为：

$$P_{t+1} = P_t(1 + PRI - X) \qquad (9-2)$$

式（9-2）中，P_t、P_{t+1} 分别表示当期和下一期的价格水平，PRI 表示零售价格指数，通常以通货膨胀率表示，X 由规制机构规定，表示一定时期内生产效率增长的百分比，可用企业成本的降低率来近似衡量。这一模型意味着，城市公用产品的名义价格取决于 PRI（用通货膨胀率近似表示）和 X 的相对值。$RPI—X$ 的差值决定了企业价格变动的方向：如果是一个正数，企业可以在这个差值的范围内提价；如果是一个负数，则企业必须降价。最高限价模型有利于激励企业提高其生产效率。对于经营城市公用事业的私人部门而言，零售价格指数是一个外生变量，企业无法进行操纵，企业若要获得较高的利润率，就需要有较强的激励去优化资产组合，降低生产成本，提高生产效率，而非过度投资，从而克服了投资回报率规制模型下 A—J 效应。由于只需衡量零售价格指数，而没有必要衡量资产基础和公正报酬率，也不必预测未来的成本与需求状况，最高限价模型对于降低政府规制的成本也有积极作用。此外，最高限价模型下，企业可在规制期限内随着通货膨胀水平变化而变动价格，具有一定的灵活性。

尽管最高限价模型具有诸多优点，但在应用中也存在诸多限制。首先，最高限价模型需要确定一个合理的基价作为规制价格变动率的依据，而基价的确定要以成本为基础，对经济转型国家而言（比如中国），不少产品特别是一些生产资料价格还处于调整阶段，零售价格变动幅度较大，而且不稳定；同时，某些非价格因素会引起零售价格指数的变化。其次，最高限价模型可能会抑制私人部门进入城市公用事业领域的积极性，由于私人部门的利润来源于最高限价与企业成本之间的差额，私人部门为降低成本，可能减少为提高产品或服务的质量而进行的投资（Hillman and Braeutigam，1989）；特别是越接近价格调整期，企业的投资动力就越小，甚至会停止投资，从而影响城市公用产品的稳定供给。最后，城市公用产品的价格变动既受消费价格的影响，也受生产价格的影响，而最高限价模型只考虑零售价格变动因素，对生产价格缺乏动态考虑（王俊豪，2001）。

二 现行规制价格激励效应不足

由于尚未建立基于社会平均水平的生产消耗、人员工资、管理费用等监管体系，当前中国城市公用事业的价格规制主要依靠受规制企业成本来确定规制价格的水平和规制形式。由于企业上报的成本实际上并非社会平均成本，而是其垄断经营区域内的个别经营成本，在信息不对称的情况下，规制机构难以对企业上报成本进行真实性与合理性判断，甚至诱导企业任意增减成本项目。在这种情况下，价格规制实际上成为规制机构和受规制企业间讨价还价的过程，由于缺乏成本信息，规制机构可能仅凭主观经验调整规制价格，具有较大的随意性。其结果可能导致垄断企业将成本变动作为改变价格、获取利益的工具和手段，进而缺乏改进技术、改善管理降低成本的动力。同时，按照企业个别成本确定规制价格，企业上报成本越高其相应价格也就越高，这样企业就有了虚报成本的动力，成为实际的价格制定者。由于缺乏成本比较的依据，经营城市公用事业的垄断企业甚至可用政策性调价掩盖其经营性亏损的事实，造成价格规制偏离既定目标。

三 规制价格的成本边界模糊

与传统国有企业垄断供给的组织模式相比，城市公用事业领域推行公私合作之后，城市供水、管道燃气等行业提供的产品或服务的属性更加多样化，因此其价格组成也进一步细化。一方面，为了稳定私人部门参与的收益预期，需要赋予这些产品以商品属性并进行市场定价。另一方面，私人部门的进入并没有完全改变这些产品公共必需品的特性，为了满足社会公众的基本需求，同时维护自然垄断的规模经济性，需要某种形式的排他性竞争，以在整体上维持社会公众普遍接受的价格水平。同时，由于需要从自然界汲取资源，这些产品的价格构成中也应体现对资源使用和耗费的补偿。在公私合作制下，价格规制发挥作用一个必要的前提就是明确成本边界，以此作为私人部门与社会资本权责利划分的依据。然而，在实践中，城市自来水、管道燃气等公用产品的规制价格并未体现价格结构的属性差异，尤其是将资源价格和环境补偿价格作为城市公用产品成本核算的依据，不仅模糊了城市公用产品成本边界，也进一步影响了价格规制的效果。

第三节 公私合作制下价格规制的政策建议

在公私合作制下，城市自来水、管道燃气等公用产品的价值表现形式由传统的立足于社会福利的"税费"，正逐步向市场经济条件下的"价格"转变。这一转变过程需要构建科学的价格规制模型，实现城市公用事业价格规制目标间的有效协调。同时，价格规制需要构建企业间成本联动机制与成本监审机制，有效地实现市场竞争。然而，价格规制政策的实行既可能会因规制价格不足以弥补成本，导致私人部门亏损，也可能因规制价格较高造成部分低收入群体不能充分享受公共服务，这时需要发挥财政政策的调节作用，形成价格规制与财政补贴的良性互补机制，共同推动公私合作制的发展。上述分析反映了公私合作制下城市公用事业价格规制政策的核心内容，具体来说，可由以下五个方面进一步阐述：

一 构建科学的价格规制模型

由于城市公用事业具有自然垄断性的特征，为了获得规模经济，在特定的城市区域内，城市公用产品生产通常由一家或极少数企业垄断经营，因此在现行的城市公用事业规制价格主要以个别企业的成本为依据。这样企业成本越大则规制价格就越高。这种类似于

"实报实销"的价格规制模型,对企业降低成本、提高效率的刺激不足。在实践中,容易出现规制价格随企业成本不断提升的现象,导致城市公用产品价格不断上涨。针对这一问题,制定城市自来水、管道燃气等公用产品价格规制模型的一个重要参考标准就是成本约束原则。为满足私人部门的参与约束条件,还需要根据效率激励原则,使私人部门的投资获得一定的收益。但为了避免固定投资回报下(收益前置)过度投资现象,私人部门收益采取以销售利润率决定的后置收益的形式。这样,价格规制模型总体上宜设为成本加成的形式(王俊豪,2006)。

首先,根据成本约束原则,需要对价格规制模型中的成本因素进行分析。为了确定下一期规制价格(P_{t+1}),首先需要确定本期成本基数(C_t)。这里的成本因素包括两个方面。一是通常意义上的原燃料费、资本折旧费用、设备维护费用、工资开支、销售费用、税金等。虽然部分成本如原燃料费等对私人部门而言是外生的,但是其余成本均存在通过优化资源组合、提高生产效率而降低的潜力。另外,经济社会整体价格水平的波动也会对私人部门的成本产生影响。在实践中,价格水平波动状况可分别用消费价格指数(CPI)和生产价格指数(PPI)表示,这两个价格指数分别从消费和生产两个方面对私人部门的成本造成影响。

其次,根据效率激励原则,为满足私人部门参与约束条件,吸引其参与城市公用事业的建设、运营和管理,应允许私人部门获得一定的收益。但与固定投资回报价格规制模型不同,这里需要将私人部门收益与其投资数额脱钩,转而根据其生产效率确定其合理形式。同时,在特定的成本水平和规制价格下,城市公用产品的质量(Q)也在一定程度上反映了私人部门的生产效率,因此在形式上,单位价格水平也应体现质量因素的影响。

最后,为了保障城市公用产品的稳定供给和普遍服务性,应合理规定规制价格的调整周期。近年来,城市自来水、管道燃气、轨道交通等城市公用产品价格调整十分频繁,以致给社会公众造成"逢调必涨"的心理预期,给中低收入家庭的生活成本造成一定压力，影响了城市公用产品的稳定供给和普遍服务性。对经营城市公用事业的企业而言，由于将提价和利润增加寄希望于价格调整，实际上也降低了其降低成本与提高效率的激励。因此，城市公用产品价格调整周期应以国家五年计划为基准，以5年左右的周期为宜。对于那些成本与规制价格差异较大的，可允许其近期内调价到位，此后的调价周期应逐步延长。

根据上述分析思路，借鉴固定投资回报价格规制模型和最高限价价格规制模型的形式，中国城市公用产品价格规制模型可设置为：

$$P_{t+1} = C_t[1 + \alpha \times CPI + \beta \times (PPI - X)] + P_{t+1} \times r \quad (9-3)$$

上述价格规制模型采用了成本加成的形式，其中等式右边第一项是单位成本项，第二项是单位收益项，经整理并考虑质量因素，式（9-3）可进一步化简为：

$$P_{t+1} = \frac{C_t[1 + \alpha \times CPI + \beta \times (PPI - X)]}{1 - r} \times Q \quad (9-4)$$

式（9-4）中，除前文已经明示的变量外，α 和 β 分别表示私人部门成本对消费价格指数（CPI）和生产价格指数（PPI）的敏感系数，且满足 $\alpha + \beta = 1$；X 表示规制机构确定的生产效率增长率，一般用成本下降率近似表示；r 为销售利润率，一般由规制机构确定，因此对单个经营者而言是一个外生变量。

根据上述价格规制模型，在销售利润率一定的情况下，单个经营者的收益状况取决于其实际的生产效率增长率与政府规定 X 值的对比状况。这是因为，CPI 和 PPI 是由国民经济整体经济运行状况所决定的，而在调价周期内，X 值是由政府规定的确定性数值，因此，这些变量对于单个经营者而言都是外生的。这样，对于单个经营者而言，只有当其实际生产效率增长率大于 X 值时才能获益，这样就会刺激企业自觉降低生产成本、提高生产效率。对于消费者而言，成本的降低也将使其消费城市公用产品的花费减少，进而社会整体福利增加。同时，由于规制价格与特定质量水平挂钩，单个经营者为获取正常收益就必须提供符合质量标准的公用产品。总体上看,这一价格规制模型可有效实现价格规制三大目标之间的平衡。

二 构建区域间经营者比较竞争机制

价格规制模型的建立为实现保证社会公益、维护企业效率、保障稳定供给等目标提供了整体性思路。但若要使其发挥作用,还要以合理的方式确定模型中的关键参数。诚然,通过质量检测、抽样调查等方法可以确定这些变量的具体数值。然而这些方法在本质上仍是以个别企业数据为基准的,单个经营者成本越大则规制价格越高的问题并未得以有效解决。如果能在特定区域内构建多个经营者比较竞争机制,发现统一环境下企业运行的真实成本,将为上述价格规制模式的应用奠定基础。

假定在某一市场环境相似的区域中,有 N 个相互隔离的市场,每个市场上都有经营某一产业的自然垄断企业,这些企业面临的经营环境(成本和需求等状况)相似。假定这些企业面对的需求函数为 $Q(P)$,企业投资为 Z,在这一投资水平下企业的单位成本函数为 $C(Z)$,且 $C(0)=C_0$,表示企业未投入 Z 时的单位成本为 C_0。由于企业投资 Z 形成固定成本,这样在垄断条件下,随着产量增加,企业平均成本曲线和边际成本曲线都是递减的,且平均成本曲线位于边际成本曲线的上方。这时如果按照边际成本定价,企业就会出现亏损。为了实现资源分配的效率,政府需要向企业支付数量为 T 的财政补贴,此时企业的利润函数将由式(9-5)决定:

$$\pi = [P - C(Z)]Q(P) - Z + T \qquad (9-5)$$

如果规制者要实现社会福利最大化,同时保障企业利润为正,则需满足以下三个条件:

$$P^* = C(Z^*) \qquad (9-6)$$

$$-C'(Z^*) = Q(P^*) = 1 \qquad (9-7)$$

$$Z^* = T^* \qquad (9-8)$$

式(9-6)表明价格等于单位(边际)成本,这是保障资源配置效率的基本条件;式(9-7)中,$-C'$ 代表成本降低率,说明企业降低单位成本的努力(等于1)与边际收益($-C'Q$)相等,即企业遵循利润最大化原则;式(9-8)代表企业用于降低成本的投资可由政府给予的财政补贴得到补偿。

但是政府规制的效果能否实现,取决于企业成本降低程度的函数 C(Z),而在实践中,生产者一般都偏好利润(π)而厌恶为降低成本所做的努力(Z)。因为如果所有企业的努力程度相同,企业间的利润不会有差别,生产者宁可放弃超额利润而尽可能少地降低 Z,此时企业的成本水平只与 C_0 有关。在这种情况下,激励企业降低成本和提高效率的关键在于打破单个企业价格只与自身成本有关的价格形成机制。如果将不同地区企业的成本关联起来形成竞争机制,并以企业努力程度(用成本降低程度表示)作为价格规制的基础,就可为企业降低成本的投资提供标尺。

$$\overline{C}_i = \frac{1}{N-1} \sum_{j \neq 1} C_j \qquad (9-9)$$

$$\overline{Z}_i = \frac{1}{N-1} \sum_{j \neq 1} Z_j \qquad (9-10)$$

假设依赖式(9-9)和式(9-10)可以建立个别企业 i 以外的企业平均成本($\overline{C}_i$)和平均努力程度($\overline{Z}_i$),就提供了能够度量企业 i 绩效的标尺。这样,如果令所有企业 i(i=1, 2, …, N)的价格水平(P_i)等于其他企业的平均成本($\overline{C}_i$),企业 i 接受的财政补贴(T_i)等于其他企业的平均努力程度($\overline{Z}_i$),就能产生合意结果。这时企业的利润函数为:

$$\pi = [\overline{C}_i - C(Z_i)] Q(\overline{C}_i) - Z_i + \overline{Z}_i \qquad (9-11)$$

在这种情况下,企业要想获得更多的利润,就必须努力使其成本水平低于其他企业的平均水平,同时使其努力程度超过其他企业的努力程度,这就促使企业间竞争性地提升经营效率。由于企业平均成本($\overline{C}_i$)为其他企业定价提供了标尺,因此上述模型可称为标尺竞争(Yardstick Competition)价格规制模型。

标尺竞争价格规制模型打破了企业对成本信息的垄断,有利于规制机构掌握不同地区同类企业的经营成本信息,为发现本地企业真实生产成本,制定合理的规制价格提供了依据。相比于传统以成本为导向的价格规制模型,标尺竞争价格规制模型通过模拟市场竞争机制,更有利于发挥价格机制的信号传导作用,使城市公用产品价格与成本不断取向一致。从应用效果而言,标尺竞争价格规制模型曾在英国自来水业规制改革中发挥了积极作用,有效地提高了企业的经营效率,对于公私合作制下中国城市公用事业价格规制的实践也具有较大的借鉴意义。

三 明确价格规制的成本边界

在公私合作制下,城市公用产品的价格应体现其商品属性,这就需要对其价格构成的属性进行有效分析,以合理确定城市公用产品的边界。以城市供水为例,从取水到制水,再到自来水传输、分销使用最后到污水排放,这一过程涉及工程引水、自来水的生产与供应、排水及污水处理等业务环节,构成了一个相对独立却又顺次衔接的产业链。在这一过程中,按照不同环节水资源的属性,城市供水的成本具有明显的结构差异和属性差异(Global Water Partnership Technical Advisory Committee, 2000),相应地,其成本构成也具有层次特征(见图9-2)。确定这些成本的属性对于价格规制的成本核定极为重要。

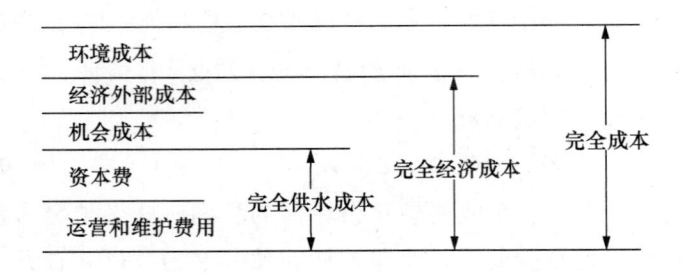

```
环境成本
经济外部成本                    ┐
机会成本          ┐             │
资本费           │完全经济成本    │完全成本
运营和维护费用    ┘完全供水成本    ┘
```

图 9-2 城市供水的成本结构

由图9-2可见,城市自来水的成本按照口径大小和包含项目的多寡,可分为完全供水成本、完全经济成本和完全成本三类。其中,完全供水成本是指在汲取原水和自来水生产过程中产生的成本,包括水文勘探、水质监测、工程引水、自来水基础设施建设以及自来水生产与配送过程中的成本和运营维护费用。由于完全供水成本以土地、资本、劳动力等要素投入为基础，因此具有较为清晰的成本边界，成本度量也较为容易。在完全供水成本的基础上，将成本核算的范围进一步延伸至反映水资源价值的机会成本，以及污水收集与处理设施的建设、运行和维护成本，就形成了完全经济成本。如果再将污水排放对生态环境损害的环境成本计入在内，就拓展成对应于整个水资源社会循环过程的成本概念，即完全成本。我国城市水价的四元构成体系实际上反映了完全成本的概念，其中水资源费体现水资源价值（即机会成本），水利工程供水价格、城市供水价格反映完全供水成本，污水处理费补偿污水设施建造和运营的成本。

从成本属性看，资源价格收取的前提在于水资源的稀缺性。由于具有时空分布的随机性特点，对其进行私人产权的界定又极为困难，因此水资源具有很强的公益性特征，一般由政府作为所有权主体。由此可见，资源价格与城市公用产品的成本并不直接关联，而是国家用以调节资源供需的手段。资源价格收取的前提，是以局部或整体层面的资源总量呈现稀缺状态，这样为了保证社会分配效率，就需要根据资源稀缺程度，由区域甚至国家层面确定资源价格的高低。从这一点看，资源价格合理的实现形式应是资源税，使其成为国家补偿资源耗费、促进资源节约的经济来源之一（张郁，2008）。因此，资源价格不应纳入成本范畴。此外，在城市自来水生产和消费过程中，会产生污水排放行为。为了体现对环境的合理补偿，同时规范和约束使用者的排污行为，城市自来水的价格中通常会包含环境补偿价格。由于生态环境的所有权主体是政府，环境治理的责任也应由政府承担。从这个角度看，环境水价实质上是一种政府事业性收费，以弥补政府财政支付环境补偿费用不足部分，同样不应计入城市公用产品成本核算的范围。

在目前的技术条件下，由于机会成本和环境成本难以度量，因此对于诸如城市供水、管道燃气等需要以自然资源作为投入品的城市公用行业，从成本可量的角度出发，并不适于将所有成本都进入到价格里面，而应根据城市公用产品生产经营的实际，将资源价格和环境价格以税费的形式征收,而将生产过程中引、提、蓄、输、配等技术环节的投资和运营费用作为成本核算的范围。这样不仅有利于明确城市公用产品价格形成过程中政府和私人部门的责任,也有利于政府规制部门掌握准确的价格规制数据,确保价格规制的目标得以实现。

四 强化成本监审与公开机制

根据2006年3月颁布实施的《政府制定价格成本监审办法》(国家发展和改革委员会令第42号),成本监审是指政府价格主管部门制定价格过程中,在调查、测算、审核经营者成本基础上核定定价成本的行为。该办法同时规定,成本监审实行目录管理制度。在随后浙江、山东、广东等省区颁布实施的政府制定价格成本监审目录中,城市供水、管道燃气、集中供热、公共交通等城市公用行业被明确列为政府定调价成本监审的对象。然而特定区域内城市公用事业垄断经营的模式决定了其成本监审必须以经营者成本公开为前提,在其基础上,通过建立一定区域内不同企业间经营者比较竞争机制,逐步形成一定范围内经营者生产经营同种商品或者提供同种服务的社会平均合理费用支出,以此作为价格规制的基础数据,建立区域内经营者成本约束体系。在成本监审方式上,为了解决信息不对称问题,政府成本监审机构可采取同第三方合作的形式,在价格制定或调整之前共同对行业的成本状况进行调查与审核,并将最终结果及时向社会公开,接受社会监督。此外,成本监审的周期应与城市公用产品价格调整周期保持相对一致,一方面及时掌握行业成本变化,另一方面也为规制价格调整提供依据。

五 建立价格规制与财政支持互补机制

城市公用事业推行公私合作制后,城市公用产品同时具备商品和必需品双重属性。作为商品,由于私人部门提供了更好品质的产品和服务,它理应获得更高的单位价格,但同时也会对使用者尤其是中低收入者的生产生活造成影响。作为必需品,为了保证社会公众能够普遍享受公共服务,城市公用产品的价格受到政府规制,但在一定情况下,这有可能降低企业为提升产品质量进行的投资。以上两方面说明，在公私合作制背景下，为了有效协调城市公用产品和必需品的矛盾，在价格规制的基础上，应充分发挥公共财政的调节作用，建立健全城市公用产品财政补贴机制。对于私人部门在城市公用事业建设、运营和维护过程中出现的亏损，在满足一定质量标准的前提下，应启动财政补贴机制，保障企业连续生产的能力。对于因规制价格上涨而造成的中低收入群体使用量不足，政府可按照其需求缺口发放财政补贴，或者将这部分补贴统一转移至提供服务的私人部门，由其代行减免政策。

第十章　公私合作制下城市公用事业的质量规制政策设计

　　城市公用事业是一个极为特殊的行业，其提供产品的质量与居民生活和身心健康密切相关，因此，与一般性商品相比，维持一定的城市公用产品质量，对于维护和增进消费者利益至关重要。在市场经济条件下，竞争机制会使生产者自动提高产品质量，以保持和增进市场份额从而获得利润，而消费者也可以选择最符合自己品质要求的商品。但是，在城市公用事业领域，即便是在公私合作制下，为了获得规模经济效应，在一定地域内也需要由一家或极少数企业垄断经营，一方面企业具有市场优势地位，另一方面消费者的选择空间也极为有限，这就使消费者只能被动地接受垄断厂商产品或服务的质量。为保障社会公众利益，构建有效的政府规制政策体系也势在必行。从整体上看，城市公用事业公私合作制的规制政策可分为市场准入规制政策、价格规制政策和质量规制政策。然而，在实践中，上述政府规制政策的执行力度却存在一定差异，其中市场准入规制较为严格，价格规制次之，而质量规制最弱（严宏、孙照红，2014）。如在兰州威立雅水污染事件中，地方政府想当然地认为公私合作制下的公共服务质量应该更高，属于质量监管，造成了较大的安全隐患。

　　实践表明，在逐利天性驱使下，获得城市公用事业特许经营权的私人资本，存在以牺牲公共产品质量从而降低成本的倾向。如在青岛威立雅污水处理项目中，企业为降低生产成本，直接将污水处理厂回用水接入城市饮用水管道，试图通过自来水稀释降低污染物的含量，造成了严重的水污染事件（王芳芳、董骁，2014）。在城市垃圾处理领域，因项目选址不当、污染物排放处置不合理造成的聚集性事件也频繁出现（王奎明等，2013）。上述事例说明，公私合作制并非包治百病的灵丹妙药，在当前各地推进公私合作制热情高涨的背景下，如何在追求项目建设速度和运营效率的同时，提升城市公用产品的质量，将是各地政府面临的重大课题。然而由于城市公用事业包含多个经济特性相似，但产品特性与消费方式存在差异的行业部门，这决定了公私合作制下城市公用事业的质量规制更需要明确相对统一的政策思路，在对关键问题分析的基础上，提出具有针对性的政策建议。

第一节 公私合作制下质量规制的总体思路

一 整体规制与分类规制相结合

城市公用事业是指通过基础设施向个人和组织提供普遍必需品和服务的产业，主要包括城市供水排水和污水处理、供气、集中供热、城市道路和公共交通、环境卫生和垃圾处理以及园林绿化等（王俊豪等，2013）。这些行业提供的产品或服务在其消费品质上具有较大差异。比如集中供热，城市居民可能在事前并不清楚其品质状况，但是在一定的价格水平下，通过温度计测量或者身体感知，也能大致判断集中供热服务的水平，此类产品具有明显的经验品特征（Experience Goods）。[①] 而有些城市公用产品，不仅事前难以知晓，即便是消费之后也难以判断其质量水平，具有明显的信任品（Credence Goods）属性。比如城市自来水，虽然消费者可以通过对气味、味道、颜色等观察进行简单的质量判断，但多数消费者却难以判断自来水中铅等金属物质以及杀虫剂等化学试剂的含量，这些

---

① 根据信息不对称的程度，所有产品可分为信任品（Credence Goods）、经验品（Experience Goods）和搜寻品（Search Goods）三类。

显然对消费者的身体健康影响更大。不仅如此，由于投入品的来源和质量存在差异，即便同一行业内部的各种产品也存在差异，如在城市管道燃气行业，天然气、石油液化气和人工燃气在热效率、污染水平等质量指标上也存在较大差异。上述城市公用行业及其内部产品或服务的质量差异，决定了对其进行质量规制时，既需要提出具有普适性的政策建议，又必须根据各个行业消费品质的特点，分类制定规制政策。

二 直接规制与间接规制相结合

维护和增加消费者福利是政府对城市公用事业实行规制的一个重要目标。而消费者福利的增进既表现为能够以较低的价格享受多样化的产品或服务，又体现在特定产品或服务能够满足一定的质量标准。在公私合作制下，城市公用事业领域的某些业务领域和环节逐步向竞争性市场转变，但其垄断经营的基本格局没有改变，在一定的地域范围内，城市公用产品由一家或少数企业垄断经营，消费者往往只能被动地接受厂商提供的产品。在这种情况下，政府就必须直接接入城市公用产品的质量管理，通过定期检查、随机抽查、产品质量与价格挂钩等方式对企业产品或服务的质量进行检测和评估，并向社会公众公布结果，促使企业自觉提高产品质量。因此可通过培育市场竞争力量，以市场竞争机制促进生产者自觉提高产品或服务的质量。然而，在某些竞争性行业或业务领域，市场竞争机制会促使企业自觉提高产品质量，一旦提高市场占有率，这时政府应更多采取间接性的规制手段，通过培育市场竞争力量、模拟市场竞争机制，将提高产品质量转化为企业的内在激励，鼓励企业自觉提高产品质量，并吸引资本、劳动力等要素向生产优质产品的企业聚集。

三 标准治理与多元参与相结合

城市公用事业各行业、各业务、各环节的标准是实行质量规制的重要依据。以城市供水为例，从原水汲取到生产制水，再到传输售水，政府必须建立全产业链的质量标准体系，特别是建立与消费者健康与安全密切相关的产品或服务质量标准，保障城市用水安全与稳定，并对未达标的企业进行处罚或制裁。不断完善城市公用产品的质量标准体系，提升政府的标准治理能力，将是城市公用事业质量规制的基础。因此，标准治理是城市公用产品质量规制的一项重要内容，也是一项重要规制工具。除此之外，政府应顺应经济社会发展的趋势，同步发展尊重市场规则与创造力的社会团体和组织的标准体系，通过建立多元化的产品质量规制参与机制，激发企业不断提升标准水平。

第二节　公私合作制下质量规制的关键问题

产品质量规制是指政府特定行政主体实施的，能够对产品质量主体及其行为产生直接影响的市场规则、政策措施和干预手段（程虹，2010）。由于城市公用产品具有基础性、准公共品性、外部性、信任品或经验品属性等特征，对其质量进行规制已成为现代政府的必备职能之一。然而这些属性使得城市公用产品面临产品质量规制与服务质量规制相互交织、质量规制的非独立性和质量规制全阶段性等关键问题。

一　产品质量与服务质量规制相互交织

城市公用事业领域的质量规制是指政府为了维护社会公众利益，以公权力为基础，以一定的法律法规为依据，运用行政手段对城市公用产品和服务的质量进行调控和管理。由此可见，城市公用事业领域的质量规制实际上包含产品质量规制和服务质量规制两个重要组成部分。前者如城市自来水、管道燃气和集中供热等，虽然在物理形态上有液态、气态之分，但是，总体上属于有形产品，可根据产品的组成成分和物理化学特性，设定一定的技术或安全阈值，以此实现质量规制的目的。后者如城市垃圾处理和污水处理等，这些行业以企业、城市居民、事业单位生产和生活的废弃物为投入品和经营对象，目的是消除废弃物对生态环境和居民身心健康的负外部性影响，因此，本质上属于城市公共服务，同样需要符合一定的质量标准。但是由于服务是无形的，无法基于有形的产品载体制定标准，因此服务的质量更多依赖于消费者的主观评价。综上分析，由消费者所处环境和个体特征差异所决定，如何通过适当手段将服务质量标准化，是公私合作制下城市公用事业质量规制面临的关键问题之一。

二　质量规制的非独立性

在公私合作制下，城市公用产品的质量并非一个独立变量。一方面，城市公用产品或服务的质量与市场竞争状况相关。正如可竞争市场理论所揭示的，即便在垄断经营的状态下，只要潜在企业能够自由进出特定城市公用事业领域，竞争的压力也会促使在位企业自觉生产符合质量的产品或服务，否则就会被潜在进入者所替代。这可视为质量规制的弹性机制。另一方面，无论在位者提供的产品符合质量与否，其实现价值的形式依旧是价格。而在城市公用产品价格受到规制的情况下，只有当经营者的产品或服务符合特定的标准，才能按照规制价格销售并取得收益，否则要么遭受惩罚，要么降价出售，这两者都会使经营者蒙受利益损失。从这个角度看，利用价格规制实现质量规制目标，可视为一种强制机制。但无论是弹性机制还是强制机制，都说明了公私合作制下的质量规制具有明显的非独立性特征。

三　质量规制的全阶段性

在公私合作制下，为了吸引私人部门进入，城市公用事业根据其技术特征进行了纵向分割，各个环节根据技术分工可能隶属不同的单位和部门，这就使得城市公用产品的质量规制更要注重各个环节的协调。以城市供水排水与污水处理为例，为了保证城市自来水水质达到安全饮用的标准，就必须对取水、汲水、制水、输水等各个环节的水质进行监管，其中任何一个环节出现质量不达标的情况，就会影响整个城市自来水行业质量规制的效果。如2014年兰州市自来水苯超标事件，究其原因，是兰州石化1987年和2002年发生的爆炸事故导致渣油泄漏渗入地下，污染水源。而在制水过程中，私人运营商威立雅集团未能有效检测出污染水源，事故发生后政府职能部门和私人企业未能采取有效应对措施，一度造成居民囤积矿泉水的局面。此外，在输送环节，由于管网锈蚀、破损，也有可能直接影响水质。由此可见，在公私合作制下，必须更加强调城市公用产品质量规制的全阶段、协调性监管。

第三节 公私合作制下质量规制的政策建议

城市公用产品或服务的质量对居民身心健康、公共卫生安全乃至社会稳定发展都有至关重要的作用。在城镇基础设施建设资金缺乏、公私合作制加速发展的背景下，参与城市公用事业建设、运营和管理的私人部门数量迅速增多，部分私人资本或由于缺乏经营城市公用事业的经验，或急于收回投资取得利润，可能忽视城市公用产品的质量。因此，在公私合作制的背景下，必须强化对城市公用产品的质量规制。这一方面需要进一步健全相关质量标准体系，构建合理的质量评估和考核机制，为质量规制提供制度基础与执行保障；另一方面也要结合质量规制的特点和关键问题，以协调优化的思维间接地实现质量规制的目标。同时，需要建立质量信息披露机制，以社会监督的力量促使经营者提供符合品质要求的产品或服务。

一 完善城市公用产品监管的标准体系

自20世纪90年代以来，随着城市公用事业民营化改革进程的加快，中国目前已经制定和实施了一系列与城市公用事业相关的质量或技术标准，初步建立了城市公用产品质量规制的制度依据。从实践效果看，这些标准或规范对于规范私人部门的生产行为、保障城市公用产品的质量起到了积极引导作用。但总体来看，有关城市公用产品质量规制的法律依据是行政规章、地方性法规和地方性规章，位阶偏低、法律效力不足。随着公私合作制的发展和社会各界对城市公用产品质量的关注，首先，应建立起城市公用事业质量标准的法律法规体系，加强质量规制的强制性。具体路径可采取自上而下的方式，先由全国人民代表大会制定《城市公用事业法》或类似法律，并安排专门章节对城市公用事业的共性质量标准作出说明，然后再由各个行政主管部门制定实施细则，地方政府则根据法律要求和实施细则，制定符合地区实际的标准规范。其次，现行城市公用事业技术标准主要针对有形的公用产品及其工程技术规范，对于城市公用事业衍生的公共服务关注不足。为此，可借鉴民航、铁路旅客服务质量规制的经验，围绕城市公用产品及服务过程等建立服务质量标准，引导行业内具有实力和社会影响力的企业率先推行，并逐步提升行业标准。最后，随着技术发展和居民生活水平的提高，社会各界对城市公用产品或服务的质量预期也逐步提高，中国现行的技术标准不仅低于美国等经济发达国家，而且在调整周期上存在滞后性。为适应技术发展和社会需要，需加快对现行标准规范的调整与修订。

二 强化城市公用产品质量监控与考核机制

为实现对城市公用产品的有效监管，除健全和完善城市公用事业质量标准体系外，还应通过构建合理的质量监控与考核评估机制，保障质量规制的标准能够切实可行。首先，要借助科技手段，通过安装在线监测设备、实施监测数据联网，逐步构建覆盖特定区域乃至全国的城市公用产品信息化管理平台，通过实时监测城市公用产品生产、传输和销售等各环节的质量数据，构建完善的城市公用产品质量监控体系。为弥补技术检测的不足，同时可委托具有监测实力和计量资格的第三方，建立日常巡视、不定期抽检、定期评估和专项调研相结合的监测制度，并及时向社会公开监测结果。其次，建立城市公用产品和服务质量考核管理机制，明确城市公用产品质量监测的主体单位和负责人员，根据各自职能岗位的不同，制定合理的考核办法和方式。最后，为适应城市公用产品质量规制专业化、制度化的要求，需加强政府规制机构及其人员的培训与考核，特别是县区一级的规制机构，更要设立专门机构负责监管人员的培训，以提高其业务水平和监管能力。

三　加强质量规制与进入规制、价格规制的协调

在传统模式下，城市公用事业呈现出高度一体化特征，国有企业几乎垄断了从城市公用设施的建设、运营和管理，到城市公用产品生产销售活动等几乎所有技术环节的活动。由于缺乏市场竞争的力量，传统模式下的质量规制主要依靠行政监管手段，具有相对独立性特征。而在公私合作制下，原有垄断的市场结构被打破，私人部门的引入使得城市公用事业的部分业务领域具备了竞争性的力量，于是在这些竞争性的业务领域，市场竞争机制会促使经营者自觉提供符合质量标准的产品或服务，否则就会丧失部分市场份额或遭受规制机构惩罚，对其利润造成负面影响。因此，需要依市场竞争实现质量规制的目标。而在非竞争性的业务领域，为了保证经营者能够生产符合一定质量标准的产品，通常的做法是将特定城市公用产品的质量量化为一个参数，加入到价格规制模型中，经营者只有提供符合质量标准的产品或服务时，才能够按照规制价格收费，否则就可能招致惩罚或降价。总体来说，在制定公私合作制质量规制政策时，应与进入规制和价格规制等政策相协调，通过直接规制与间接规制相结合的方式，实现特定行业的质量规制目标。

四　优化不同业务环节的质量规制政策

虽然在技术上，城市公用事业可以根据其建设、运营和管理等环节的特性，划分为相对独立的各个领域，但在运行上，这些环节前后衔接、相互联系且不可分割，这就决定了城市公用产品的质量规制具有全阶段性特征。然而在现行的政府机构设置原则和管理体制下，经营城市公用事业的私人部门在其建设、经营和管理中受到建设、环保、卫生、发改、财政等多个部门的管理，部分业务领域和环节甚至由多个部门交叉管理。以城市供水排水与污水处理行业为例，虽然在总体上其业务由住房和城乡建设部负责，但在具体的水源管理、水质标准和污水排放上，则分别由水利部、卫生部和环保部具体负责。这不仅增加了企业的交易成本，而且由于每个部门的质量标准存在差异甚至相悖之处，造成各个业务环节的质量技术标准难以衔接，影响了城市公用产品质量规制的效果。因此，在多

头管理的现实情况下，应根据特定行业的技术特点和行业规范，建立沟通协调机制，使各个环节的质量标准和规制政策能够有效衔接，避免因政出多门造成规制错位、缺位和越位，使不同业务环节的质量规制政策能够协调与优化。当然，根据美国、英国等经济发达国家的经验，如果能围绕特定行业，设立独立性的规制机构可获得更优的规制效果，但在现有体制下，上述政策设计也不失为一种次优选择。

五　实施城市公用产品质量信息披露机制

城市公用产品对社会公众切身利益具有重要影响，且具有不可替代性。因此，城市公用事业由何种资质的私人部门生产，关键环节的质量如何，社会公众等应享有充分的知情权和利益表达权。为了克服城市公用事业垄断经营造成的信息不对称，建立城市公用产品生产和输送关键环节质量信息披露机制，发挥社会监督的力量，是实现合意规制效果的重要手段。为此，政府规制机构可在信息采集的基础上，通过报纸、电视、网络等多种信息媒介，将经营城市公用事业私人部门的资质水平、生产工艺、服务能力、社会评估等与质量密切相关的信息及时公布并更新。同时，在建立质量监控与考核评估机制的基础上，发挥社会监督的力量，建立区域性乃至全国性的城市公用产品/服务质量数据库，对于违反质量标准、造成负面社会效应的私人部门及责任人建立负面清单，以便对其他经营者的行为起到警示作用。

第十一章 结论与展望

经济学研究与现实问题是相互依赖、互动发展的。一方面，经济学研究需要从现实中提炼素材、总结规律，并在一定意义上以解决现实问题为导向；另一方面，源于现实问题的经济学研究，并不只是对现实问题的概括与总结，而是在对实践经验批判性反思、规范性矫正和正确性引导的基础上，努力实现对现实问题的超越，以更好地指导实践的开展（孙正聿，2009）。总体来说，本书在上述理念的指导下，既取得了具有一定理论与实践价值的结论，也存在进一步改进的空间。

第一节 主要结论

基于城市公用事业的技术经济特征，本书构建了公私合作机制与政府规制的统一框架，设计了体系完整的规制政策，得出了一些具有重要价值的研究结论：

一 提出了公私部门划分的"功能属性"观

公私部门的划分应以经济主体承担任务的功能属性为基础，检验经济主体的活动是否通过法律法规授权，纳入国家权限范围内。在此基础上构建合理的公私合作机制既需要从效率目标出发，以风险分担和收益分配为基础，完善合约治理机制，同时为避免私人资本盲目逐利损害社会公众利益，还需发挥政府规制的作用。

二 不同层级的PPP风险具有关联特征

PPP项目的风险因素具有一定的因果关联性，其中国家级的风险大多由公共部门引发，项目级的风险部分大多由私人部门导致。对于难以确定归责对象的风险需引入最终要约仲裁（FOA）机制，即以公私双方围绕仲裁者公正值进行博弈，以此实现特定风险在公私部门间的有效配置。

三　政府资金约束是影响 PPP 收益分配机制的重要因素

总体来看，政府资金约束是影响收益分配机制的重要因素，并且政府资金约束越大，项目风险越高，最优收益分配机制所决定的私人部门收益分配系数也就越高。然而在制度不完善的情况下，政府逐利行为不仅会降低私人部门的努力水平，甚至会打破其参与约束，导致私人部门停止投资。

四　PPP 运行需要设计体系完整的规制政策

城市公用事业的自然垄断性、公益性和基础性技术经济特征决定了政府城市公用事业运营权力的受让并非代表其城市公用事业责任的完全转移，而应承担制定相应的进入规制政策、价格规制政策和质量规制政策，以保障城市公用事业在能够取得规模经济效应的同时，取得良好的社会效益。

第二节　研究展望

作为一项替代传统公共服务供给模式的有效制度安排，公私合作制不仅受到经济学者的重视，而且在公共管理、政治理论甚至在社会学领域也受到了广泛的关注，这反映了公私合作制多学科交叉融合的理论背景。本书虽试图用经济学思维对公私合作机制及其政府规制进行研究，也得出一些有意义的研究结论，但公私合作制丰富的理论与现实背景，决定了对这些问题进行深入的研究仍具有的较大理论空间。同时，囿于知识储备和逻辑思维能力，本书对一些问题的研究还处于相对粗略的阶段，这既体现出本书的相对不足，也是个人进一步努力的研究方向。

一 政府行为对公私合作的影响机理需深入研究

政府部门的自利行为会对公私合作的收益分配机制产生重大影响，而私人部门的提早退出大多是由政府信用风险引发的。因此，从逻辑角度看，政府风险的约束与防范机制，应成为公私合作制发展的前提条件之一。但中国城市公用事业市场化改革走的是一条"先试验—再推广—总结经验再实践"的渐进式道路，尽管在市场化初期曾发挥过巨大的作用，但是，由于缺乏整体性设计和正式制度保障，且这一研究内容具有一定的独立性，超出了本书的范围。今后，应重点研究政府行为对公私合作制运行效率的影响，并提出以法治建设为主要内容的政府风险治理机制。

二 需要进一步强化定量研究

中国城市公用事业公私合作制的开展历史有限，直至 2015 年 1 月才由国家发改委主持建立 PPP 项目库，相关数据较为缺乏。鉴于这种情况，本书较多地采用了案例分析、梳理归纳和逻辑推演方法，定量分析方法相对不足。今后，随着公私合作机制的发展和规制体系的不断完善，相关数据的可获得性也将增强，采用计量方法对本书结论进行验证也将是今后努力的方向之一。

三 具体的行业研究值得期待

城市公用事业包括城市供水排水和污水处理、供气、集中供热、城市道路和公共交通、环境卫生和垃圾处理以及园林绿化等多个行业。虽然总体上看，这些行业都具有自然垄断性、基础性和公益性特征，可以确立相对统一的公私合作机制和规制政策，但是，由于各个行业生产供应、消费性质的差异，如果能够以特定行业为分析对象，则更具有针对性。

参考文献

［1］包兴安：《新型城镇化：打造中国经济升级版的助推器》，《证券日报》2013年3月20日。

［2］陈帆、王孟钧：《契约视角下的PPP项目承包商治理机制研究》，《技术经济》2010年第6期。

［3］陈敏：《行政法总论》，新学林出版有限公司2011年版。

［4］陈弱水：《公共意识与中国文化》，新星出版社2006年版。

［5］程虹：《宏观质量管理的基本理论研究》，《武汉大学学报》（哲学社会科学版）2010年第1期。

［6］程连于：《PPP项目融资模式的风险分担优化模型》，《价值工程》2009年第4期。

［7］仇保兴、王俊豪：《中国城市公用事业特许经营与政府监管研究》，中国建筑工业出版社2014年版。

［8］［美］达霖·格里姆赛、莫文·K.刘易斯：《公私合作伙伴关系：基础设施供给和项目融资的全球革命》，中国人民大学出版社2008年版。

［9］戴大双：《BOT项目风险量化方法与应用》，《科技管理研究》2005年第2期。

［10］邸晶鑫：《地方政府投融资债务风险的深层化解》，《贵州社会科学》2014年第9期。

［11］高鹤：《"物有所值"成为政府购买服务风向标》，《中国会计报》2014年6月6日。

［12］顾玲玲：《公用事业民营化中的公共性缺失及其治理》，《改革与开放》2014年第4期。

［13］谷书堂、杨蕙馨：《关于规模经济的含义与估计》，《东岳论丛》1999年第2期。

［14］郭鹰：《民间资本参与公私合作伙伴关系（PPP）的路径与策略》，社会科学文献出版社2010年版。

［15］郝远超：《威立雅卷入自来水管道排污风波》，《中国经营报》2007年11月4日。

［16］韩文：《山西永济供气之争》，《中国经济周刊》2011年第23期。

［17］贾康、孙洁：《公私合作伙伴机制：城镇化投融资的模式创新》，《新金融评论》2013年第6期。

［18］姜爱华、张弛：《城镇化进程中的"城市病"及其治理路径探析》，《中州学刊》2012年第6期。

［19］金微：《国务院推80个PPP项目，铁路港口均在列》，《每日经济新闻》2014年4月24日。

［20］柯洪、李赛、杜亚灵：《风险分担对工程项目管理绩效的影响研究——基于社会资本的调节效应》，《软科学》2014年第2期。

［21］柯永建、王守清、陈炳泉：《基础设施PPP项目的风险分担》，《建筑经济》2008年第4期。

［22］李云雁：《城市公用事业民营化改革中的政府责任》，《财经论丛》2012年第3期。

［23］赖丹馨、费方域：《混合组织的合同治理机制研究》，《珞珈管理评论》2009年第2期。

［24］梁倩：《城镇化基建资金缺口或达20万亿》，《经济参考报》2013年11月29日。

［25］刘佳丽、谢地：《西方公共产品理论回顾、反思与前瞻——兼论我国公共产品民营化与政府监管改革》，《河北经贸大学学报》2015年第5期。

［26］刘凤元：《企业生态效益及其生存策略研究》，《改革与战略》2008年第8期。

[27] 刘先文：《遵义市出让两水厂经营权的经济账》，《贵州日报》2004年4月26日。

[28] 刘迎秋：《中国经济"民营化"的必要性和现实性分析》，《经济研究》1994年第6期。

[29] 陆晓春、杜亚灵、岳凯等：《基于典型案例的PPP运作方式分析与选择——兼论我国推广政府和社会资本合作的策略建议》，《财政研究》2014年第11期。

[30] 毛基业、李晓燕：《理论在案例研究中的作用——中国企业管理案例论坛（2009）综述与范文分析》，《管理世界》2011年第2期。

[31] ［美］保罗·A.萨缪尔森、威廉·D.诺德豪斯：《经济学》（第18版），萧琛译，人民邮电出版社2008年版。

[32] 亓霞、柯永建、王守清：《基于案例的中国PPP项目的主要风险因素分析》，《中国软科学》2009年第5期。

[33] 庞明川：《转轨经济中政府与市场关系中国范式的形成与演进——基于体制基础、制度变迁与文化传统的一种阐释》，《财经问题研究》2013年第12期。

[34] ［日］青木昌彦：《企业的合作博弈理论》，中国人民大学出版社2005年版。

[35] 任保平、张文亮：《以供给管理与需求管理相结合来加快经济发展方式转变》，《经济纵横》2013年第2期。

[36] ［美］萨瓦斯：《民营化与公私部门的伙伴关系》，周志忍译，中国人民大学出版社2002年版。

[37] 孙淑云、戴大双、杨卫华：《高速公路BOT项目特许定价中的风险分担研究》，《科技管理研究》2006年第10期。

[38] 孙正聿：《理论及其与实践的辩证关系》，《光明日报》2009年11月24日。

[39] 宋金波、常静、靳璐璐：《BOT项目提前终止关键影响因素——基于多案例的研究》，《管理案例研究与评论》2014年第1期。

［40］宋金波、宋丹荣、姜珊：《垃圾焚烧发电 BOT 项目的风险分担研究》，《中国软科学》2010 年第 7 期。

［41］陶希东：《跨界治理：中国社会公共治理的战略选择》，《学术月刊》2011 年第 8 期。

［42］田振清、任宇航：《北京地铁 4 号线公私合作项目融资模式后评价研究》，《城市轨道交通研究》2011 年第 12 期。

［43］王芳芳、董骁：《影响城市水业特许经营合同重新谈判的因素》，《城市问题》2014 年第 1 期。

［44］王芬、王俊豪：《中国城市水务产业民营化的绩效评价实证研究》，《财经论丛》2011 年第 5 期。

［45］王杰、韩明章：《官督之殇与商办之伤——论清末香洲商埠衰落之因由》，《学术研究》2012 年第 10 期。

［46］王俊豪、陈无风：《城市公用事业特许经营相关问题比较研究》，《经济理论与经济管理》2014 年第 8 期。

［47］王俊豪、付金存：《公私合作制的本质特征与中国城市公用事业的政策选择》，《中国工业经济》2014 年第 7 期。

［48］王俊豪、鲁桐、王永利：《发达国家基础设施产业的价格管制政策及其借鉴意义》，《世界经济与政治》1997 年第 10 期。

［49］王俊豪、周晓梅、王建明等：《中国城市公用事业民营化绩效评价与管制政策研究》，中国社会科学出版社 2013 年版。

［50］王俊豪：《A—J 效应与自然垄断产业的价格管制模型》，《中国工业经济》2001 年第 10 期。

［51］王俊豪：《深化中国城市公用事业改革的分类民营化政策》，《学术月刊》2011 年第 9 期。

［52］王俊豪：《我国城市公用产品管制价格模型的构建》，《经济管理》2006 年第 11 期。

［53］王俊豪：《中国城市公用事业民营化的若干理论问题》，《学术月刊》2010 年第 10 期。

［54］王俊豪：《政府管制经济学导论》，商务印书馆 2001 年版。

［55］王俊豪：《城市污水处理行业的竞争机制与标杆价格原理》，

《财贸经济》2013年第1期。

[56] 王奎明、于文广、谭新雨：《"中国式"邻避运动影响因素探析》，《江淮论坛》2013年第3期。

[57] 王正儒、张小盟：《自来水业民营化改革与政府管制的实证分析》，《宁夏社会科学》2007年第1期。

[58] 王子朴、梁金辉、杨小燕：《北京新建奥运场（馆）投融资模式创新与赛后运营探讨》，《体育科学》2012年第3期。

[59] 吕秋红、王晓东：《论PPP模式在菲律宾基础设施建设中的应用与启示》，《东南亚研究》2011年第4期。

[60] 吴淑莲、陈炳泉、许叶林：《公私合营（PPP）项目市场需求风险分担研究》，《建筑经济》2014年第10期。

[61] 王元京、张潇文：《城镇基础设施和公共服务设施投融资模式研究》，《财经问题研究》2013年第4期。

[62] 夏南凯、郭广东、王耀武：《用博弈论分析深圳梧桐山隧道利用BOT项目建设管理的问题》，《城市发展研究》2002年第5期。

[63] 夏秀梅、李海英：《投资回报率：社会资本投资基础设施的先行指标探讨》，《现代财经》2009年第6期。

[64] 肖兴志：《公用事业市场化与规制模式转型》，中国财政经济出版社2008年版。

[65] 严宏、孙照红：《城市公用事业民营化与地方政府转型——以兰州自来水污染为例》，《马克思主义与现实》2014年第5期。

[66] 杨萍：《BOT项目中风险分担模型研究》，《价值工程》2005年第7期。

[67] 余晖、秦虹：《公私合作制的中国实验》，上海人民出版社2005年版。

[68] 于建东：《公与私的抵牾与和谐：一种中西比较的伦理视角》，《伦理学研究》2013年第3期。

[69] 于良春、丁启军：《自然垄断产业进入管制的成本收益分

析——以中国电信业为例的实证研究》,《中国工业经济》2007年第1期。

[70] 袁文峰:《从PPP视角检视李姓游客免门票行为的性质》,《浙江学刊》2013年第6期。

[71] 虞青松:《公私合作契约的赋权类型及司法救济——以公用事业的收费权为视角》,《上海交通大学学报》(哲学社会科学版)2013年第5期。

[72] 张国兴、郭菊娥:《基础设施融资项目的激励与监督问题研究》,《软科学》2009年第3期。

[73] 张丽娜:《我国城市公用事业市场化中实施合同规制的问题分析》,《中国行政管理》2009年第11期。

[74] 张水波、何伯森:《工程项目合同双方风险分担问题的探讨》,《天津大学学报》(社会科学版)2003年第3期。

[75] 张郁:《我国跨流域调水工程中的生态补偿问题》,《东北师范大学学报》(哲学社会科学版)2008年第4期。

[76] 赵旭:《成都自来水六厂(B厂)BOT项目分析》,《中国建设报》2004年8月13日。

[77] 郑燕峰:《湖北南漳"5·28"浊水事件调查》,《中国青年报》2009年6月5日。

[78] [日]植草益:《微观规制经济学》,中国发展出版社1992年版。

[79] 周和平、陈炳泉、许叶林:《公私合营(PPP)基础设施项目风险再分担研究》,《工程管理学报》2014年第3期。

[80] 周黎安:《中国地方官员的晋升锦标赛模式研究》,《经济研究》2007年第7期。

[81] 周燕、杨惠荣:《公共事业民营化与当代中国政府治道改革——杭州湾大桥现象的实证分析》,《理论与改革》2006年第2期。

[82] 周耀东、余晖:《政府承诺缺失下的城市水务特许经营》,《管理世界》2005年第8期。

[83] Al-Bahar, J. F., Crandall, K. C., "Systematic Risk Management Approach for Construction Projects", *Journal of Construction Engineering and Management*, Vol. 16, No. 3, 1990.

[84] Ahwireng-Obeng, F., J. P. Mokgohlwa, "Entrepreneurial Risk Allocation in Public-Private Infrastructure Provision in South Africa", *South African Journal of Business Management*, Vol. 33, No. 4, 2002.

[85] Akintoye, Akintola et al., "Achieving Best Value in Private Finance Initiative Project Procurement", *Construction Management and Economics*, Vol. 21, No. 5, 2003.

[86] Al-Bahar, J. F. and Keith C. Crandall, "Systematic Risk Management Approach for Construction Projects", *Journal of Construction Engineering and Management*, Vol. 116, No. 3, 1990.

[87] Armstrong, Mark, "Price Discrimination by a Many-Product Firm", *The Review of Economic Studies*, Vol. 66, No. 1, 1999.

[88] Arndt, Raphael Henry, "Risk Allocation in the Melbourne City Link Project", *The Journal of Structured Finance*, Vol. 4, No. 3, 1998.

[89] Arrow, Kenneth J., "The Organization of Economic Activity: Issues Pertinent to the Choice of Market versus Non-market Allocation", Joint Economic Committee of Congress, 1969.

[90] Averch, Harvey, Leland L. Johnson, "Behavior of the Firm under Regulatory Constraint", *The American Economic Review*, Vol. 52, No. 5, 1982.

[91] Baumol, William J., "Contestable Markets: An Uprising in the Theory of Industry Structure", *The American Economic Review*, Vol. 72, No. 1, 1982.

[92] Baumol, William J., Elizabeth E. Bailey and Robert D. Willig, "Weak Invisible Hand Theorems on the Sustainability of Multiproduct Natural Monopoly", *The American Economic Review*, Vol. 67,

No. 3, 1977.

[93] Beecher, Janice A., Patrick C. Mann and James R. Landers, *Cost Allocation and Rate Design for Water Utilities*, National Regulatory Research Institute, Ohio State University, 1991.

[94] Bennett, E., Grohmann, P., Gentry, B., *Public – Private Partnerships for the Urban Environment: Options and Issues*, United Nations Development Programme, 1999.

[95] Bernstein, Lisa, "Understanding the Limits of Court – Connected ADR: A Critique of Federal Court – Annexed Arbitration Program", *University of Pennsylvania Law Review*, Vol. 141, No. 6, 1993.

[96] Bettignies, J. D., Ross, T. W., "Public – Private Partnerships and the Privatization of Financing: An Incomplete Contracts Approach", *International Journal of Industrial Organization*, Vol. 27, No. 3, 2009.

[97] Bickenbach, Frank, Lars Kumkar, Rüdiger Soltwedel, *The New Institutional Economics of Antitrust and Regulation*, Kiel Institute for the World Economy, 1999.

[98] Bing, Li et al., "The Allocation of Risk in PPP/PFI Construction Projects in the UK", *International Journal of Project Management*, Vol. 23, No. 1, 2005.

[99] Bloomfield, Pamela, David Westerling, Robert Carey, "Innovation and Risk in a Public – Private Partnership: Financing and Construction of a Capital Project in Massachusetts", *Public Productivity and Management Review*, Vol. 21, No. 4, 1998.

[100] Bonbricht, J., *Principles of Public Utility Regulation*, Columbia University Press, 1961.

[101] Bourreau, M., Doğan, P., "Service – based vs Facility – Based Competition in Local Access Networks", *Information Economics and Policy*, Vol. 16, No. 2, 2004.

[102] Bovaird, T., "Public - Private Partnerships: From Contested Concepts to Prevalent Practic", *International Review of Administrative Sciences*, Vol. 70, No. 2, 2004.

[103] Bovaird, T., "Attributing Outcomes to Social Policy Interventions – 'Gold Standard' or 'Fool's Gold' in Public Policy and Management?", *Social Policy and Administration*, Vol. 48, No. 1, 2014.

[104] Bovaird, T., "Developing New Forms of Partnership with the Market in the Procurement of Public Services", *Public Administration*, Vol. 84, No. 1, 2006.

[105] Breyer, Stephen G., *Regulation and Its Reform*, Harvard University Press, 2009.

[106] Brinkerhoff, Derick W. and Jennifer M. Brinkerhoff, "Public - Private Partnerships: Perspectives on Purposes, Publicness, and Good Governance", *Public Administration and Development*, Vol. 31, No. 1, 2011.

[107] Buchanan, J. M., "An Economic Theory of Clubs", *Economica*, Vol. 32, No. 2, 1965.

[108] Buchanan, J. M., "Politics, Property, and the Law: An Alternative Interpretation of Miller et al. v. Schoene", *Journal of Law and Economics*, Vol. 15, No. 2, 1972.

[109] Bull, B., McNeill, D., *Development Issues in Global Governance: Public - Private Partnerships and Market Multilateralism*, Routledge, 2007.

[110] Buse, K., Walt, G., "Global Public - Private Partnerships: Part I - A New Development in Health", *Bulletin of The World Health Organization*, Vol. 78, No. 4, 2000.

[111] Chamberlin, E. H., "The Origin and Early Development of Monopolistic Competition Theory", *The Quarterly Journal of Economics*, Vol. 75, No. 4, 1996.

[112] Chan, Albert P. C. et al., "Exploring Critical Success Factors for

Partnering in Construction Projects", *Journal of Construction Engineering and Management*, Vol. 130, No. 2, 2004.

[113] Clark, J. M., "Toward a Concept of Workable Competition", *The American Economic Review*, Vol. 30, No. 2, 1940.

[114] Coase, R. H., "The Nature of the Firm", *Economica*, Vol. 6, No. 16, 1937.

[115] Cornes, R., *The Theory of Externalities, Public Goods, and Club Goods*, Cambridge University Press, 1996.

[116] Crampes, C., Estache, A., "Regulatory Trade – Offs in the Design of Concession Contracts", *Utilities Policy*, Vol. 7, No. 1, 1998.

[117] Daniels, R., Trebilcock, M., "Private Provision of Public Infrastructure: An Organizational Analysis of the Next Privatization Frontier", *University of Toronto Law Journal*, Vol. 46, No. 3, 1996.

[118] Demsetz, H., "The Private Production of Public Goods", *Journal of Law and Economics*, Vol. 13, No. 2, 1970.

[119] Demsetz, H., "Why Regulate Utilities?", *Journal of Law and Economics*, Vol. 11, No. 1, 1968.

[120] Edwards, P., Shaoul, J., "Partnerships: For Better, for Worse?", *Accounting, Auditing & Accountability Journal*, Vol. 16, No. 3, 2003.

[121] Eisenhardt, K. M., "Building Theories from Case Study Research", *Academy of Management Review*, Vol. 14, No. 4, 1989.

[122] European Union, *Guidelines for Successful Public – Private Partnerships*, Brussels, 2003.

[123] Essig, M. and Batran, A., "Public – Private Partnership—Development of Long – Term Relationships in Public Procurement in Germany", *Journal of Purchasing and Supply Management*, No. 1, 2005, pp. 221 – 231.

[124] Farber, H. S., "An analysis of Final – Offer Arbitration", *Journal of Conflict Resolution*, Vol. 24, No. 4, 1980.

[125] Ghobadian, Abby et al., *Private - Public Partnerships: Policy and Experience*, Palgrave Macmillan, 2004.

[126] Gilbert, R. J., Newbery, D. M., "Preemptive Patenting and the Persistence of Monopoly", *The American Economic Review*, Vol. 72, No. 3, 1982.

[127] Global Water Partnership Technical Advisory Committee, *Integrated Water Resources Management*, TAC Background Papers, 2000.

[128] Goldin, K. D., "Equal Access vs Selective Access: A Critique of Public Goods Theory", *Public Choice*, Vol. 29, No. 1, 1977.

[129] Grave, Carsten, "When Public - Private Partnerships Fail", *The Extreme Case of the NPM - Inspired Local Government of Farum in Denmark. Paper for the EGPA - Conference*, 2003.

[130] Groenewegen, P. D., "Alfred Marshall and the Establishment of the Cambridge Economic Tripos", *History of Political Economy*, Vol. 20, No. 4, 1988.

[131] Grossman, S. J., Hart, O. D., "The Costs and Benefits of Ownership: A Theory of Vertical and Lateral Integration", *The Journal of Political Economy*, Vol. 94, No. 4, 1986.

[132] Grout, P. A., "Public and Private Sector Discount Rates in Public - Private Partnerships", *The Economic Journal*, Vol. 113, No. 486, 2003.

[133] Guasch J. Luis, Hahn, Robert W., "The Costs and Benefits of Regulation: Implications for Developing Countries", *World Bank Research Observer*, Vol. 14, No. 1, 1999.

[134] Hall, D., Motte, R., Davies, S., "Terminology of Public - Private Partnerships (PPPs)", *Public Services International Research Unit, Greenwich*, Source URL - www.psiru.org, 2003.

[135] Handley - Schachler, Morrison, Simon S. Gao, "Can the Private Finance Initiative Be Used in Emerging Economies? - Lessons from the UK's Successes and Failures", *Managerial Finance*,

Vol. 29, No. 6, 2003.

[136] Haring, John, Rohlfs, Jeffrey H., "Efficient Competition in Local Telecommunications without Excessive Regulation", *Information Economics & Policy*, Vol. 9, No. 2, 1997.

[137] Hart, O. D., Moore, J., "Incomplete Contracts and Ownership: Some New Thoughts", *The American Economic Review*, Vol. 97, No. 2, 2007.

[138] Hart, O., "Incomplete Contracts and Public Ownership: Remarks, and an Application to Public – Private Partnerships", *The Economic Journal*, Vol. 113, No. 486, 2003.

[139] Hazilla, Michael, Kopp, Raymond J., "Social Cost of Environmental Quality Regulations: A General Equilibrium Analysis", *Journal of Political Economy*, Vol. 98, No. 4, 1990.

[140] Hastak, M., Shaked, A., "ICRAM – 1: Model for International Construction Risk Assessment", *Journal of Management in Engineering*, Vol. 16, No. 1, 2003.

[141] Hillman, J. J., Braeutigam, R. R., *Price Level Regulation for Diversified Public Utilities: An Assessment*, Boston, MA, Kluwer Academic Publishers, 1989.

[142] Hodge, G., Greve, C., "Public – Private Partnerships: Governance Scheme or Language Game?", *Australian Journal of Public Administration*, Vol. 69, No. S1, 2010.

[143] Hotelling, H., "The General Welfare in Relation to Problems of Taxation and of Railway and Utility Rates", *Econometrica: Journal of the Econometric Society*, Vol. 6, No. 3, 1938.

[144] Humphreys, I., Francis, G., Ison, S., "An Examination of Risk Transference in Air Transport Privatization", *Transportation Quarterly*, Vol. 57, No. 4, 2003.

[145] Hurst, C., Reeves, E., "An Economic Analysis of Ireland's First Public Private Partnership", *International Journal of Public*

Sector Management, Vol. 17, No. 5, 2004.

[146] Jefferies, M., "Critical Success Factors of Public Private Sector Partnerships: A Case Study of the Sydney Super Dome", *Engineering, Construction and Architectural Management*, Vol. 13, No. 5, 2006.

[147] Joskow, P. L., "Restructuring, Competition and Regulatory Reform in the US Electricity Sector", *The Journal of Economic Perspectives*, Vol. 52, No. 3, 1997.

[148] Kahn, A. E., *The Economics of Regulation: Principles and Institutions*, MIT Press, 1998.

[149] Kahn, Alfred E. and Tardiff et al., "The Telecommunications Act at Three Years: An Economic Evaluation of Its Implementation by the Federal Communications Commission", *Information Economics & Policy*, Vol. 11, No. 4, 1999.

[150] Kartam, N. A., Kartam, S. A., "Risk and its Management in the Kuwaiti Construction Industry: A Contractors' Perspective", *International Journal of Project Management*, Vol. 19, No. 6, 2001.

[151] Keck, M. E., Sikkink, K., *Activists Beyond Borders: Advocacy Networks in International Politics*, Ithaca, NY: Cornell University Press, 1998.

[152] Klein, B., Crawford, R. G., "Alchian A A. Vertical Integration, Appropriable Rents, and the Competitive Contracting Process", *Journal of Law And Economics*, Vol. 21, No. 2, 1978.

[153] Kraak, V. I., Harrigan, P. B., Lawrence, M. et al., "Balancing the Benefits and Risks of Public - Private Partnerships to Address the Global Double Burden of Malnutrition", *Public Health Nutrition*, Vol. 15, No. 3, 2012.

[154] Krishna, A., "Partnerships between Local Governments and Community - Based Organizations: Exploring the Scope for Synergy", *Public Administration and Development*, Vol. 23, No. 4,

2003.

[155] Lam, P. T. I., Javed, A. A., "A Comparative Study on the Use of Output Specifications for Australian and UK PPP/PFI Projects", *Journal of Performance of Constructed Facilities*, Vol. 29, No. 2, 2013.

[156] Laffont, J. J., "Enforcement, Regulation and Development", *Journal of African Economies*, Vol. 12, No. 2, 2003.

[157] Laffont, J. J., "Industrial Policy and Politics", *International Journal of Industrial Organization*, Vol. 14, No. 1, 1996.

[158] Leech, N. L., Onwuegbuzie, A. J., "An Array of Qualitative Data Analysis Tools: A Call for Data Analysis Triangulation", *School Psychology Quarterly*, Vol. 22, No. 4, 2007.

[159] Leibenstein, H., "Allocative efficiency vs X – efficiency", *The American Economic Review*, Vol. 56, No. 3, 1966.

[160] Li, Bing et al., "Perceptions of Positive and Negative Factors Influencing the Attractiveness of PPP/PFI Procurement for Construction Projects in the UK: Findings from a Questionnaire Survey", *Engineering, Construction and Architectural Management*, Vol. 12, No. 2, 2005.

[161] Littlechild, S. C., *Regulation of British Telecommunications' Profitability: Report to the Secretary of State*, Department of Industry, 1983.

[162] Mark J. Perry, *Federal Regulations Have Lowered Real GDP Growth by 2% Per Year since 1949*, http://www.aei-ideas.org/2013/06.

[163] Maskin, E., Tirole, J., "Public – Private Partnerships and Government Spending Limits", *International Journal of Industrial Organization*, Vol. 26, No. 2, 2008.

[164] Mason, E. S., "The Current Status of the Monopoly Problem in the United States", *Harvard Law Review*, Vol. 62, No. 8, 1949.

[165] Masten, S. E., *Empirical Research in Transaction Cost Economics: Challenges, Progress, Directions*, Springer Netherlands, 1996.

[166] Medda, F., "A Game Theory Approach for the Allocation of Risks in Transport Public Private Partnerships", *International Journal of Project Management*, Vol. 25, No. 3, 2007.

[167] Ménard, C., Saussier, S., "Contractual Choice and Performance the Case of Water Supply in France", *Revue d'économie industrielle*, Vol. 92, No. 1, 2000.

[168] Ménard, C., "The Economics of Hybrid Organizations", *Journal of Institutional and Theoretical Economics*, Vol. 160, No. 3, 2004.

[169] Milward, H. B., Provan, K. G., "Governing the Hollow State", *Journal of Public Administration Research and Theory*, Vol. 10, No. 2, 2000.

[170] Mitnick, B. M., *The Political Economy of Regulation: Creating, Designing, and Removing Regulatory Forms*, New York, Columbia University Press, 1980.

[171] Nee, V., "Organizational Dynamics of Market Transition: Hybrid Forms, Property Rights, and Mixed Economy in China", *Administrative Science Quarterly*, Vol. 37, No. 1, 1992.

[172] Northam, R. M., *Urban Geography*, New York, John Wiley & Sons, 1970.

[173] Olson, M., *The Theory of Collective Action: Public Goods and the Theory of Groups*, Cambridge, Harvard University Press, 1965.

[174] Osborne, S., *Public – Private Partnerships: Theory and Practice in International Perspective*, Routledge, 2000.

[175] Ostrom, E., "Background on the Institutional Analysis and Development Framework", *Policy Studies Journal*, Vol. 39 No. 1, 2011.

[176] Ostrom, V., Tiebout, C. M., Warren, R., "The Organization of Government in Metropolitan Areas: A Theoretical Inquiry",

The American Political Science Review, Vol. 55, No. 4, 1961.

[177] Owen, B. M. , "The Economic View of Programming", *Journal of Communication*, Vol. 28, No. 2, 1978.

[178] Pigou, A. C. , *The Economics of Welfare*, Transaction Publishers, 1924.

[179] Pongsiri, N. , "Regulation and Public – Private Partnerships", *International Journal of Public Sector Management*, Vol. 15, No. 6, 2002.

[180] Posner, R. A. , "Natural Monopoly and Its Regulation: A Reply", *Stanford Law Review*, No. 22, 1969.

[181] Regan, D. H. , "The Problem of Social Cost Revisited", *Journal of Law and Economics*, Vol. 15, No. 2, 1972.

[182] Richardson, G. B. , "The Organisation of Industry", *Economic Journal*, Vol. 82, No. 327, 1972.

[183] Riordan, M. H. , Williamson, O. E. , "Asset Specificity and Economic Organization", *International Journal of Industrial Organization*, Vol. 3, No. 4, 1985.

[184] Robinson, J. , "The Measure of Capital: The End of the Controversy", *Economic Journal*, Vol. 81, No. 323, 1971.

[185] Rosenau, P. V. , "Introduction The Strengths and Weaknesses of Public – Private Policy Partnerships", *American Behavioral Scientist*, Vol. 43, No. 1, 1999.

[186] Ross, S. , Yinger, J. , "Sorting and Voting: A Review of the Literature on Urban Public Finance", *Handbook of Regional and Urban Economics*, 1999.

[187] Rubinstein, A. , "Perfect Equilibrium in a Bargaining Model", *Econometrica*, Vol. 50, No. 1, 1982.

[188] Rutgers, J. A. , Haley, H. D. , "Project Risks and Risk Allocation", *Cost Engineering*, Vol. 38, No. 9, 1996.

[189] Salamon, L. M. , "The New Governance and the Tools of Public

Action: An Introduction", *Fordham Urban Law Journal*, Vol. 28, No. 5, 2011.

[190] Samuelson, P. A., "The Pure Theory of Public Expenditure", *The Review of Economics and Statistics*, Vol. 36, No. 4, 1954.

[191] Sansom, K., "Government Engagement with Non - State Providers of Water and Sanitation Services", *Public Administration and Development*, Vol. 26, No. 3, 2006.

[192] Savas, E. S., "A Taxonomy of Privatization Strategies", *Policy Studies Journal*, Vol. 18, No. 2, 1989.

[193] Savas, E. S., *Privatization and Public - Private Partnerships*, Chatham House, 2000.

[194] Savas, E. S., "Privatization and the New Public Management", *Fordham Urban Law Journal*, Vol. 28, No. 5, 2000.

[195] Savas, E. S., *Privatization in the City: Successes, Failures, Lessons*, Washimgton D. C. : CQ Press, 2005.

[196] Scharle, P., "Public - Private Partnership (PPP) as a Social Game", *Innovation: The European Journal of Social Sciences*, Vol. 15, No. 3, 2002.

[197] Shaoul J. Railpolitik, "The Financial Realities of Operating Britain's National Railways", *Public Money & Management*, Vol. 24, No. 1, 2004.

[198] Sharkey, W., *The Theory of Natural Monopoly*, Cambridge Books, 1980.

[199] Sharma, Deepak K. et al., "Balancing Private and Public Interests in Public - Private Partnership Contracts through Optimization of Equity Capital Structure", *Transportation Research Record: Journal of the Transportation Research Board*, No. 1, 2010.

[200] Shleifer, A., "A Theory of Yardstick Competition", *RAND Journal of Economics*, Vol. 16, No. 3, 1985.

[201] Smith, A., Nicholson, J. S., *An Inquiry into the Nature and*

Causes of the Wealth of Nations, Nelson and Sons, 1887.

[202] Smouts, M. C., "The Proper Use of Governance in International Relations", *International Social Science Journal*, Vol. 50, No. 155, 1998.

[203] Sosnick, S. H., "A Critique of Concepts of Workable Competition", *The Quarterly Journal of Economics*, Vol. 72, No. 3, 1958.

[204] Spackman, M., "Public–Private Partnerships: Lessons from the British Approach", *Economic Systems*, Vol. 16, No. 3, 2002.

[205] Spulber, D. F., *Regulation and Markets*, MIT Press, 1989.

[206] Stern, J., "Regulation and Contracts for Utility Services: Substitutes or Complements? Lessons from UK Railway and Electricity History", *Policy Reform*, Vol. 6, No. 4, 2003.

[207] Stigler, G. J., Friedland, C., "The Literature of Economics: The Case of Berle and Means", *Journal of Law and Economics*, Vol. 26, No. 2, 1983.

[208] Stigler, G. J., Friedland, C., "What Can Regulators Regulate? The Case of Electricity", *Journal of Law and Economics*, Vol. 6, No. 5, 1962.

[209] Stigler, G. J., "The Theory of Economic Regulation", *The Bell Journal of Economics and Management Science*, Vol. 2, No. 1, 1971.

[210] Teece, D., Pisano, G., "The Dynamic Capabilities of Firms: An Introduction", *Industrial and Corporate Change*, Vol. 3, No. 3, 1994.

[211] Teisman, G. R., Klijn, E. H., "Partnership Arrangements: Governmental Rhetoric or Governance Scheme?", *Public Administration Review*, Vol. 62, No. 2, 2002.

[212] Tinbergen, J., *International Economic Integration*, Amsterdam, Elsevier, 1965.

[213] Tirole, J., Laffont, J. J., *A Theory of Incentives in Procurement*

and *Regulation*, Cambridge, MIT Press, 1993.

[214] Viscusi, W. K., Harrington, J. E., Vernon, J. M., *Economics of Regulation and Antitrust*, MIT Press, 2005.

[215] Walker, B., "*Privatization: Sell off or Sell Out*", The Australian Experience, 2000.

[216] Wang, S. Q. et al., "Risk Management Framework for Construction Projects in Developing Countries", *Construction Management and Economics*, Vol. 22, No. 3, 2004.

[217] Weihe, G., *Public – Private Partnerships: Addressing a Nebulous Concept*, Tenth International Research Symposium on Public Management (IRPSM X), Glasgow Caledonian University, Scotland, 2005.

[218] Wescott, G., "Partnerships for capacity Building: Community, Governments and Universities Working Together", *Ocean & Coastal Management*, Vol. 45, No. 9, 2002.

[219] Wettenhall, R., "The Rhetoric and Reality of Public – Private Partnerships", *Public Organization Review*, Vol. 3, No. 1, 2003.

[220] Williamson, O. E., *The Economic Institutions of Capitalism*, Simon and Schuster, 1985.

[221] Williamson, O. E., "The Economics of Internal Organization: Exit and Voice in Relation to Markets and Hierarchies", *The American Economic Review*, Vol. 66, No. 2, 1976.

[222] Williamson, O. E., "The Economics of Organization: The Transaction Cost Approach", *American Journal of Sociology*, Vol. 87, No. 3, 1981.

[223] Williamson, O. E., "Transaction – Cost Economics: The Governance of Contractural Relations", *Journal of Law and Economics*, Vol. 22, No. 2, 1979.

[224] Yehoue, E. B. et al., *Determinants of Public – Private Partnerships in Infrastructure*, International Monetary Fund, 2006.

［225］ Yescombe, E. R., *Public – Private Partnerships: Principles of Policy and Finance*, Butterworth – Heinemann, 2011.

［226］ Zhang, X., "Critical Success Factors for Public – Private Partnerships in Infrastructure Development", *Journal of Construction Engineering and Management*, Vol. 131, No. 1, 2005.

后　记

　　本书是在我博士学位论文基础上修改而成的。后记可谓是博士学位论文最难写，却又最易写的部分。难写，因为走到这一步真不易，二十余载磨砺，以此为一阶段终点，思绪万千却只能惜字如金。易写，是因为此乃源自自我的体悟，是整个博士学位论文中最具异质性的部分。然而，无论这难易之间的平衡点落在何处，感悟与感恩仍是内心思绪的真实写照。

　　从小学到高中，和绝大多数中国学生一样，我的生活固定在教室—食堂—宿舍三点一线。这样的日子看似平淡无奇，却强化了我日后倔强和不服输的基因。初中三年，在依靠体温取暖的寒冬，坚持早上六点起床记录时事要闻，以应对每个期末枯燥的时事政治考试；高考备战的关键时刻，因贪玩致模考成绩不理想，凌晨五点开始早读……回想起来，这些场景至今令人唏嘘：若现在的毅力能及彼时一半儿……

　　此后，我的本科、硕士、博士三个求学阶段，分别在山西、新疆、辽宁三个不同地区的高校度过，横贯东西。如果从2004年第一次远离家乡到异地求学开始算起，我离家在外的求学历程已有10年。这10年中我有过多次波折，人生的轨迹也几次在抉择偏差后，偏离预定的轨道。但每每在关键时刻我倔强和不服输的基因都发挥了关键的作用。

　　2004年，我第一次面临关系前途的重大选择——高考。中学的时候我特别喜欢历史，进入高中后，我更是把别人学习语数外的时间，用在了史地政上。所以，我觉得骨子里还是有点人文情怀的。在高考报志愿时，我想报考历史专业，但考虑到历史专业的就业形势，在理想和现实面前，我选择向现实妥协，报考了当时最热门的经济学专业。仿佛冥冥中注定，背弃自己内心的意愿将会受到惩罚，最终我并没有被第一志愿高校的经济学专业录取，而是被调剂到了第二志愿的管理类专业，还是涉农的，一个我完全陌生的专业。

　　带着一种不甘的心情，我开始了大学的学习生涯。即使用现在的标准看，我本科阶段都不是一个合格的学生——时常逃课。即使上课，也是一直在看自己喜欢的历史和英语书籍。唯一安慰人心的是，一次就考过了大学英语四六级。大四那年，为了证明自己并不是那么不堪，我选择了考研。选择专业时，我依然向往历史专业，但现实问题让我再一次选择了热门的国贸专业。事实证明，国贸专业确实够火，也再一次吞噬了我不堪一击的现实。以 8 分之差，我与目标院校失之交臂。雪上加霜的是，原本联系好学校，最后时刻通知我不接受校外调剂。那一刻，真有种天旋地转的感觉。幸好之前，我还联系了石河子大学。

　　从太原到石河子，需要在西安倒车，到达时已凌晨一点。西安到石河子，35 小时的绿皮硬座火车，我觉得无所谓。最难熬的，还是面对未知的焦虑。当列车行驶在兰州—武威区间时，绵延 300 公里目所能及的，基本是茫茫戈壁。曾经一刻我的心情就像戈壁远处的雪山，冰冷泼凉。初到石河子，已是下午 7 点，但因为时差的原因，此时的石城依旧艳阳高照，很奇妙的感觉。这一次，运气似乎占到了我这一边，在 2008 年年关，石河子大学成功入围 "211" 工程院校，我也实现自己多年的重点大学梦。好像是受到鼓舞，抑或是弥补本科阶段的缺失，硕士期间，我参加了很多活动：校园歌手、英语演讲、徒步旅行……更为庆幸的是，我在硕士研究生期间遇到了一位学术上很有造诣的导师，是他将我慢慢引进了科研殿堂。

　　三年的研究生学习后，我认识到学校可能是我最佳的职业场所。但那时，我已 25 岁，和爱人也进入谈婚论嫁的阶段。父母渐老，作为长子长兄，我觉得我应该为家庭分担些负担，摆脱物质匮乏的局面。再次面临抉择，我放弃了有可能延续我科研生涯的新疆兵团党校、中国人民银行乌鲁木齐中心支行等工作，选择进入职场。然而始料未及的是，毕业后一年内我接连换了两份工作，却始终未能寻获物质与心理的安全感。2012年元旦，我自己一个人在单位宿舍，关着灯，靠在床头的角落，看着东方卫视的跨年晚会：画面中烟花纷飞霓虹闪烁，屋中人黑暗静寂百感交集。当时我下定决心，必须要改变，否则再无机会了。

我选择了考博。由于白天需要工作，我能有效支配的时间只有晚上和周末。现在想来，备考阶段算是我职业生涯中为数不多的高光时刻。尤其是2012年春节过后，天气回暖，单位旁边有一个桃园，周末的时候我会到桃园中看书，有时看着看着就能睡着了。这让我想起了郭敬明小说中的一段小诗：记得当时年纪小，你爱谈天我爱笑，有一天坐在桃树下，不知怎么睡着了，梦里花落知多少。这个场景，算是我人生中很美好的一个片段。最终我成功地考取了东北财经大学博士研究生。

读博三年，我对科研、生活的认识逐渐深化：一开始，我认为科研就是多发点文章，给自己找工作时增加点砝码。此后，总结过往，我意识到科研之于自己，不仅是生活的重要组成部分，也是体悟生命、理解生活的一个瞭望镜。质疑与包容、内涵与边界、努力与选择，这些学术科研中遇到的问题，也是生命的常态。扬鞭策车马，挥手辞亲故。我生本无乡，心安是归处。人生真正的故乡，是要达到能让自己安心做事和生活的状态。感谢东北财经大学，为我提供了实现自我的平台和机会。

读博期间，我得到了诸多师长、朋友、同学以及亲人的帮助。首先，衷心感谢我的博士生导师王俊豪教授，没有恩师的指导与教诲，我会依然停留在对科研肤浅的认识中。恩师对我的关怀不仅体现在学术指导上，每当我面临生活的窘迫时，恩师总能以恰当的方式及时提供帮助。恩师的治学科研、为人处世、待人待物，都是我学习的楷模，有幸就读于恩师门下，实乃三生有幸。由衷感谢东北财经大学肖兴志教授，2011年的寒冷冬日，肖老师亲自打电话，跟我分享了他对科研和人生的真知灼见，也为我打开了求学之门。知遇之恩，当永生铭记。十分感谢东北财经大学产业组织与企业组织研究中心的于左主任，于老师对学术的执着追求，对现实问题的深度把握，对学生和同事的真切关怀，值得钦佩和学习。感谢郭晓丹、吴旭亮副主任，窦一杰、付红艳、李宏舟、李寒窗、李少林、张璐、郭峰等老师，以及王伊攀、何文韬、刘丰波、于娜、穆秀珍、王玉璋等同学在生活和学习中的帮助和指导，没有各位的支持，我将失去读博期间最为依赖的平台。感谢住房城乡建设部城市建设司的各位领导，正是缘于各位领导在我锻炼期间的热心帮助，才使我萌发了论文选题的初步思想。感谢浙江财经大学中国政府管制研究院唐要家院长、李云雁副院长、王岭副教授对我的关照，在论文选题和修订过程中，他们曾给予许多宝贵意见。感谢我的硕士生导师李豫新教授，以及石河子大学经济与管理学院程广斌、刘追、王磊等老师。虽然远隔万里，各位老师仍以各种形式给予支持。衷心感谢我的父母，他们学识不高却开明和宽容，在几近花甲之年仍在为我这个已经而立的儿子操劳。感谢我的爱人闫艳艳，我求学期间她毅然担负起整个家庭的重担，她的体贴、大度、理解和真诚给了我继续前进的信心与动力。感谢我的儿子付宇轩，未及满月我便离家，希望日后能有更多的时间见证他的成长。一路走来，我还得到很多其他老师、同学和朋友各种形式的帮助，在此一并感谢。

读博的三年时光转瞬即逝。这段经历逐渐让我学会"看清"自己。读博不易，每个置身其中的导师和同学身上都蕴藏着宝贵的精神财富。正因为有幸接近这个群体，我才有可能从他们身上汲取营养，弥补自己性格上的瑕疵，进而解开自身无意识中的蒙昧与荒蛮。从这个角度而言，同样也要感谢那些对我不满、误解甚至伤害的人，因为在激烈的交锋与碰撞中，会进一步打破心中的石坝，涤荡那些坚硬的成见。

"钱塘江上潮信来，今日方知我是我。"这是《水浒传》中鲁达对自我的感悟。我没有这种悟性，但也勉励自己不能因为走了太远，就忘了为何出发。

付金存

2016 年 6 月